U0937764

成都国际交往发展报告

（2022—2023）

ANNUAL REPORT ON THE DEVELOPMENT OF INTERNATIONAL EXCHANGES OF CHENGDU

(2022-2023)

《成都国际交往发展报告》编委会

●主编●

人民日报出版社

北京

图书在版编目（CIP）数据

成都国际交往发展报告. 2022—2023 /《成都国际交往发展报告》编委会主编. — 北京：人民日报出版社，2023.11

ISBN 978-7-5115-8075-7

Ⅰ.①成… Ⅱ.①成… Ⅲ.①国际交流－研究报告－成都－ 2022-2023 Ⅳ.①D827.711

中国国家版本馆CIP数据核字（2023）第208025号

书　　名：成都国际交往发展报告（2022—2023）
CHENGDU GUOJI JIAOWANG FAZHAN BAOGAO（2022-2023）
主　　编：《成都国际交往发展报告》编委会

出 版 人：刘华新
责任编辑：梁雪云　陈　佳
版式设计：九章文化

出版发行：人民日报出版社
社　　址：北京金台西路2号
邮政编码：100733
发行热线：(010) 65369509　65369527　65369846　65369512
邮购热线：(010) 65369530　65363527
编辑热线：(010) 65363486
网　　址：www.peopledailypress.com
经　　销：新华书店
印　　刷：天津鑫恒彩印刷有限公司
法律顾问：北京科宇律师事务所　010-83622312

开　　本：710mm×1000mm　1/16
字　　数：350千字
印　　张：21.5
版次印次：2024年3月第1版　　2024年3月第1次印刷

书　　号：ISBN 978-7-5115-8075-7
定　　价：80.00元

本书编委会

主　　编　刘　波

常务副主编　戴维来

副 主 编　席珍彦　张　力

委　　员　王湖清　马　鑫　单许昌　张　姣
杨鸿柳　那朝英

摘要

成都牢牢坚持以习近平新时代中国特色社会主义思想为指导，坚决贯彻落实党的二十大精神，聚力建设全面体现新发展理念的国家中心城市，系统谋划，加快建设国际对外交往中心城市，实现了从区域中心城市到国家中心城市，进而冲刺世界城市的历史性跃升。紧紧坚持以中国式现代化引领成都现代化建设，致力四向拓展、全域开放、五外联动，在打造国际门户枢纽和建设内陆改革开放高地上率先突破，为建设中国西部具有全球影响力和美誉度的社会主义现代化国际大都市奠定坚实基础。

《成都国际交往发展报告（2022—2023）》是由北京市社会科学院国际问题研究所和中共成都市委外事工作委员会办公室联合编撰的年度发展报告。报告围绕成都建设高水平的国际对外交往中心这一重大课题，聚焦过去一年来成都扎实推进国际交往、推动高水平对外开放的实践，在成渝一体化、智慧城市、城市品牌、对外合作、世界大运会筹办、领事保护、旅游名城、国际化服务、参与全球治理等方面的最新进展，全面呈现成都建设国际对外交往中心所取得的新成就，充分展现成都对外交往的新风貌、新气象，系统总结有关经验和启示。

发展报告围绕成都建设国际对外交往中心研究专题，共设八个板块。“总报告”牢牢把握学习贯彻落实党的二十大精神，按照“四个全面提升”战略，围绕建设高水平对外开放新高地、承担国家重大外交外事活动的重要舞台、聚集全球高端资源要素的开放高地、彰显天府文化魅力的独特窗口，全面总结2022年成都国际对外交往中心建设取得的重要成效、2022年成都在全球城市体系中的表现，深入分析2023年国际对外交往中心建设面临的形势任务，并对下一步工作的开展进行展望，提出政策建议。“成渝经济圈篇”介绍江苏在推动组团式创新对成渝经济圈的相关启示和建议，以促进区域经济一体化发展。“功能设施篇”以四川省为例进行探析，同时研究成都作为“世界美食之都”的城市国际形象推广策略。“对外交往篇”介绍成都在2022年国际媒体中的形象表现，以及友好城市合作的实践，探讨了成都参与全球治理的研究。“国际形象篇”主要研究了2022年成都的国际知名度和美誉度，旨在提升成都城市品牌的国际化建设经验。“国际服务篇”则探讨了国际化社区建设和地方政府的领事保护机制建设。“成都大运会篇”分析成都世界大学生运动会场馆的会后运作方式，以及大运会筹备工作对成都国际对外交往中心建设的作用和启示。“经验借鉴篇”总结了发达国家韧性城市建设、国际大都市城市形象国际传播、大都市绿色社区推动低碳城市的经验，以及伦敦、东京、柏林、菲尼克斯、蒙特利尔等城市对成都的启示，研究了青岛打造东北亚国际交往中心的战略经验。

本报告汇集了国内相关领域知名专家学者的前沿研究与最新思考，特别是聚焦成都国际交往合作、城市国际化、国际大都市圈建设、区域一体化发展、筹办重大国际体育赛事、全球城市治理等问题，并提出了宝贵的经验借鉴和政策建议。相信这些建议对于成都建设国际对外交往中心具有重要的指导意义。未来，我们将持续关注城市国际交往这一重要课题，加强前沿探索和研究，以期推出更多精品力作，为成都的发展贡献更多的智力成果，充分体现以文咨政、以文辅政的重要价值。

目录

Ⅰ 总报告

Ⅱ 成渝经济圈篇

Ⅲ 功能设施篇

Ⅳ 对外交往篇

Ⅴ 国际形象篇

Ⅵ 国际服务篇

Ⅶ 成都大运会篇

Ⅷ 经验借鉴篇

Ⅰ ▶▷ 总报告

2022年成都在世界城市体系中的表现

课题组*

2022年，成都市深入推进“五外”联动发展，着力提升对外开放水平，不断提升成都在全国开放新格局中的战略地位和积极贡献。在多个全球权威城市评级中，成都成绩斐然，不少权威指标排名都有较大幅度的跃升。综合来看，成都朝着区域性世界都市方向坚定迈进，主要表现如下。

一、科尔尼全球城市指数中成都位居全球百强①

科尔尼全球城市指数报告由《全球城市综合排名》（GCI）和《全球城市潜力排名》（GCO）构成，分别研究城市发展现状和城市对未来发展的投入与潜力。全球城市综合排名旨在量化一个城市吸引、留住和促进全球资本、人才和创意流动的能力。全球城市指数是评估城市投资价值的重要参考指标之一，投资者可以通过指数的排名和数据分析来进行城市投资决策，也有助于城市提高其国际知名度和形象，吸引更多的国内外人才、投资和旅游资源。

---

* 课题组组长：刘波（框架设计与统稿），北京市社会科学院国际问题研究所所长、研究员、博士；戴维来（执笔），复旦大学中国研究院副研究员、博士；张力（执笔），北京市社会科学院国际问题研究所副研究员、博士；杨鸿柳（执笔），北京市社会科学院国际问题研究所助理研究员、博士；武香君（执笔），北京市社会科学院国际问题研究所助理研究员、在站博士后。

① 资料来源：科尔尼《全球城市指数报告》，https://www.kearney.com/global-cities/2022.

2022年《全球城市指数》衡量全球156个城市在商业活动、人力资本、信息交流、文化体验和政治参与五个维度上的表现。全球城市指数报告聚焦全球互联互通水平最高、影响力最大的城市中心所面临的严峻挑战和不确定性。2022年顶级城市排名反映了全球领先城市的实力。榜单前四名的城市纽约、伦敦、巴黎和东京，与2021年相比没有变化。排名五到十位的分别为北京、洛杉矶、芝加哥、墨尔本、新加坡、香港。

在评估的所有城市中，有51个（占样本近三分之一）在过去一年的排名中上升幅度超过六位，这其中有17个城市来自中国。成都上升5名、位列第83名（见表1）。除了保持在商业活动和人力资本维度的优异表现外，成都在文化体验上的得分较上一年度有较大提升，主要源于文化艺术展览数量和质量的提升，其文化表现甚至远超北京、深圳等一线城市，仅次于上海。成都对历史城区、历史文化街区、历史文化名镇、历史建筑、非物质文化遗产等进行全方位保护，以强化数字创意引领和深化产城融合驱动为主攻方向，以传媒影视、创意设计、现代时尚、音乐艺术、动漫游戏、会展广告、现代文博、文化装备为发展重点，打造原创性强、附加值高、成长性好的“高精尖”现代文创产业体系。成都文创产业聚焦高质量发展，大力实施产业“建圈强链”，产业发展基础不断夯实，产业发展能级不断提升。2022年，全市文创产业增加值达2261.27亿元，文创产业增加值占GDP比重超过10%。①同时，成渝城市群有突出表现，以文化体验带动商业活动和人力资本的发展，成为中国城市群中的特色范例。

表1　全球部分城市综合排名（2017—2022）

城市	排名						
	2022年	2021年	2020年	2019年	2018年	2017年	△'21–'22
圣彼得堡	81	78	80	68	69	67	–3
内罗毕	82	89	90	77	76	73	+7
成都	83	88	87	89	89	88	+5

① 锦官新闻，《2023年力争全市文创产业增加值实现2500亿元》，2023年4月4日，http://cdwglj.chengdu.gov.cn/cdwglj/c133185/2023-04/04/content_45ec0a02fbaa48f698bc7010f8c78d09.shtml.

续表

城市	排名						
	2022年	2021年	2020年	2019年	2018年	2017年	△'21-'22
吉达	84	82	85	75	74	83	-2
安曼	85	85	83	—	—	—	0
萨格勒布	86	83	92	—	—	—	-3
菲尼克斯	87	84	79	72	72	72	-3
科威特城	88	87	95	76	77	82	-1
安卡拉	89	86	84	74	75	74	-3
横滨	90	99	—	—	—	—	+9
南京	91	90	86	86	88	87	-1
武汉	92	94	93	105	102	100	+2
班加罗尔	93	98	88	78	78	75	+5
基辅	94	91	89	—	—	—	-3
天津	95	93	94	88	87	92	-2
达卡	96	95	91	82	85	84	-1
金奈	97	101	96	80	82	81	+4
胡志明	98	97	97	81	80	76	-1
亚的斯亚贝巴	99	106	114	101	107	96	+7
西安	100	96	100	111	113	114	-4
卡萨布兰卡	101	100	107	94	97	101	-1
苏州	102	92	98	96	115	112	-10
长沙	103	102	103	116	124	—	-1
阿比让	104	114	109	92	90	106	+10
德黑兰	105	105	108	97	94	98	0
阿克拉	106	117	110	93	92	91	+11
重庆	107	107	102	107	114	115	0
加拉加斯	108	103	99	83	81	79	-5
蒙特雷	109	112	104	90	99	95	+3
高雄	110	109	—	—	—	—	-1

资料来源：2022全球城市指数报告

《全球城市潜力排名》（GCO）从居民幸福感、经济状况、创新和治理四个维度评估城市未来发展潜力，探索城市如何为未来成长为全球主要城市创造条件。鉴于成都在经济成长动力、文化创意发展、城市基础设施建设等方面条件不断成熟，成都全球城市潜力综合排名较上一年大幅上升18个位次。这充分表明成都城市发展的空间广阔，后劲十足（见表2）。

表2　成都全球城市潜力排名

城市	排　名						
	2022年	2021年	2020年	2019年	2018年	2017年	△'21–'22
大阪	41	36	43	37	39	41	–5
名古屋	42	35	37	31	34	42	–7
华沙	43	32	40	41	37	31	–11
莫斯科	44	33	48	22	20	10	–11
苏州	45	45	55	54	55	57	0
温哥华	46	28	25	19	17	24	–18
横滨	47	41	—	—	—	—	–6
米兰	48	44	50	36	35	33	–4
华盛顿特区	49	58	39	29	24	19	+9
泉州	50	68	70	67	72	70	+18
布拉格	51	51	51	28	28	27	0
西雅图	52	52	35	34	32	—	0
武汉	53	66	69	63	71	67	+13
芝加哥	54	57	23	38	15	15	+3
洛杉矶	55	62	52	43	30	25	+7
沈阳	56	80	77	71	77	71	+24
无锡	57	59	63	64	57	—	+2
南京	58	63	60	57	56	62	+5
布达佩斯	59	56	59	53	53	51	–3
特拉维夫	60	48	49	50	43	43	–12
长沙	61	71	73	81	67	—	+10
合肥	62	76	—	—	—	—	+14

续表

城市	排　名						
	2022年	2021年	2020年	2019年	2018年	2017年	△'21–'22
佛山	63	72	72	76	69	—	+9
成都	64	82	82	74	76	77	+18
宁波	65	74	74	73	62	—	+9
天津	66	67	65	60	65	63	+1
郑州	67	88	85	75	84	85	+21
罗马	68	49	58	47	48	49	–19
济南	69	84	—	—	—	—	+15
费城	70	61	56	46	41	36	–9

资料来源：2022年全球城市指数报告

二、全球金融中心权威指数成都位列全球前四十[①]

2022年9月22日，由中国（深圳）综合开发研究院与英国智库Z/Yen集团共同编制的“第32期全球金融中心指数报告（GFCI 32）”发布。该指数从营商环境、人力资本、基础设施、金融业发展水平、声誉等方面对全球主要金融中心进行了评价和排名。第32期GFCI共有119个金融中心进入榜单，全球前十大金融中心排名依次为：纽约、伦敦、新加坡、香港、旧金山、上海、洛杉矶、北京、深圳、巴黎。

在本期排名中，成都上升3位，位列全球第34名（见表3）。成都在金融中心分类中被划分到“国际专业性金融中心”类别，在商业环境、人力资源、基础设施、金融发展和城市声誉等方面表现持续改善，在投资管理、资本市场、政府监管等体现行业深度的专业领域展现一定优势。金融科技进步方面，中国、美国和德国城市表现优异，亚特兰大、成都、柏林、斯图加特、圣迭戈、天津、大连、南京、杭州和武汉的金融科技排名有了显著提升，超过了10位。

① 英国智库Z/Yen网站，“Long Finance”，https://www.longfinance.net/programmes/financial-centre-futures/global-financial-centres-index/gfci-32-explore-the-data/gfci-32-rank.

表3　全球金融中心排名40强（2022）

城市	GFCI 32		GFCI 31		较上期变化	
	排名	得分	排名	得分	排名	得分
纽约	1	760	1	759	0	▲1
伦敦	2	731	2	726	0	▲5
新加坡	3	726	6	712	▲3	▲14
香港	4	725	3	715	▼1	▲10
旧金山	5	724	7	711	▲2	▲13
上海	6	723	4	714	▼2	▲9
洛杉矶	7	722	5	713	▼2	▲9
北京	8	721	8	710	0	▲11
深圳	9	720	10	707	▲1	▲13
巴黎	10	719	11	706	▲1	▲13
首尔	11	718	12	705	▲1	▲13
芝加哥	12	717	13	704	▲1	▲13
悉尼	13	716	23	682	▲10	▲34
波士顿	14	715	14	703	0	▲12
华盛顿	15	714	15	702	0	▲12
东京	16	713	9	708	▼7	▲5
迪拜	17	712	17	691	0	▲21
法兰克福	18	711	16	694	▼2	▲17
阿姆斯特丹	19	710	19	687	0	▲23
日内瓦	20	709	25	678	▲5	▲31
卢森堡	21	708	27	676	▲6	▲32
苏黎世	22	707	20	686	▼2	▲21
多伦多	23	706	22	683	▼1	▲23
慕尼黑	24	705	28	675	▲4	▲30
广州	25	704	24	681	▼1	▲23
柏林	26	703	42	659	▲16	▲44

续表

城市	GFCI 32		GFCI 31		较上期变化	
	排名	得分	排名	得分	排名	得分
爱丁堡	27	702	21	684	▼6	▲18
斯德哥尔摩	28	701	26	677	▼2	▲24
釜山	29	700	30	673	▲1	▲27
哥本哈根	30	699	35	666	▲5	▲33
墨尔本	31	698	32	671	▲1	▲27
阿布扎比	32	697	31	672	▼1	▲25
蒙特利尔	33	696	29	674	▼4	▲22
成都	**34**	**695**	**37**	**664**	**▲3**	**▲31**
奥斯陆	35	694	39	662	▲4	▲32
青岛	36	693	38	663	▲2	▲30
大阪	37	692	34	667	▼3	▲25
汉堡	38	691	41	660	▲3	▲31

资料来源：第32期全球金融中心指数报告（GFCI32）

表4　亚太地区金融中心排名前15位

城市	GFCI 32		GFCI 31		较上期变化	
	排名	得分	排名	得分	排名	得分
新加坡	3	726	6	712	▲3	▲14
香港	4	725	3	715	▼1	▲10
上海	6	723	4	714	▼2	▲9
北京	8	721	8	710	0	▲11
深圳	9	720	10	707	▲1	▲13
首尔	11	718	12	705	▲1	▲13
悉尼	13	716	23	682	▲10	▲34
东京	16	713	9	708	▼7	▲5
广州	25	704	24	681	▼1	▲23
釜山	29	700	30	673	▲1	▲27

续表

城市	GFCI 32		GFCI 31		较上期变化	
	排名	得分	排名	得分	排名	得分
墨尔本	31	698	32	671	▲1	▲27
成都	**34**	**695**	**37**	**664**	**▲3**	**▲31**
青岛	36	693	38	663	▲2	▲30
大阪	37	692	34	667	▼3	▲25
惠灵顿	46	682	45	650	▼1	▲32

资料来源：第32期全球金融中心指数报告（GFCI32）

对全球金融中心声誉的考察也是GFCI的一个亮点内容。在模型中，通过分析金融中心问卷调查的加权平均评分与综合得分之间的差异来考察声誉。第一项变量指标反映全球金融领域专业人士对金融中心的平均评分，并根据时间进行了调整，较近期的评价的权重更高。第二项变量指标即GFCI综合得分，反映了问卷调查评价结合特征指标后的调整情况。如果某金融中心在问卷调查得到的评价高于其GFCI综合得分，就说明问卷受访者对该金融中心的认可度高于量化指标测算出来的竞争力。表5显示问卷调查评价与特征指标得分正差值最大的前15位金融中心。在声誉排名前15位的金融中心中，有8家位于亚太地区（GFCI 31中有5个），其中成都位列第5。高声誉优势可能得益于强大的市场宣传，或者对该中心现有或新兴优势的认可。

成都作为国际金融中心新起之秀，问卷评估得分平均值保持上升趋势，全球专业领域人士关注度不断提升，对成都金融中心认识和评价给予积极肯定。成都正通过持续完善金融营商环境，加强全球金融联结，吸引集聚全球金融资源，提升金融中心知名度和认可度。

表5　GFCI32声誉排名前15位金融中心的问卷评分与综合得分

中心	问卷加权平均得分	GFCI 32综合得分	声誉优势
雷克雅维克	721	593	128
青岛	809	693	116

续表

中心	问卷加权平均得分	GFCI 32综合得分	声誉优势
列支敦士登	712	613	99
古吉拉特邦国际金融科技城	711	612	99
成都	**788**	**695**	**93**
南京	697	604	93
深圳	812	720	92
大连	692	607	85
广州	777	704	73
新加坡	798	726	72
伦敦	802	731	71
米兰	748	680	68
努尔苏丹	684	621	63
苏黎世	769	707	62
基加利	647	587	60

资料来源：第32期全球金融中心指数报告（GFCI32）

成都在多重国家大战略加持下，发生从内陆腹地走向开放前沿的战略位势之变，面向泛欧泛亚、“一带一路”的金融中心服务功能显著增强。成都对西部金融中心规划蓝图逐步清晰，重大战略布局和改革举措梯次展开，从2017年“建设具有国际影响力的西部金融中心”纳入国家中心城市定位，到2018年构建西部金融中心“1+N”政策体系，再到2020年共建西部金融中心成为成渝地区双城经济圈建设的重要环节，以及2021年人民银行等多部委联合印发《成渝共建西部金融中心规划》，金融资源配置、要素集成和服务辐射“含金量”持续提升，正以前所未有的战略牵引力、政策推动力和发展支撑力，推动西部金融中心建设迈向更高层级。

当然，与北京、上海、广州、深圳等城市相比，成都地方法人金融机构数量较少、规模实力较弱，既要争取更多金融牌照落地，也要支持地方金融法人机构做大做强，打造牌照齐全、实力强劲的金融机构体系。2022年成都金融业增加值2445.2亿元，超过杭州（2407亿元），略低于广州（2596亿元），位居全国第六。2022年成都金融机构本外币存贷款余额53189亿元，与北京、上海、深圳还有相当差距，低于广州和杭州，实现保费收入低于北京、上海、深圳、广州，高于杭州。

三、成都位列全球科创城市百强①

上海市经济信息中心2022年7月发布《全球科技创新中心评估报告2022》，以全球近200个主要创新城市或都市圈为评估对象。全球排名前十名城市（都市圈）分别是纽约—纽瓦克、旧金山—圣何塞、伦敦、东京、北京、巴黎、波士顿、上海、芝加哥、洛杉矶—圣安娜—阿纳海姆。中国有16座城市进入全球科创百强，按照排名先后分别是北京（第5位）、上海（第8位）、香港（第11位）、深圳（第13位）、广州（第34位）、杭州（第45位）、南京（第54位）、台北（第56位）、武汉（第60位）、成都（第63位）、合肥（第67位）、重庆（第85位）、西安（第88位）、青岛（第89位）、天津（第91位）、苏州（第98位）。根据报告，2022年进入百强榜单的中国城市数量较五年前翻了一倍，同时这也是成都连续四年上榜，成都在榜单中的排名较2019年提升了35位。

在科技创新资源上，成都科教资源丰富，拥有65所高等院校、110多万名在校大学生，国家级重点学科（专业）超过60个。尤其是近年来成都加快推进具有全国影响力的科技创新中心建设。2022年，成都市入库国家科技型中小企业达8645家，同比增长23%；国家高新技术企业净增3489家、总数增至1.14万家，同比增长44%。科创板上市（过会）企业总数达17家。成都市以88.80的综合得分位列全国“科创中国”试点城市（园区）第二位，为副省级城市之首。其中，科技创新结合地方实际，服务当地经济社会发展单项排名以27.33分（满分30分）排在首位；在制度创新单项评估中，成都以18.3分

① 成都市政府科技局网站，http://cddrc.chengdu.gov.cn/cdfgw/fzggdt/202208/05/content_9a3def463ec04adbb64e699370108a60.shtml.

（满分20分）位列第一。[①]

清华大学产业发展与环境治理研究中心联合Nature Portfolio团队，在2022年12月发布《国际科技创新中心指数2022》（以下简称《指数》）报告，探讨国际科技创新中心城市版图的最新变化和特征，评估城市（都市圈）达到100个，其中有27个北美城市（都市圈）和37个亚洲城市（都市圈），亚洲城市（都市圈）的数量大大超过了北美。综合评估结果显示，旧金山—圣何塞实现三连冠，纽约蝉联第二名，北京则超越伦敦位列全球第三名。科学中心单项排名前10的城市（都市圈），包括纽约、旧金山—圣何塞、波士顿、北京、粤港澳大湾区、日内瓦、剑桥、伦敦、牛津、巴尔的摩—华盛顿。值得一提的是，长沙、天津、西安、重庆、济南、青岛、长春、大连、哈尔滨等城市首次进入国际科技创新中心的视野。其中，成都以63.21分，综合排名第77名（见表6）。

表6　国际科技创新中心指数（GIHI）2022年评估结果

城市（都市圈）	综合		科学中心		创新高地		创新生态	
	得分（分）	排名	得分（分）	排名	得分（分）	排名	得分（分）	排名
大田	64.70	66	69.13	66	65.54	22	64.53	78
波特兰	64.60	67	71.18	60	63.01	71	66.13	72
迪拜	64.60	68	65.92	82	61.80	88	73.00	33
莫斯科	64.59	69	63.90	90	63.71	51	71.95	39
华沙	64.35	70	64.55	87	65.15	26	68.33	60
里昂—格勒诺布尔	64.20	71	69.65	64	61.80	89	68.11	62
武汉	64.18	72	72.90	47	62.18	84	64.36	81
阿布扎比	64.08	73	66.87	75	61.06	95	71.51	41
名古屋	64.05	74	66.76	76	63.99	44	67.02	69
苏州	63.37	75	68.34	68	63.98	45	63.29	86

① 成都市科技局，http://cdst.chengdu.gov.cn/cdkxjsj/c108733/202303/08/content_d85af906a0f745d1a97615945a93107b.shtml.

续表

城市（都市圈）	综合		科学中心		创新高地		创新生态	
	得分（分）	排名	得分（分）	排名	得分（分）	排名	得分（分）	排名
合肥	63.30	76	69.40	65	63.55	57	62.73	88
成都	63.21	77	68.52	67	62.82	75	64.39	80
长沙	63.05	78	68.26	69	63.17	67	63.56	84
西安	62.84	79	68.08	71	63.38	62	62.75	87
天津	62.84	80	67.63	73	62.11	86	65.11	76
吉隆坡	62.79	81	65.75	84	62.36	81	66.34	70
墨西哥城	62.56	82	62.72	97	61.15	93	70.35	48
济南	62.31	83	66.11	80	63.57	56	62.57	90

资料来源：国际科技创新中心指数2022报告

成都科创板上市公司不仅数量稳步提升，而且产业集群效应显著，尤其在电子信息、生物医药、无人机等领域集聚了一批科创企业，“硬科技”成色逐步显现。平均每家成都科创板上市企业的专利申请量为230多件，有效专利量为110件，授权发明专利量为54件，成都科创板上市企业“科创力”高于科创板整体水平。在全球经济形势严峻的背景下，中国城市仍然展现出了高度的创新创业活力与强劲的发展前景，北京、上海、粤港澳大湾区投资总额分别位居全球第三、第四、第七位，多数城市始终保持着稳健高效的增长速度，南京、成都等新兴城市投资总额增长幅度甚至达到了300%以上。

四、成都在全球科研城市位列前30位[①]

世界知识产权组织（WIPO）2022年9月发布2022年全球创新指数（GII），

① 世界知识产权组织，《2022版全球创新指数（GII）》，https://www.wipo.int/edocs/pubdocs/en/wipo-pub-2000-2022-section1-en-gii-2022-at-a-glance-global-innovation-index-2022-15th-edition.pdf.

全球创新指数是世界知识产权组织自2007年开始发布的具有权威性和影响力的指标，是全球经济创新创造的风向标，也是各国经济决策的重要参考，至今已发布15版。其中，全球“科技集群”百强榜通过梳理研究地区专利申请活动和发表科研文章等因素形成，是反映区域创新能力和全球位势的重要指标。

中国共有23个城市科技集群进入全球前100名，依次分别为深圳、香港、广州、北京、上海、南京、杭州、武汉、西安、成都、青岛、天津、长沙、重庆、合肥、哈尔滨、济南、长春、沈阳、大连、郑州、厦门、兰州。其中，成都位列全球第29位，较2021年排位上升10位。2018年，成都首次入围GII全球“科技集群”百强榜。上榜5年来，成都全球排名递进了27位。

《自然》增刊“2022年自然指数—科研城市”发布，成都在全球科研城市100强榜单中，由2020年的第36位升至2022年的第30位。全球榜单排名的不断攀升，折射了成都城市创新策源能力的稳步提升。中国上榜全球前50位的城市有：北京（1）、上海（3）、南京（8）、广州（10）、武汉（11）、合肥（16）、杭州（19）、天津（20）、香港（23）、深圳（28）、西安（29）、成都（30）、长沙（34）、长春（35）、济南（36）、苏州（48）、大连（49）和福州（50）。

基础研究在技术创新中扮演着更加重要的角色。成都与清华大学等高校院所深化合作，共建研发机构15家、产学研联合实验室168个。目前，成都已建设包括全国重点实验室、国家技术创新中心等在内的国家级创新平台139个，西部地区首个国家实验室成功落户，国家超级计算成都中心建成投用，天府实验室实体化运行，创新资源加速聚集，创新策源能力不断增强。全社会研发经费投入年均增长8%以上。成都作为国家中心城市，具有非常好的文化底蕴和科技创新基底，为科技人才提供了友好的发展空间。成都拥有622.3万人才、多名“两院”院士和30余家国家级科研机构，可谓人才济济。2022年，成都专利授权83616件，其中发明19560件，实用新型51810件。成都在自然指数系统发表国际高水平论文868篇，贡献份额415.83，占到地区份额的2.5%。下一步，成都要大力推进科技成果转化，进一步提高科技成果转化和产业化水平，将科研强市提升为科创强市。

表7　科研城市及都市圈排名2022

排名	城市/都市圈	贡献份额	论文数	占地区贡献份额（%）
1	北京	3280.09	7167	19.6
2	纽约都市圈	2086.25	5077	10.5
3	上海	1833.00	3978	10.9
4	波士顿都市圈	1829.56	4377	9.2
5	旧金山湾区	1666.09	3907	8.4
6	巴尔的摩—华盛顿	1347.17	3571	6.8
7	东京都市圈	1234.57	2724	38.8
8	南京	1126.43	2396	6.7
9	巴黎都市圈	939.25	2693	43.6
10	广州	903.67	2146	5.4
11	武汉	850.74	1767	5.1
12	洛杉矶都市圈	843.65	2251	4.2
13	伦敦都市圈	829.15	2504	22.1
14	首尔都市圈	828.25	1766	52.0
15	芝加哥都市圈	787.36	1998	4.0
16	合肥	656.49	1562	3.9
17	苏黎世	628.63	1550	43.1
18	新加坡	618.81	1337	100
19	杭州	605.92	1458	3.6
20	天津	577.51	1154	3.4
21	圣迭戈都市圈	566.93	1445	2.9
22	剑桥	566.92	1645	15.1
23	香港	552.90	1431	3.3
24	慕尼黑	520.90	1478	10.8
25	费城都市圈	520.48	1353	2.6
26	牛津	484.05	1577	12.9
27	柏林都市圈	483.52	1436	10.0

续表

排名	城市/都市圈	贡献份额	论文数	占地区贡献份额（%）
28	深圳	465.84	1457	2.8
29	西安	430.31	1006	2.6
30	**成都**	**415.83**	**868**	**2.5**
31	休斯敦都市圈	414.08	1070	2.1
32	西雅图都市圈	395.79	1203	2.0

资料来源：自然指数・科研城市2022

五、成都跻身中国城市海外影响力前列

2022年12月，《中国城市海外影响力分析报告（2022）》暨“中国国际传播影响力”领先城市名单正式发布。这项报告由参考消息报社与新华社新闻信息中心共同发起，这是该报告第三次发布。成都不仅入选“优秀城市国际传播案例”，还获评中国国际传播综合影响力“先锋城市”“国际沟通力领军城市”，成为“讲好中国故事”的中国城市之一。

《中国城市海外影响力分析报告（2022）》认为，成都具有发达的产业基础、丰富的人才资源和优越的人文环境，在我国内陆对外开放中扮演着关键角色。成都在经济、科技、人才等方面的发展为其在海外“讲好中国故事”提供了坚实基础和丰富资源。报告通过外媒和智库勾勒出成都海外画像：既是历史文化名城、国际门户枢纽，也是正在崛起的内陆开放型经济高地。天府机场、中欧班列均为外媒涉成都报告的高频词汇，数字化、科技等也属外媒涉成都报道重点关注领域，成都发展成就已受到外媒和外籍人士关注。

另据浙江大学发布的《2022中国城市国际传播影响力指数报告》，香港、北京、上海、澳门、台北、重庆、武汉、深圳、西安、广州位列中国城市国际传播影响力榜单前十（见图1）。北京、上海、重庆、武汉、深圳、西安、广州、杭州、成都、青岛名列内地前十。

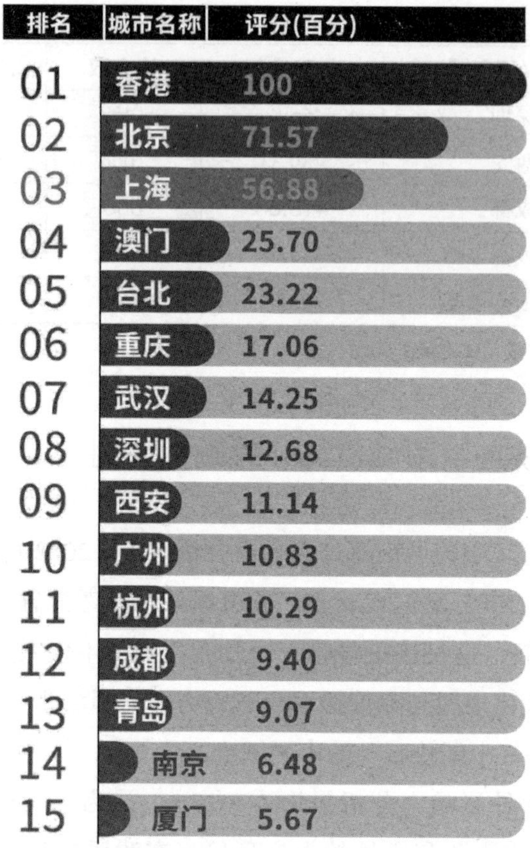

排名	城市名称	评分(百分)
01	香港	100
02	北京	71.57
03	上海	56.88
04	澳门	25.70
05	台北	23.22
06	重庆	17.06
07	武汉	14.25
08	深圳	12.68
09	西安	11.14
10	广州	10.83
11	杭州	10.29
12	成都	9.40
13	青岛	9.07
14	南京	6.48
15	厦门	5.67

图1　中国城市国际传播影响力榜单2022

资料来源：《2022中国城市国际传播影响力指数报告》

从分项指标来看，媒体报道影响力前十名依次为北京、上海、深圳、西安、武汉、广州、天津、杭州、南京、成都；社交媒体影响力前十名依次为北京、上海、重庆、武汉、成都、昆明、贵阳、广州、西安、杭州；搜索引擎影响力前十名依次为上海、北京、武汉、深圳、广州、西安、成都、南京、厦门、重庆；国际访客影响力前十名依次为北京、上海、广州、深圳、成都、西安、杭州、厦门、武汉、南京。①

成都成为国际传播的积极践行者，通过对外交流活动和海外传播打造

① 中国日报网，《2022中国城市国际传播影响力指数报告发布》，https://caijing.chinadaily.com.cn/a/202211/27/WS6382da36a3102ada8b2240ab.html.

“国际蓉”良好海外形象，其活动方式、内容和传播渠道均有许多可圈可点之处。独特的文化吸引多项国际会议和大型赛事落地成都，频繁的中外交流有效提升了成都的海外影响力。“2022世界显示产业大会”在成都开幕。同年，成都还成功举办了世乒赛及成都国际马拉松赛。成都围绕筹办“第31届世界大学生夏季运动会”展开积极的国际宣传活动。经济发展、独特文化和广泛渠道使成都拥有提升国际影响力的有效动能。

六、成都位居全球城市竞争力排行中国前十①

2022年12月30日，由香港中外城市竞争力研究院、中国城市竞争力研究会（香港）、世界城市合作发展组织、香港世界论坛等机构发布“2022第二十一届全球（国家）城市竞争力排行榜”。

成都在全球城市竞争力排行表现不俗。《全球城市竞争力评价指标体系》由包括城市经济实力指数、资源潜力指数、文化蕴力指数、科技动力指数、创新能力指数、开放张力指数、管理效力指数、民生保障指数在内的8项一级指标、32项二级指标构成。纽约、伦敦、东京、巴黎、洛杉矶、新加坡、香港、芝加哥、旧金山和深圳排名全球城市竞争力前十位。成都以80.35分位居全球第45。

在系列排名榜单中，《中国城市综合竞争力评价指标体系》涵盖经济、社会、环境、文化四大系统，由包括经济竞争力、产业竞争力、财政金融竞争力、商业贸易竞争力、基础设施竞争力、国际营商环境竞争力、环境/资源/区位竞争力、人力资本教育竞争力、科技竞争力和文化形象竞争力在内的10项一级指标、50项二级指标、217项三级指标构成。“2022中国城市综合竞争力排行榜”，香港再回榜首，深圳位居第二，北京、上海居第三、第四，成都位居第九。

“2022中国城市成长竞争力排行榜”，杭州蝉联榜首，深圳、苏州列第二、第三，成都位居第七。“中国最安全城市排行榜”香港夺冠，澳门、青岛居

① 《2022第二十一届全球（国家）城市竞争力排行榜在港向全球发布》，香港《紫荆》杂志，2022年12月30日，https://bau.com.hk/article/2022-12/30/content_1058385825095593984.html.

第二、第三。“中国十佳食品安全城市排行榜”，香港执牛耳，澳门、佳木斯分获亚、季军。从本届发布排名看，一年一度的“中国十佳宜居城市排行榜”，珠海拔得头筹，昆明、成都紧随其后。本项榜单已经连续多届关注城市夜间经济的繁荣发展，2022“中国十佳不夜城排行榜”，重庆、成都、兰州排前三。

表8　全球最具幸福感城市排名前十位（2022）

排名	城市	得分	排名	城市	得分
1	丹麦哥本哈根	87.61	6	奥地利维也纳	83.15
2	瑞士伯尔尼	86.26	7	中国成都	81.84
3	芬兰赫尔辛基	85.39	8	挪威奥斯陆	81.15
4	新西兰奥克兰	84.78	9	不丹廷布	80.98
5	瑞典斯德哥尔摩	84.37	10	冰岛雷克雅未克	80.65

资料来源：《世界幸福感城市评价指标体系》

值得关注的是“2022全球最具幸福感城市排行榜”，成都表现斐然（见表8）。《世界幸福感城市评价指标体系》由包括满足感指数、生活质量指数、生态环境指数、社会文明指数、经济福利指数在内的5项一级指标、21项二级指标、47项三级指标组成。丹麦哥本哈根位列全球首位，瑞士伯尔尼、芬兰赫尔辛基列第二、第三。中国成都因致力建设“雪山下的公园城市”，市域1300多个公园星罗棋布，在近5年来累计投入9100亿元实施重大民生项目649个的基础上，2022年又启动“幸福美好生活十大工程”实施项目363个，总投资7838亿元，年度计划投资达到1120亿元，市民有较强幸福感，因此排名位居全球第七，在所有中国城市中排名第一位。

Ⅱ ▶▷ 成渝经济圈篇

京津冀协同发展经验对成渝地区双城经济圈建设的启示

王德利*

2020年10月，中共中央政治局审议并通过了《成渝地区双城经济圈建设规划纲要》，标志着我国经济发展从沿海进一步转向内陆，成渝地区双城经济圈成为继京津冀、长三角、粤港澳大湾区之后的“第四极”。高质量建设成渝地区双城经济圈，是国家赋予川渝两省（市）的重要战略任务，是新时代推动高质量发展制定的重大发展战略。早在2011年、2016年国务院就先后印发了《成渝经济区区域规划》《成渝城市群发展规划》，不论是“成渝经济区”“成渝城市群”，还是“成渝地区双城经济圈”，[①]都展现了成渝地区在推动国家高质量发展中的重要地位。成渝双城经济圈位于四川盆地，北接陕西、甘肃，南接云贵，西接青藏，东临湖南、湖北，是辐射带动西部特别是西南地区的重要增长极。借鉴京津冀协同发展的经验做法，有利于完善成渝地区双城经济圈的顶层设计，树立协同发展理念，推动成渝双城经济圈成为引领西部地区高质量发展的新动力源。

---

* 王德利，博士，北京市社会科学院经济研究所研究员，研究方向为区域经济、城市规划。

① 成都科技顾问团. 关于成渝地区双城经济圈协同发展的几点建议［J］. 决策咨询，2020（05）：20–22。

一、成渝地区双城经济圈建设成效及存在的主要障碍

近年来，成渝地区双城经济圈建设成效显著，取得了较大进展。但由于体制机制等原因，成渝地区双城经济圈仍面临“双核”首位度较高、中心城市带动作用不强、创新驱动经济增长动力不足、区域间要素流动不畅、基本公共服务共享机制不完善、生态环境联防联控力度不够等问题。

（一）经济圈“双核”首位度较高，仍处于集聚发展阶段

从都市圈发展阶段看，成都以及重庆主城区仍处于集聚发展阶段，成渝发展主轴及周边次级城市还不发达，经济腹地对中心城市的支撑作用有限。由于缺乏节点城市的支撑，出现成渝中部地区“塌陷”问题。究其原因，成都、重庆作为带动西部发展的龙头城市，过多的优质资源不断向两个核心城市集聚。因此，未来推动成渝地区“中部塌陷”转变为“中部崛起”，是推动城镇体系结构合理化发展的重要路径。

成渝地区面积为18.5万平方公里，常住人口近1亿人，成渝“双核”占人口总量的26.7%，但GDP占比达到41.8%，人口和经济的空间分布差异显著。经济圈内城镇化水平也有显著差异，成都和重庆的城镇化水平分别为73.1%、65.5%，但成渝双城经济圈的总体城镇化水平却低于全国平均水平，仅为53.8%[①]。同时，成都、重庆两个中心城市的发展水平与北京、上海相比还有一定的差距，经济总量不到北京、上海的一半。[②]总体来看，成渝“双核”要素吸引力较强，城市发展仍处于集聚发展阶段。

（二）经济发展的创新驱动力不足，高质量打造经济增长极仍面临挑战

依托科技创新推动经济增长应成为成渝地区的主要动力源。然而，由于

① 杨波，李霖瑶．成渝地区双城经济圈发展面临的主要问题及对策研究［J］．商业经济，2021（01）：20–22。

② 史育龙，潘昭宇．成渝地区双城经济圈空间格局优化研究［J］．区域经济评论，2021（04）：127–134。

创新投入不足、创新环境不佳等原因，制约着成渝地区的经济增长和高质量发展转型。一是创新投入不足。2020年，成渝地区全社会研发投入强度为1.9%，而京津冀、长三角、粤港澳三大城市群均高于2.6%。二是高端人才吸引平台不足。目前，重庆有2所“985”“211”重点大学，3所中央部门直属机构，8个国家级重点实验室，四川分别有5所、27所、13个，远低于京津冀及长三角地区。三是传统产业占比较高。成渝地区双城经济圈是我国重要的制造业集聚区，但千亿级规模的产业集群主要集中在电子信息、汽车、食品、装备制造、材料、能源化工等领域，传统产业比重较高，战略性新兴产业规模相对较小。[①]成渝地区工业化、城镇化水平较低，虽然拥有较强的装备制造业基础，但缺乏具有自主知识产权的关键核心技术。此外，由于产业合作机制不完善，企业间横向联系弱，具有较强国际竞争力的完整产业链尚未形成。

（三）深居内陆的区位条件不利于对外开放，交通建设面临诸多跨界问题

成渝位于中国内陆的四川盆地，在沿海开放的背景下区位不占优势。重庆位居山区，喀斯特地貌分布广泛，山地面积占76%。成都地处龙门山断裂带、龙泉山断裂带中间的盆地，城市扩展受地震带的条件制约。[②]“丝绸之路经济带”建设逐渐打破内陆地区货物主要经过沿海出海的国际贸易格局，但成渝地区对外开放通道仍较少，受物流成本等因素影响，仍未形成对外开放合力。与此同时，由于经济圈内城市间存在利益冲突，导致一些交通建设项目难以落地，川渝相邻区县之间还存在“断头路”现象。目前，四川和重庆之间仅有一条高铁线路，成渝地区多式联运体系尚未形成，制约了区域交通体系的一体化建设。

---

① 刘治彦，邓兰燕．成渝地区双城经济圈建设难点与推进策略［J］．城市与环境研究，2021（03）：24-35。

② 刘治彦，邓兰燕．成渝地区双城经济圈建设难点与推进策略［J］．城市与环境研究，2021（03）：24-35。

（四）基本公共服务共建共享机制不完善，阻碍公共服务的一体化供给

成渝地区双城经济圈包含的市（区、县）较多，行政壁垒导致各行政区域实行分治。利益驱使下必然阻碍公共服务资源的一体化整合，极大影响了成渝地区双城经济圈公共服务资源的供给效益。近年来，成渝地区双城经济圈出台了相应措施，包括基于居住证的子女入学政策、跨区域医疗保险结算制度等，尽可能保障农民工的基本公共服务需求，但国家层面尚未出台提高成渝地区双城经济圈基本公共服务均等化水平的指导性文件，缺乏对全区域基本公共服务均等化的统筹规划与协调，公共服务供给存在供给方式单一、供给成本高、供给质量不足等问题。

（五）生态环境联防联控力度不够，面临生态环境跨界协同治理问题

成渝地区主要污染源包括燃煤、工业废气、机动车尾气等。虽然大气污染联防联控取得了一定成效，但仍存在执行力度不够等问题，与国家大气污染防治标准还有差距。[①]近年来，由于两岸生活污水及工业污水的直接排放，琼江流域高锰酸钾、磷化物等化学污染物严重超标。

二、京津冀协同发展经验总结

从跨省域双核城市群的分布来看，中国从北到南依次形成了哈长城市群、京津冀城市群、兰西城市群以及以重庆和成都为双核的成渝城市群。成渝城市群是中国西部最大的双核城市群，也是中国极具代表性的双核城市群。京津冀协同发展实施9年来，牢牢牵住疏解北京非首都功能这个“牛鼻子”，充分发挥北京的核心辐射作用，切实增强北京与津冀两省市的协同联动，推动雄安新区和城市副中心“两翼”联动建设。同为双核城市群，如何立足区域

① 杨波，李治霖. 成渝地区双城经济圈的跨界问题与协同发展的激励机制设计［J］. 商业经济，2020（04）：35-37。

发展实际，借鉴京津冀协同发展经验，探索成渝双城经济圈高质量发展之路，是成渝地区面临的重要命题。

（一）构建京津冀区域协同发展的顶层设计

2015年4月30日，中共中央政治局召开会议审议通过《京津冀协同发展规划纲要》(以下简称《纲要》)，战略重点是有序疏解北京非首都功能，优化提升经济结构和空间结构，探索人口经济密集区优化发展新模式，促进区域协同发展。《纲要》提出“一核、双城、三轴、四区、多节点”空间框架，包括以北京为发展中心的“一核”，以北京和天津为发展引擎的“双城”，以京津、京保石、京唐秦为支撑的“三轴”，以中部、东部、南部、西北部为依托的四大功能区，以现有次级城市作为载体的“多节点”，以北京城市副中心和雄安新区为两翼的规划布局。《纲要》以区域比较优势和现代产业分工为基础，以京津冀城市群建设为载体，注重优化区域分工和产业布局。《纲要》囊括了京津冀区域总体发展的全面战略部署，构建了保障区域协同发展的长效体制机制。

（二）紧紧牵住疏解北京非首都功能这个“牛鼻子”

习近平总书记对有序疏解北京非首都功能多次作出重要指示，明确指出京津冀协同发展要牵住疏解北京非首都功能这个“牛鼻子”。

九年来，北京在疏解非首都功能方面取得重要成就，成为解决北京“大城市病”、优化提升首都功能、以减量发展实现高质量发展的先行者和突破口。一是从源头上严格控制非首都功能增量，严格执行并动态完善新增产业禁限目录，累计不予办理新设立或变更登记业务近2.4万件。二是扎实开展“疏解整治促提升”专项行动，全市累计退出一般制造和污染企业约3000家，疏解区域批发市场和物流中心近1000家。2017年以来，共拆除违法建筑2.19亿平方米；2018年以来，腾空土地2.06万公顷，石景山区、门头沟区、密云区完成“基本无违法建设区”建设。与此同时，优化教育医疗资源布局，北京信息工程大学主体搬迁至昌平新校区，天坛医院整体搬迁，同仁医院亦庄医院扩建，积水潭医院新龙泽院区等项目如期完工投用，朝阳医院东院基本完工。

（三）着力优化京津冀城市群空间格局

按照《纲要》确定的“一核、双城、三轴、四区、多节点”骨架，提高区域性中心城市和节点城市综合承载力，形成定位清晰、分工合理、功能完善、生态宜居的现代城镇体系。

高标准规划建设北京城市副中心。国务院印发《关于支持北京城市副中心高质量发展的意见》，制订实施方案，授予副中心党工委管委会108项市政管理权限。推动城市副中心高水平、高标准规划建设，市行政中心正式迁入城市副中心，行政办公区二期地块全部开工，城市森林公园、环球主题公园开业运营；城市副中心站综合交通枢纽开展主体结构施工，副中心政务服务中心正式投入运营。首批33家科技创新企业在北京城市副中心布局，55家高精尖企业向运河商务区集聚。引进优质中小学、幼儿园14所，增加学位近3万个，东直门医院、友谊医院、安贞医院等落户通州。另外，京冀两地加快推进北京通州区与河北廊坊北三县一体化高质量发展示范区建设。北京积极推进交通、产业、公共服务向北三县拓展，加快轨道交通平谷线、厂通路等项目建设；2019年以来，北京与廊坊北三县项目推介会已连续举办三年，累计签约项目120多个，意向投资约800亿元。

全力支持雄安新区建设。设立河北雄安新区，是以习近平同志为核心的党中央深入推进京津冀协同发展作出的一项重大决策部署。2017年3月，中共中央、国务院下发通知，决定在河北省设立雄安新区，范围包括河北省雄县、容城、安新及周边部分地区。雄安新区作为国家千年大计，与北京城市副中心共同构成北京新的“两翼”。北京全力支持雄安新区建设，支持雄安新区交钥匙幼儿园项目竣工交付，中小学项目进入收尾，医院项目主体结构封顶。推出234个“京津冀+雄安”通办事项。共有3756家北京企业迁入雄安新区，142家中关村示范区企业在雄安新区设立分支机构。

（四）统筹推动重点工作持续突破

在交通领域，京津冀三地交通网络加快建设，北京形成航空“双枢纽”

格局，助力打造国家高质量发展的新动力源。截至2021年，北京大兴国际机场年旅客吞吐量突破2500万人次。京张高铁、京雄城际铁路、京哈高铁等线路全部建成。京昆、京台、京秦等9条高速公路通车，基本形成京津冀核心区1小时交通圈和周边城市1.5小时交通圈。

在生态领域，建立环境准入退出一体化机制，加强大气环境、水环境等的联防联控，生态环境质量进一步提升。2022年北京$PM_{2.5}$年均浓度为30微克/立方米，比2013年下降66.5%。京、冀两省（市）签署密云水库上游潮白河涵养区新一轮横向生态保护补偿协议，共同推进密云水库全流域水资源保护工作。25年来，永定河北京段首次实现全线通水，大运河通州段实现旅游通航。支持张家口、承德坝上地区造林100万亩，完成京津冀风沙源治理二期工程造林213.9万亩，全力构建区域绿色生态屏障。

在产业领域，京津冀地区充分发挥各自比较优势，从“转移承接”转变到“产业链合作”，优化区域产业链和供应链布局。截至2021年底，河北省共承接京津法人单位2.9万个，其中京津冀曹妃甸协同发展示范区签约北京项目465个，天津滨海—中关村科技园区新注册企业4000多家。中关村企业在津冀设立分支机构9500多家，京津冀技术合同成交总额超过2100亿元。

在公共服务领域，北京积极推动优质公共服务资源向津冀地区延伸，建立了15个跨区域职业教育集团，形成了22个京津冀高校发展联盟，实施了约50个京冀、京津冀医疗卫生合作项目，助力地方公共服务水平提升。50项临床检验结果在京津冀地区685家医疗机构实现相互认可，4800多家京津冀地区定点医疗机构实现省际住院费用直接结算，5500多家定点医疗机构实现异地门诊直接结算。

（五）加快建设现代化首都都市圈

首都都市圈是建设京津冀世界级城市群的必经阶段，这在学术界及政府层面均已形成共识。经过9年的协同发展，首都都市圈初步形成了由“通勤圈”“功能圈”“产业圈”组成的空间结构。“通勤圈”是现阶段首都都市圈建设的重点，主要是推动环京地区深度融合，完善区域快线，加强公共服务支撑，形成同城化效应。“功能圈”主要是推动京津联动发展。“产业圈”主要是推动节点城市强链补链，围绕新能源、生物医药、工业互联网等重点产业链，形成紧密分工合作格局。2015年以来，北京企业累计对现代化首都都市圈企业投资次数超3.2万次，投资额超1.6万亿元。与2015年相比，2022年北京企业在“通勤圈”和“产业圈”的投资次数提升2倍，在“功能圈”的投资次数也达到1.5倍。三个圈层地区的GDP占京津冀地区的40%以上。

三、京津冀协同发展对成渝地区双城经济圈建设的启示

建设成渝地区双城经济圈，不仅有利于进一步提升成渝地区经济发展水平，而且可以作为西部地区经济提升的新引擎、新动力，促进中西部与东部地区的协调互动。未来成渝地区应加强顶层设计，充分发挥核心城市的引领作用，大力发展特色优势产业集群，以创新驱动、公共服务、生态环境等领域为重点，推动成渝地区双城经济圈建设尽快取得突破性进展。

（一）进一步完善成渝地区双城经济圈的顶层设计

目前，国家层面出台了推进成渝双城经济圈建设的相关规划，先后有《成渝经济区区域规划》《成渝城市群发展规划》《西部陆海新通道总体规划》《中共中央国务院关于新时代推进西部大开发形成新格局的指导意见》《成渝地区双城经济圈建设规划纲要》等[①]。

城市群内部各城市发展自身经济的冲动，可能造成城市间产业同构、重复建设甚至恶性竞争等问题，对城市群整体竞争力的提升有重要影响。因此，有必要在国家层面成立成渝地区双城经济圈建设领导小组，加强顶层设计，实现错位发展。地方政府要在《成渝地区双城经济圈建设规划纲要》的基础上，加快制订本地区的区域战略规划。[②]要紧紧围绕目标定位，尊重客观规

① 莫远明．“十四五”开局与成渝地区双城经济圈高质量发展［J］．重庆理工大学学报（社会科学版），2021，35（04）：8–18。

② 邓曙，王元地．世界级城市群对成渝地区双城经济圈建设的启示［J］．决策咨询，2021（03）：81–85。

律，集中谋划一批重大政策、重大改革、重大工程，充分发挥比较优势，做到统一规划、相互配合、共同实施。要突出重庆、成都两个中心城市的辐射带动作用，促进成渝地区人口、产业及各种生产要素的合理流动，把成渝地区建设成为全国重要的经济中心、科创中心、改革开放新高地。要以西部陆海新通道与沿江综合运输通道为支撑，深度融入国家“双循环”新发展格局，加强与东部沿海城市群联动协调，与“一带一路”沿线国家和地区深度对接，将其打造成成渝地区经济增长的新动力源。

（二）充分发挥核心城市的引领带动作用，推动城镇体系协调发展

除了重庆和成都之外，成渝地区双城经济圈内缺乏能级较强的大城市，这是成渝双城经济圈城镇体系建设的一个重要短板。①未来在成渝地区双城经济圈建设过程中，应遵循城镇化空间扩展规律，做实现代化都市圈，共同培育大城市发展轴，变成渝地区双城经济圈的“中部塌陷”为“中部崛起”。第一，充分发挥核心城市的引领带动作用。成渝地区双城经济圈是一个以重庆、成都为核心的城市群，要加快双城经济圈建设，就必须不断提高两市发展水平，把重庆、成都做大做强。依托重庆、成都的强辐射带动作用，积极推进成渝一体化，着力培育区域中心城市，支持中小城市和小城镇建设。以成渝两个核心城市为基础，强化经济圈的共同利益，充分发挥成渝城市群的辐射带动作用，将成渝两个发达城市的功能向周边城市群扩散。通过“双城带动”“中部崛起”，实现多层次的区域协调发展格局。第二，做实现代化都市圈。不同于长三角一体化、粤港澳大湾区等城市群建设，由于成渝地区双城经济圈属于“双核”城市群，更需要进行统一规划部署，做好两市联动发展。②从政策保障和具体措施上相辅相成，统筹规划、协调布局。成都都市圈要加快建设成德临港经济产业带、成资临空经济产业带、成眉高新技术产业带，打造便捷高效的交通通勤圈。重庆都市圈要促进重庆中心城市和渝西地

① 杨继瑞．成渝地区双城经济圈高质量发展是若干维度的有机统一［J］．四川省情，2020（07）：30–33。

② 朱元佳．成渝地区双城经济圈建设的思考［J］．四川省社会主义学院学报，2021（04）：81–84。

区融合发展，加快城市一体化发展，促进广安融入重庆都市圈。第三，夯实以县域为载体的新型城镇化基础。扎实推进成都西部片区和重庆西部片区国家城乡融合发展试验区建设，引导人才、土地、资金等要素向资源承载能力强、发展潜力大的县域集聚，支持发展特色优势产业，[①]提升县域经济造血能力。鼓励有条件的重点镇建设县副中心，引导小城镇完善公共服务配套。

（三）加快现代产业体系建设，大力发展特色优势产业集群

成渝地区双城经济圈建设要充分挖掘协同发展的力量，充分发挥成渝两大经济中心城市的辐射力和影响力，以产业融合发展加快重要经济中心建设。第一，协同构建现代产业体系。成渝地区已形成电子信息、汽车两个万亿级产业集群，高端装备制造业发展基础雄厚，但仍存在产业链分工程度低等问题。[②]为此，要以全球新一轮科技革命为契机，大力发展特色优势产业集群，构建错位发展、分工高效、相互融合的现代产业体系。第二，打造创新型先进制造业基地。成渝地区要立足现实基础和增长潜力，瞄准汽车、电子信息等优势产业，推进创新链、产业链、价值链深度融合，加快培育先进制造业集群，不断提高产业链配套能力。[③]加快制造业高质量发展，积极发展智能制造、绿色制造、服务型制造，推动先进制造业和现代服务业深度融合，培育世界级先进制造业集群。第三，加强产业布局统筹协调。按照市场决定资源配置的要求，推动双城经济圈产业融合发展、集群发展、规模化发展，加快培育一批具有竞争优势的产业集群。

（四）实施创新驱动发展战略，培育共建全国重要的科技创新中心

科技创新是成渝地区双城经济圈可持续发展的动力源泉。未来要着力加

① 李东晋，林楠．推动成渝地区双城经济圈建设具有全国影响力重要经济中心［J］．宏观经济管理，2022（10）：55–60。

② 史育龙，张惠强．成渝地区双城经济圈建设新思路［J］．开放导报，2022（03）：62–68。

③ 李东晋，林楠．推动成渝地区双城经济圈建设具有全国影响力重要经济中心［J］．宏观经济管理，2022（10）：55–60。

强创新体系建设，建立以企业为主体、市场为导向、产学研深度融合的技术创新体系。第一，实施创新驱动发展战略。加强科技创新前瞻性布局，更加注重提高原始创新能力，加快关键共性技术、前沿引领技术、颠覆性技术创新突破，[①]引领西部地区大数据、云计算、物联网、人工智能、5G、区块链等新技术应用，引领新产品研发。第二，加快科技创新成果产业化。充分发挥成渝地区129所高校、61所科研院所的科教资源优势，促进成渝双城经济圈创新资源优化配置，充分发挥科技创新对推动经济高质量发展的重要支撑作用。[②]第三，促进人才链与创新链、产业链、价值链的有机融合。建立健全以创新能力为导向的科技人才评价机制，制定重点项目人才需求清单，实施高端科技人才培养计划，积极探索科技成果转化服务走向市场化。[③]

（五）推动出川出渝大通道建设，联手打造内陆开放新高地

与沿海地区相比，成渝地区双城经济圈缺乏对外开放的交通基础设施，导致货物贸易成本相对较高。构建成渝地区双城经济圈，要着力推进基础设施互联互通，提高经济圈交通互联互通水平。第一，着力推进川渝主通道建设。以高速铁路、城际铁路、高速公路为骨干，统筹铁路、航空、公路、水路规划，大力发展多式联运，构建安全、便捷、高效的综合交通网络，支撑和引领成渝经济圈空间格局的形成。第二，加快国道、省道干线改造。共同打通“断头路”，加强区域互联互通，构建快速高效的现代综合交通运输体系，以川渝多路畅通为重点，提高经济圈交通互联互通水平。

（六）以公共服务共建共享、生态环境共育共治等为重点，尽快推动成渝地区双城经济圈建设取得突破性进展

第一，在加强两地公共服务共建共享的基础上，增进民生福祉。构建成渝双城经济圈，要建立健全医疗、教育、卫生、能源、交通等公共服务领域

①③ 郑正真，伍萌．成渝地区双城经济圈建设的战略定位及路径［J］．重庆行政，2021，22（01）：12-15。

② 郑正真．成渝地区双城经济圈建设的战略演化与推进策略［J］．西南石油大学学报（社会科学版），2021，23（04）：17-23。

的一体化联动机制，消除教育、医疗、户籍等领域的行政壁垒。适应经济圈发展需要，共同建立区域教育共建共享机制，不断增加优质教育资源供给，共享高水平教育发展成果；继续增加优质医疗资源供给，提高医疗卫生服务质量。在推动区域整体高质量发展的同时，不断提升成渝地区双城经济圈居民的幸福感和获得感。[①]第二，加强两地环境保护，确保生态安全。成渝地区双城经济圈的高质量发展必须重视生态文明建设，强化“绿水青山就是金山银山”的理念，把长江生态环境修复放在第一位，[②]稳步推进生态廊道建设，规划一批山、河、林修复工程，建立和完善长江流域生态补偿机制。全面落实《大气污染防治行动计划》《水污染防治行动计划》等法律法规，努力建设天蓝地绿、山清水秀的美丽家园。

① 杨继瑞. 成渝地区双城经济圈高质量发展是若干维度的有机统一［J］. 四川省情，2020（07）：30–33。

② 熊升银. 成渝地区双城经济圈高质量发展内涵与评价指标体系研究［J］. 攀枝花学院学报，2021，38（04）：67–72。

一体化视角下江苏推动组团式创新对成渝地区双城经济圈的相关启示及建议

程兆君*

党的二十大报告指出："必须坚持科技是第一生产力、人才是第一资源、创新是第一动力，深入实施科教兴国战略、人才强国战略、创新驱动发展战略，开辟发展新领域新赛道，不断塑造发展新动能新优势。"习近平总书记在参加十四届全国人大一次会议江苏代表团审议时，提出了"四个必须""四个走在前"的总体战略要求，其中，第一个走在前就是在科技自立自强上走在前，加快建设具有全球影响力的产业科技创新中心。站在区域一体化发展的背景下，从"点状式"发展走向"组团式"发展是历史的必然，区域创新也是如此。加强协调创新、提升区域创新能力是实现高水平自立自强的关键举措，在新一轮科技革命和产业变革的浪潮中，围绕都市圈、城市群推动以组团式创新，优化区域创新机制，打造创新空间新格局，是实现区域高质量发展的点火石和核心引擎，对于推动区域优化产业空间布局，打造地标性科创型产业集群，夯实高质量发展走在前列的基石具有重要战略意义和现实意义。

一、一体化视角下组团式创新的内涵特征

站在区域一体化发展的大背景下，推动区域协同创新可以更好地实现创

* 程兆君，扬州大学苏中发展研究院特约研究员，扬州市九届政协常委。

新要素资源最优化配置，形成更大发展合力。从区域创新研究进展看，研究成果主要集中在区域协作创新和产业集群式创新两个方面。前者更加强调各种创新资源在空间上的协作实现优化配置；后者则更加关注围绕区域产业链和创新链的联动，推动价值链的攀升，强调的是产业集群的创新升级，或者是围绕大区域创新生态的营造，实现创新集群的发展。“组团式创新”与区域协作创新、集群式创新发展概念相似，借鉴城市与区域发展组团的概念，更加强调创新在区域空间上的功能、差异与协作，一方面突出区域中心城市的创新带动作用以及中心城市与边缘城市之间的创新协作关系，另一方面围绕区域产业链与创新链之间的联系，强化创新要素在空间上的优化配置以及产业的分工协作（图1）。总体而言，组团式创新就是依托城市群、都市圈以及产业集群等发展组团，推进创新资源、要素、载体等在空间上的集中、协同和功能分工，从科创载体建设、创新平台培育、创新人才引培等多个方面建立起适应于区域创新能力提升的区域创新机制，更加关注区域之间创新的协同与合作和创新资源的空间优化配置，实现区域不同城市创新能力提升，推动区域经济高质量发展。

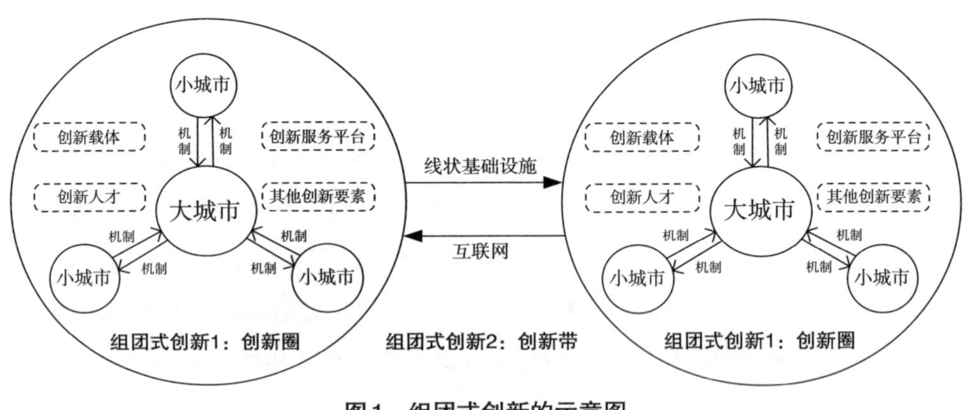

图1　组团式创新的示意图

二、江苏组团式创新发展的现实基础和创新实践

作为全国重要的经济大省和制造业强省，江苏科教产业人才优势突出，近年来，全省上下始终将创新放在首位，加快实施创新驱动战略，创新型省

份建设取得实质性成效。截至2022年，江苏省拥有各类普通高校168所，其中“双一流”高校16所，211万在校大学生，各类研发机构900多家，高新技术企业总数超4.4万家，国家创新型城市、国家高新区数量居全国首位，各类创新人才总量超过1400万人。全社会研发投入强度超过3%，万人发明专利拥有量是全国平均水平的两倍以上，建成了一批产业技术创新中心、产业技术创新战略联盟以及国家创新型产业集群试点等区域创新载体，国家级孵化器数量及在孵企业数均保持全国第一，全省区域创新能力多年位居全国前列。

第一，城市群都市圈快速发展为组团式创新提供了承载空间。随着高铁、区域城际轨道交通网络、互联网技术的应用，以中心城市引领城市群都市圈，进而带动区域发展的新模式推动区域城市之间的融合发展，都市圈城市群成为推动区域协调发展、一体发展的重要载体。近年来，聚焦推动区域协调发展，全省加大了城市群和都市圈的发展力度，“1+3”功能区战略以及当前长三角区域一体化发展国家战略实施以来，包括扬子江城市群、南京都市圈、宁镇扬同城化、苏锡常一体化发展等不同层次的空间功能板块得到快速发展，通过搭建区域协作平台，建立人才、资金、创新等要素的自由高效流动机制等，区域内部中心城市与周边城市和地区之间的联系更加紧密，统一的要素市场、一体高效的基础设施、共建共享的公共服务以及专业化分工协作产业体系，进一步强化了城市之间的功能联系，逐步形成支撑全省经济增长、促进区域协调发展、参与区域竞争合作的重要平台。城市群都市圈的快速发展为全省打造区域创新组团、强化创新的协同提供了空间基础，创新资源配置、创新活动开展和创新联系将突破单一城市限制，在都市圈城市群等组团板块中加速集中集聚，形成更多的区域组团式创新发展空间。

第二，产业集群、链条式发展为组团式创新提供了协作基础。集群化是产业发展的基本规律，是产业向中高端迈进的必由之路，也是提升区域经济竞争力的内在要求。2018年以来，江苏聚焦重点领域，突出关键环节，做长做粗产业链，在3~5个相邻区市范围内形成分工协作发展的基本格局，积极培育打造包括新型电力（新能源）装备、生物医药和新型医疗器械、集成电路、核心信息技术和新型显示等在内的13个产业集群，力争打造若干“拆不散、搬不走、压不垮”的产业“航空母舰”。产业集群最核心的就是围绕产业链，将区域内企业、技术、人才和品牌集聚协同融合在一起，通过机制体制的创新和公共平台的打造，实现“制造+服务”“工业化+信息化”，推动产业向价值链高端攀升。当前，围绕着集群急需突破的关键核心技术、共性技术的攻关，江苏正积极探索建立集成电路及物联网、新能源汽车及汽车智能化等重点集群的产业链创新联盟，以及组建“企业+联盟”协同创新的制造业创新中心等，这些协同创新载体的建设，很大程度上将会打通产业链上下游企业创新的联动，也可以实现区域之间产业创新的有效对接，为打造组团式创新走廊提供了协作基础。

第三，区域协同创新发展实践为组团式创新提供了发展样板。在长三角区域一体化等国家战略的引领下，聚集产业创新需求，全省加大推动区域协同创新力度，在苏南自主创新示范区一些地区积极开展了关于组团式创新的探索实践，形成了一些创新实践和示范样板。虹桥—相城产业创新综合体是苏州主动接轨上海、实现长三角区域协调创新的重要探索，重点是通过在相城打造区域创新载体，积极承接上海创新资源辐射，推动创新要素在虹桥与相城之间的快速共享。在虹桥开展“从0到1”基础性研究的基础上，推动相城区在1–N的应用型研发、转化与量产，实现虹桥—相城协同创新。嘉昆太协同创新核心圈又是一个区域协同创新的生动案例，嘉定、昆山、太仓三区市打破原有行政区划限制，通过跨空间的行政管理和经济开发，实现资源互补、协调发展。苏州在嘉定设立“科技创新（研发）园”，而嘉定则在苏州设立“嘉昆太科创产业园”，入驻企业享受两地同等政策服务，跨区合作，利益共享。“长三角科技双创券服务管理平台”中共享资源涵盖多地高校院所、检验检测机构、企业技术中心以及重大科研基础设施、大型仪器，三地企业可以在这个“资源池”中进行选择，并使用“双创券”购买相应服务。

三、一体化视角下江苏加快推动组团式创新的探索研究

2019年12月，中共中央、国务院正式印发《长江三角洲区域一体化发展规划纲要》，长三角区域一体化国家战略的实施，吹响了区域一体化发展的冲锋号。为贯彻落实长三角区域一体化国家战略，特别是围绕落实习近平总书

记关于江苏“做好区域互补、跨江融合、南北联动大文章”的区域协调发展指示精神，江苏率先提出省内全域一体化发展，目的就是要进一步提高全省区域经济集聚度、区域连接性和政策的协同效率，实现全省功能分工更加明确、区域发展更加协调。全域一体化发展对区域协同创新提出了更高的要求，无论是长三角区域一体化发展国家战略还是省内全域一体化的最新发展要求，创新发展的一体化均是重中之重，迫切需要探索构建大城市创新资源向中小城市输送的机制，在空间上形成创新资源共建共享的发展模式，全方位提高区域创新能力、实现区域协同创新，为推动全省经济高质量发展提供动力支撑。围绕全省一体化发展基础和生产力布局现状，聚集区域协同创新，重点打造三大区域创新圈和一个产业创新带，形成全省“3+1”的区域创新格局。

（一）以都市圈城市群为基础培育打造三大区域性创新圈

围绕南京都市圈、苏锡常都市圈以及徐州作为淮海经济区的中心城市等区域空间发展基础，进一步强化南京、苏州以及徐州在全省区域一体发展中的极化作用，突出江苏省产业技术研究院、苏州市产业技术研究院以及徐州市产业技术研究院三个重要创新载体，强调都市圈内中心城市的创新资源的外部扩散和辐射带动，重点培育打造以南京、苏州和徐州为核心的三大区域创新圈。

第一，以南京为核心带动扬州、淮安以及安徽部分地区的创新圈，更加突出南京科创资源的辐射外溢作用。发挥南京科教资源富集、创新实力雄厚的这一事实优势，聚焦有限目标，重点在重大科技基础设施，原始创新能力提升上精准突破，建立形成大中小城市联动创新的体制机制。一是进一步发挥南京都市圈南京中心城市的创新极化作用，以创建国家区域科技创新中心为契机，积极发挥南大、东大等在宁985高校服务江苏、与南京融合发展的引领作用，深度推进产学研合作，共同推进建设国家重大科技基础设施、国家实验室，重点支持紫金山实验室建设国家实验室，力争将南京打造成为全省产业科技创新中心的主承载地，支持将麒麟科技城、紫金山科技城打造成为战略科技力量集聚地。二是加强南京与都市圈内大中小城市联动创新发展。支持高水平创新平台区域城市的联动共建，以南京为中心，带动镇江、扬州、淮安、马鞍山、滁州、芜湖以及溧阳、金坛等地科技创新能力的提升，重点支持南京高校科研院所在都市圈内相关城市设立分支机构或研发机构，通过大城市创新资源外溢带动区域创新圈能级的全面提升，从而带动区域产业创新能力的提升。三是加快打造区域科创圈内的创新示范板块（带）。重点支持仙林—句容、江北新区—仪征以及宁淮特别合作区等毗邻地区科创联动示范板块建设，加大力度深化宁杭生态经济带的科创功能，推动建设G328和G312产业科创带建设，带动宁镇扬产业创新一体化发展。

第二，以苏州为核心带动无锡、常州、南通、泰州等地的创新圈，重点强化苏锡常一体化及跨江联动创新。充分彰显苏锡常三市产业体系较为完备、资源禀赋各具特色、人员往来交流频繁等特征，结合跨江融合发展，探索人口经济密集地区的城市之间围绕产业链布局发展的创新链一体化布局和发展。一是围绕产业链布局创新链，抢占未来产业新赛道。突出苏锡常地区战略性新兴产业的发展基础，围绕产业创新需求，利用好市场空间优势，以前沿技术产业化为主攻点，聚焦苏锡常地区的集成电路、生物医药、前沿新材料等战略性新兴产业集群，以及氢能与储能、虚拟现实（类脑智能、元宇宙）等未来产业领域，加大产业创新攻坚力度，全面突破一批关键核心技术，形成更多原创性科技成果。鼓励和支持苏锡常地区联动一体化探索培养发展包括生命健康、人工智能等产业创新机制和模式。二是一体联动布局重大战略科技力量。全力支持全省唯一的国家实验室——苏州实验室加快建设，集中力量开展首批国家层面的产业创新的战略科研任务，力争围绕苏锡常地区的重大创新需求实现重大突破。积极推动太湖实验室、龙城实验室等创新体制机制、更多承担国家任务，早日成为代表国家水平的核心战略科技力量；支持创新圈内相关重大科创载体面向区域重大产业需求突破一批关键核心技术、共性技术。探索在该区域设立一批未来产业技术研究院，重点开展从“0”到“1”原创性、颠覆性技术创新研究。三是重点推进深化G60科创走廊建设、全力支持环太湖科创圈、沿沪宁产业科创带建设，推动苏锡常通等地一体化融入上海大都市圈的创新圈中。聚焦苏锡常以及泰州、南通等地特色优势产业和未来产业，分类培育建设一批高水平的产业创新中心、技术创新中心、制造业创新中心、工程研究中心等高端产业创新载体，支持地方建设一批新型研发机构、产业创新综合载体，促进科研资源、市场需求和产业发展衔接融合。

第三，以徐州为核心带动淮海经济区的创新圈，要进一步提升徐州的产业创新能级。徐州区位优势突出，战略地位重要、发展势头良好，是国家淮海经济区中心城市。主要是发挥徐州地缘优势和基础优势，以国家可持续发展议程创新发展为统领，大幅提高城市发展能级，加快集聚创新资源要素，增强产业创新的集聚力和辐射带动力，建设成为带动区域创新发展的强引擎。一是全力以赴支持徐州提升产业科创能级。支持徐州加大战略科技力量、重大科技基础设施和重要科创平台的布局与建设，提高徐州在淮海经济区内的创新能级和辐射带动能力。重点支持徐州产业技术研究院建设，推动省产业技术研究院加大对徐州的支持力度，力争在淮海经济区成为科创高地。二是推动徐州建设淮海经济区创新创业中心。围绕工程机械、安全应急等特色优势产业，一方面全面提升徐州产业科创能力，另一方面强化淮海经济区中心城市创新资源辐射，与连云港、宿迁等省内城市以及省外毗邻城市构建淮海经济区科技创新共同体。打造一批重大创新平台和双创示范基地，打造跨地区跨领域产学研合作联盟，建设区域性科研成果转化基地、“双创”人才培养中心。三是在推动南北产业合作的基础上加强徐州都市圈内相关城市的创新资源布局，推动产业链上下游共建多种类型的产业研发中心、产业创新中心，着力解决企业技术难题，提高产品核心竞争力，以软硬件环境的提升推动转移产业蜕变升级，推动有条件的地区打造细分市场下的专业性总部，积极打造高质量生产基地。

（二）以产业集群创新发展为特色打造沿沪宁产业创新带

沿沪宁产业创新带是我国经济发展最活跃、产业基础最雄厚、创新能力最强劲的区域之一，多个产业集群、多条产业链，拥有相当数量规模的制造业企业。聚焦产业创新需求，沿沪宁产业创新带需要充分整合利用资源，更加强化产业创新的联动融合，以产业集群创新发展为导向，进一步凸显“产业+创新”特质，持续提供高水平科技供给，着力建设全球产业竞争力最强集聚带，切实担当起我国科技和产业创新的开路先锋，成为打造具有全球影响力的产业科技创新中心的主承载空间。

第一，更加强化产业集群内大中小企业融合创新，形成一体化创新的发展机制。要始终突出企业的创新主体地位，围绕产业链布局创新链，推动企业从生产主体转变为创新主体，全面提升企业自主创新能力，加快培养形成更具活力和爆发力的创新企业集群。一是凸显重点地标性产业集群中龙头企业引领支撑作用，深入整合上海、南京、苏州等地科教资源，加快构建龙头企业牵头、高校院所支撑、各创新主体相互协同的创新联合体，促进各类创新要素加速向企业集聚，鼓励重点龙头企业突破前沿技术、制定行业标准，培育一批具有产业链控制力和全球竞争力的“链主”型领军企业。二是鼓励沿沪宁产业创新带重点中小企业瞄准重点产业链中的关键环节、细分领域，锻造更多独门绝技，增强核心竞争力，不断提高发展质量和水平，加快培育一批主营业务突出、竞争力强、成长性好的专精特新“小巨人”企业，打造成为解决产业创新带重点产业集群细分领域内“卡脖子”难题的“单打冠军”或“配套专家”。三是围绕产业创新重大需求，推动以企业为主体开展产业协同技术攻关，鼓励企业开展技术改造、设备更新和数字化、绿色化转型，支持企业以联盟形式承担重大科技专项、发起产业技术开发计划，牵头建设产业创新中心、制造业创新中心和工程研究中心等高效能产业创新载体，支持推广企业提出技术需求、平台进行技术熟化、企业投入为主、政府引导的产学研合作新模式。

第二，更加强化战略新兴产业融合集群培育，全面提升产业科技创新能力。面向世界科技前沿和重大战略需求，聚焦十大战略性新兴产业集群，以及531产业链特别是涉及的卓越产业链，全面发挥苏南国家自主创新示范区的作用，加快培育发展一批在世界范围内领先、拥有自主核心技术、代表未来战略方向、内部融通融合发展的战略性新兴产业融合集群。一是打好关键核心技术攻关的“主动仗”，形成更多新动能。从国家紧迫需要和长远需求出发，发挥苏州实验室、紫金山实验室、太湖实验室等重大科创载体平台作用，围绕沿沪宁地区重大产业及未来产业创新需求组织实施关键核心技术“卡脖子”攻坚战，构建完善“卡脖子”技术的攻坚体系、评价体系和要素保障体系，加快突破一批关键核心技术，形成一批具有自主知识产权的原创性标志性技术成果，形成经济发展新动能。二是加快抢占科技创新的“制高点”。注重提升优势产业、特色产业在重点领域关键环节的技术比较优势，聚焦生命健康、前沿新材料、新能源、航空航天等兼具广阔前景和良好基础的行业领域，加大政策的聚焦度和精准度，推动形成一批代表世界先进水平的重大创新成果，打造应用技术创新的策源地，提高在国际产业领域话语权，提升产业安全性和竞争力。三是积极下好未来产业的“先手棋”。充分利用好市场空间优势，以前沿技术产业化为主攻点，瞄准人工智能、集成电路、生命健康、脑科学、空天科技、深地深海等前沿领域，前瞻部署一批战略性、关键性技术研发项目，加快培育引进前沿科技人才，深化推进多层次场景应用，着力催生一批新业态新模式，打造未来产业创新发展高地，引领科技创新发展。

第三，更加强化区域产业发展的联动创新布局，全力构建“企业+联盟”的创新机制。围绕产业集群发展的创新需求，迫切需要强化“一盘棋”意识，放大沿沪宁产业创新带城市群的建设效应，挑起具有全球影响力的产业科技创新中心的“大梁”。一是在高端芯片、新型显示、工业母机、前沿新材料等重点产业集群领域，开展苏南五市一体化的联合科技攻关，加快建立起推动优质科技资源和科技成果互利共享的工作机制，打造具有特色的沿沪宁地区协同创新的共同体，全面提升苏南地区的重大创新策源功能，迸发形成更多支撑产业高质量发展的重大原创性科技成果。二是充分运用大数据技术，提高数据共享共用的广度与深度，推进数据二次开发和数据增值工作，有效整合沿沪宁地区区域科技创新资源，改善区域科技公共服务，有序推进区域科技公共服务平台建设，打造一体化、高效共享的区域科技公共服务平台网络体系，大幅度提升沿沪宁地区区域协同创新能力，从而率先构建全国区域协同创新共同体。三是探索推进“企业+联盟”的产业创新推进机制。探索建立集成电路及物联网、新能源汽车及汽车智能化、智能制造及机器人、高性能医疗设备及精准医疗（生物医药）等产业链创新联盟。支持产业链龙头企业整合创新资源要素，组建“企业+联盟”协同创新的制造业创新中心，采取政府支持、股权合作、成果共享的市场化运作机制模式，实现产业链水平整体跃升。

四、对于推动成渝地区双城经济圈区域协同创新的相关启示及对策建议

推动成渝地区双城经济圈建设，是以习近平同志为核心的党中央着眼构建新发展格局、完善区域经济布局作出的重大决策部署。与江苏的南京都市圈、苏锡常都市圈相比，成渝地区双城经济圈具有“双中心”驱动的特征，基本形成以成都、重庆为核心，以1小时通勤圈为基本范围的都市发展结构体系，双城核心的极化效应较为明显，既存在着类似于南京都市圈内南京中心城市核心的特点，也具有苏锡常都市圈多级联动、一体发展的特征。江苏推动区域组团式创新，包括南京都市圈单核、苏锡常产业集群式的联动一体创新，对成渝地区双城经济圈推动区域协同创新启示较为明显。

（一）相关启示

成渝地区双城经济圈区域协同创新发展，要学习借鉴江苏的“组团式创新”发展模式，更加突出成都和重庆两座核心城市的极化和扩散作用，形成一体联动的创新发展格局。一方面要借鉴南京区域创新圈的发展经验，综合考虑成都、重庆两座特大城市如何发挥极化作用，带动都市圈内大中小城市一体化联动创新，特别是成都和重庆两座城市要在集合人才、资本、技术以及公共服务等相关要素资源的基础上，通过在经济圈内中小城市设置科创平台、高校的分支机构，提高中小城市的产业科创能力。同时也可以采取离岸创新的方式，根据周边中小城市的发展特点在重庆和成都两座城市内设置离岸孵化器、科创载体，打造“离岸创新+制造”的一体化发展模式。另一方面也要借鉴以苏州为核心的创新圈的发展经验，以成渝产业发展联动推动成渝主轴节点城市强化产业功能协作，聚焦打造世界级标识化产业集群，围绕产业链布局创新链，突出产业集群上的区域协同创新，突出重点产业创新需求，探索建设“企业+联盟”式的协同创新载体和平台，形成以企业、高校科研院所和行业协会等为主体的产业科技创新联盟，整体上一体化推动区域产业集群联动创新，在创新载体、创新人才、创新机制等领域探索建立符合一体化、高质量发展要求的共享发展机制。

（二）有关对策建议

学习江苏推动区域创新发展的经验，就是要进一步发挥成渝地区双城经济圈现有基础和比较优势，更加突出中心城市的极化和扩散作用，突出成都和重庆高校科研院所、重大科创平台以及重要特色产业集群，强调创新资源的外部扩散、辐射带动和一体对接，重点培育打造以成都和重庆为核心的区域创新圈和创新带。

第一，围绕产业创新需求，在区域重大产业科创平台一体化培育建设上找准“发力点”。从江苏的区域创新的经验看，重大科技平台的建设是关键一招。无论是正在推进建设的国家实验室——苏州实验室，还是正在培育发展的南京紫金山实验室、无锡太湖实验室，均突出表明大实验室、大装置、大平台对于推动区域创新的重要性。一是要在成都和重庆两座特大城市内，依托成都高新区、重庆两江新区等重要载体，加大力度推动国家实验室和大科学装置以及重大科技基础设施的建设与培育，全面提升成渝地区双城经济圈的原始科创能力。二是依托重大科技创新平台的建设，要着力突破一批影响经济圈内产业创新发展的“卡脖子”技术难题，努力在制约产业发展的关键领域、关键环节取得重大突破。重点围绕“四个面向”、结合生命健康、生态环保以及前沿产业领域，强化技术集成应用和综合示范。三是强化创新平台一体联动布局发展，更加强化成都和重庆两座大城市与中小城市在创新载体方面的联动布局，建立一体化布局发展的工作机制，特别是推动渝东北、川东北一体化以及川南、渝西地区一体化融合发展，在此基础上更好地融入全省、全市区域创新一体化发展。

第二，围绕产业集群发展，在经济圈内构建统一的创新要素配置体系上找准“关键点”。从江苏的区域创新经验看，区域内大城市的要素集聚能力较强，一定程度上大城市对周边中等规模城市乃至小城市形成了“资源挤压—创新挤压—动能挤压—产业挤压”的“挤压”链条，不利于区域协调和高质量发展。一是提高成都和重庆等特大城市创新要素的规模、质量和效益。按照创新一流、产业一流、人才一流、资本一流、环境一流的原则，结合成渝地区双城经济圈内重点打造的特色产业集群和重点产业链，推动重大科创平台、创新型领军人才、引领性资本等要素的集中布局，更加强化要素对产业创新效率的支撑作用，全面提升中心城市创新竞争力和影响力，成为区域内科技创新成果的重要策源地，迸发形成更多原创性产业科创成果。二是要充分考虑中等规模城市和小城市的创新资源短缺、产业创新动力不足等问题，聚焦大中小城市之间创新的协同与深化联动，特别是成渝相向发展的中部区域城市，更加突出产业创新能力的提升，特别是围绕产业专精特新发展和细分领域的特色化发展的创新需求，打造更多特色创新街区、创新综合体以及创新空间等，构建起大城市创新资源向中小城市输送的机制，在空间上形成创新资源共建共享的发展模式，全方位提高区域创新能力、实现区域协同创新。

第三，围绕服务区域创新，在营造一体化的区域产业协同创新生态上找准“着力点”。创新特别是自主创新成为推动区域高质量发展的重要引擎、高质量发展的“点火石”。成渝地区双城经济圈内中小城市，无论创新资源、创新平台还是创新要素均与成都和重庆等中心城市具有较大差距，必须推动其主动参与区域协同创新，建立一体化的创新机制，才能真正激发区域一体化高质量发展的动力。一是以组团式创新模式构建中小城市融入区域的协同创新机制，打造创新空间新格局。围绕成渝地区双城经济圈内大中小城市共同发展的产业链和产业集群，以集群协作创新为重点，主动联合建立行业技术创新联盟，共同攻克技术难题，共建集原始创新、集成应用、成果产业化、产品商业化于一体的创新产业链。共同探索推动科技创新券在经济圈范围内通用通兑，加快盘活区域内高端创新资源。二是推动中小城市探索反向创新的合作模式。主动对接中心城市内科研校所、科研基地，建立孵化基地、中试基地，共同培育建设科技创新平台，探索建立“成渝孵化—中小城市生产”模式，建立健全科技成果转化机制。三是加快构建形成区域一体的产业创新的良好生态，积极搭建大中小城市之间人才、成果、资本对接平台和信息服务平台，努力打造一体发展创新链、产业链、资本链、人才链融合互动的创新生态系统。

参考文献

［1］牛文元．从点状拉动到组团式发展：未来20年中国经济增长的战略思考［J］．中

国科学院院刊，2003（04）。

［2］章胜峰．浙中城市群组团式发展研究［J］．江南论坛，2019（06）。

［3］刘小兵．集群式创新的竞争优势探讨［J］．商业研究，2004（02）。

［4］刘和东．区域创新内溢、外溢与空间溢出效应的实证研究［J］．科研管理，2013（01）。

［5］孔令丞，柴泽阳，邱丹霞．区域一体化对城市创新能力驱动研究——基于长三角的实证分析［J］．科研管理，2022，43（12）。

［6］闫东升，孙伟，李平星，王玥．长三角一体化区域扩容的城市创新发展效应研究［J］．地理研究，2022，41（09）。

［7］官卫华，陈阳，封留敏．长三角区域协同创新：G312产业创新走廊空间规划协同实践［J］．城市规划学刊，2022（03）。

Ⅲ ▶▷ 功能设施篇

以智慧蓉城建设为依托提升超大城市数字治理能力的成都实践及其经验启示

那朝英*

随着我国城市化的不断加速，超大城市的数量不断增加，这些城市规模庞大，涉及的治理问题异常复杂和多样。因此，超大城市的现代化治理已经成为中国城市治理的重要课题之一。在这一背景下，依托数字中国建设的整体布局，成都市政府正借助数字化技术手段，以智慧蓉城建设赋能城市治理，逐步推动城市治理实现智能化转型，成为全国数字化转型和智慧城市建设的典范之一。这一实践对于其他超大城市的现代化治理探索具有重要的启示作用。

一、深化智慧蓉城建设，助推超大城市数字化治理跃迁的成都实践

作为一个经济总量突破2万亿元的超大城市，成都已成为重要的国际门户枢纽和国家中心城市。近年来，成都在数字化转型方面积极探索，取得了一系列显著成效，成了国内数字化治理领域的重要探索者。其中，智慧蓉城建设是成都数字化转型的重要抓手，为城市现代化治理跃迁提供了重要支撑。

* 那朝英，博士，北京市社会科学院国际问题研究所助理研究员。

（一）推进总体部署，优化顶层设计

智慧蓉城建设是一项系统工程，涉及从硬件基础设施建设到软件规章制度建构的方方面面。对于什么是智慧蓉城，如何建设智慧蓉城，成都对标国内外先进经验，立足自身实际进行了系统研究，并以此为基础绘就了全面深化智慧蓉城建设的完整蓝图。2022年6月，成都正式印发了第一部智慧城市建设的五年规划《成都市“十四五”新型智慧城市建设规划》，智慧蓉城的建设方向逐步明晰。

首先，完善工作机制。成立了智慧蓉城建设领导小组，形成了市委市政府主要领导亲自统筹、分管领导具体指导、市级部门和区（市）县齐落实的纵向贯通工作格局。这一机制的建立将有效地促进各级政府部门和地区的协同配合，有利于确保各项工作的有序推进。

其次，明确了目标体系。智慧城市建设规划明确了智慧蓉城服务体系建设的总体长远目标，并从八个方面细化了到2025年须达成的28个具体指标。《2020—2022智慧城市建设行动方案》进一步明确了到2022年须实现的一系列具体目标。系统的目标体系为评估智慧蓉城建设进展和成果，提供了有力的依据和衡量标准。

最后，制定了“1+4+2”的总体工作部署。“1”指的是一个目标，即以智慧蓉城建设为牵引，提升城市治理水平和治理能力，从而探索出一条超大城市转型发展的新路径；“4”指的是四个重点领域，即数据资源“一网通享”、政务服务“一网通办”、社会诉求“一键回应”、城市运行“一网统管”；“2”指的是两个关键，即要统筹平衡好数据安全保障和数字经济发展两项工作。

（二）建设高效运转的智能中枢系统

智能中枢系统作为城市智能决策的指挥系统，由城市大脑和数据资源中心共同构成。

1. 城市大脑

智慧城市的建设，离不开一个高效运转的智能中枢数字底座的支撑。作为数字政府建设的核心基础设施，成都将建设“城市大脑”作为政府数字化转型的必选项而大力推进，以数据治理为切入点，开发了“市、区（市）县、镇（街道）三级平台、五级应用”的城市管理大脑基础框架，从而形成了一个能决策、高智商的智能中枢。

城市大脑是智慧城市的核心，它通过集成和分析各种数据，实现对城市运行的全面感知，帮助决策者更好地了解城市运行状况、预测发展趋势，为他们提供智能决策和优化管理的科学支持。目前，成都建成的城市大脑以市网络理政中心为龙头，形成了全天候在线监测、分析预测、应急指挥的智能城市治理运行体系，成为智慧蓉城的数字服务中心、数字治理中心和应急指挥中心。

具体而言，成都建成的三级平台城市大脑系统已对接联通了全市60余个行业部门的273个生产和管理系统。其中，市物联感知平台接入了政法、公安、交通等领域感知设备226类近2200万个。[①]鲲鹏技术架构信创云和城市运行云等多个云平台正式投入生产运营，已承接智慧蓉城城运系统、智慧蓉城数据资源体系、智慧蓉城运行管理平台、城市信息模型平台等20余个系统，形成了“1+5+1”政务云基础平台架构。截至2022年9月底，全市统一政务云承载市县两级1646个非涉密应用，基本实现了政务信息化基础设施统建共用。[②]

所以，整体而言，成都已经构建形成了纵向到底、横向到边的城市生命体运行感知监测反应处置机制，城市治理形成了较为完善的预测和反馈闭环体系。

2. 数据资源中心

平台是连接渠道和展示渠道，城市大脑的高效运转还依赖于能够高效共享的数据资源。作为智慧城市的重要基础设施，城市数据资源池的建设因而显得尤为重要，其职责涵盖了数据的收集、存储、管理和共享，旨在整合城市各部门、企事业单位和公众的数据资源，构建全面、准确、安全的城市数据资源库，为城市大脑和其他应用提供可靠的数据支持。成都的数据资源中

① 成都市委改革办，《以“智”促治 蓉城“慧”变》，中国改革报，2022年10月31日。

② 成都市人民政府，《2022年成都市〈政府工作报告〉主要目标任务实施情况》，http://www.chengdu.gov.cn/chengdu/c151650/zfbg2022_zw.shtml?name=市网络理政办&companyId=0c90398071dd43dc8118345001d822f7.

心包括三个核心组成部分：数据湖、数据资源目录和数据中台。依托数据资源目录和数据湖的建设，数据资源中心建立了一个安全可靠、开放共享的城市数据资源体系，有效地支撑了各领域智慧化应用的发展。

数据湖作为数据资源中心的核心组件之一，扮演着数据存储和管理的角色。在数据湖中，广泛汇聚了政府、企业和社会的数据资源，涵盖了各个领域的914类数据，总计达到58.5亿条。这样的庞大数据资源汇聚为智慧交通、森林防火监测预警等50余个应用场景的构建提供了充分的支持。数据资源目录作为数据资源中心的重要组成部分，起到了数据资源管理和共享的关键作用。通过数据资源目录的建设，城市各部门、企事业单位和公众可以方便地查找、获取所需的数据资源，从而实现了数据共享与交流的便捷性。数据中台作为数据资源中心的枢纽，提供了全市统一的数据服务能力。数据中台整合了数据湖和数据资源目录的功能，并通过统一的接口和标准，向各个应用场景提供数据服务。这样的架构支持了100多项区（市）县应用场景的构建，使得城市运行状态可以实现“一屏全观”。

（三）持续完善智能基础设施

近年来，成都加快推进数字基础设施的建设，取得了显著的成就，为成都的智慧城市建设和数字经济发展提供了强有力的支撑。从5G基础设施扩容、数据中心建设到超级计算中心落地，各项举措的实施都为成都的数字化转型和创新发展开辟了新的道路。

首先，在超级计算中心方面，成都超算中心一期已经建成并投入使用，其最高运算速度达到了10亿亿次/秒。这使得成都在高性能计算领域取得了重要突破，为科学创新和工程应用提供了强大的计算支持。同时，成都正式获批建设全国一体化算力网络国家枢纽节点，华为成都智算中心、阿里西部云计算中心等一批数据中心也正式上线。这些数据中心的建设不仅提供了大规模数据存储和处理的能力，还为成都的云计算和人工智能产业发展注入了新的动力。

其次，在网络基础设施方面，成都落地了中西部唯一的全球IPv6辅根服务器，全域实现了光纤宽带网络和4G网络的覆盖，累计建成了6.15万余个

5G基站，[①]其中具备窄带物联网服务能力的基站超过8000个，这使得成都成了全国首批“千兆城市”。数字基础设施的完善，为云计算、物联网等新兴技术的扩展应用创新提供了支撑。

再次，成都还加强了数字技术创新应用，加快构建了数字技术创新和转移转化体系。通过完善创新应用实验室和科研机构的合作模式，成都整合了中科院成都计算机应用研究所、成都超算中心等科研资源，加强了基础性和尖端性数字技术研究，并将其应用于智慧蓉城建设。为促进园区和企业的数字化转型，通过组织自评估工作和推荐工作，成都还加快推进了数字化转型促进中心建设。这些举措推动了成都数字经济核心产业研发投入的增长，并促进了数字经济领域国家级创新平台的建设。

最后，成都在感知体系建设方面也取得了重要进展。在市政设施、河湖林地、治安防控等领域，成都分类推进感知体系建设，使感知源密度达到了25个/平方公里，城市智能感知能力不断提升。这些感知系统的建设为城市管理和服务提供了更加精准的数据支持，推动了智慧城市系统的纵深发展。

总之，随着数字化转型的深入推进，成都数字基础设施数量稳步增长，种类逐步齐全，布局结构进一步优化，有望带动成都成为数字经济发展的重要增长极和创新引领区，推动成都国际竞争力和影响力的进一步提升。

（四）构建实战管用的重点领域应用场景，提升智慧服务效能

为了进一步完善治理体系，实现治理能力现代化，优化营商环境，成都聚焦政府治理服务和市民企业的日常需求，整合共享政务数据资源，积极推进公共生活领域的智能化转型，通过打通“城市大脑”与治理末梢的“神经”，构建了三级联动的城市运行指挥体系。尤其注重智慧治理场景的建设和拓展，逐步形成了一系列实战管用、基层爱用、企业市民受用的智慧应用，实现了公共治理、公共服务和公共安全的智慧化。

① 成都市人民政府，《2022年成都市〈政府工作报告〉主要目标任务实施情况》，http://www.chengdu.gov.cn/chengdu/c151650/zfbg2022_zw.shtml?name=市经信局&companyId=d6a02700f5744e3ebfff8923ac37dala.

1. 公共治理智慧化

公共治理的智慧化是智慧蓉城建设中最为重要的一环。成都通过构建智能化政务服务体系和智能化城市治理体系，不断拓宽智慧化运用场景。

在政务服务智慧化应用方面，成都积极推进政务服务“一网通办”。通过建设“综合一窗”通用受理和管理平台，整合线上线下服务事项，实现了减环节、减时间、减材料、减跑动的目标，提升了政务服务的体验。同时，建设“蓉易办”“蓉易享”等智能服务平台，探索“AI+政务”应用，加强了电子印章、电子证照和电子档案的应用，目前，除涉密事项外，实现了所有申请政务服务事项100%“最多跑一次”、90%以上“可全程网办”的目标，平均跑动次数压缩到了0.3次以下，企业全生命周期管理服务水平和居民日常事务全程智慧服务水平显著提高。截至2022年9月底，“蓉易办”平台已完成市民政局、市住建局等12个部门18个系统深度对接34个事项，跳转对接220个事项。“蓉易享”平台共汇聚350万余家企业基本数据，形成企业标签218项；累计发布各类惠企政策文件900余件，现存有效政策文件515件；累计上线可申报事项91条。此外，已有经信、科技、投促、口岸物流、卫健、新经济等领域的政策在平台汇聚与申报，实现了惠企政策集中汇聚、精准查询、主动推送和在线申报。[①]

在城市治理智慧化应用方面，成都借助“一屏观、一网管”指挥运行体系，力求实现政府、企业和社会数据的融合，全要素模拟城市运行状态，建立数字孪生城市。25个市级部门牵头建设了120个应用场景并接入市级城运平台，有关区（市）县开发了109个特色应用场景，为日常城市管理提供服务。通过不断完善“天网工程”“慧眼工程”“雪亮工程”和“大联动微治理”信息平台，实现了五级贯通，能支持重点项目调度、工业企业运行和环保在线检测等调度分析，有力推动了智能手段在人流监测、犯罪打击、城市安防、综合治理等领域的深度应用，从而促进形成了数据共享、响应联动、有集聚

① 成都市人民政府，《2022年成都市〈政府工作报告〉主要目标任务实施情况》，http://www.chengdu.gov.cn/chengdu/c151650/zfbg2022_zw.shtml?name=市网络理政办&companyId=5d93a096d28d49e399a5c635c12c0c6d.

效应的智慧治理体系。

2.公共服务智慧化

近年来，成都构建了智能化生活服务体系，着重推进了医疗、教育、交通出行、就业社保、养老、帮扶、体育、文旅、社区等领域智慧化基础设施的建设和制度规划。“天府市民云”平台，集成了61个部门的250余项市级服务，注册用户超过1100万人。通过该平台，成都市民可以享受教育、医疗、文旅、养老、体育等领域的多元化、智慧化服务。其中，智慧医疗服务得到进一步完善，正在推动实施全域医联工程，力求建立统一的医疗卫生基础资源数据库，在全市二、三级医院和基层医疗卫生机构开展远程医疗服务，推动人工智能技术与市民线上线下服务的融合。在智慧交通出行服务方面，为满足多平台集成实时交通信息的需求，完善了“交警大数据”“移动警务”和“蓉e行”等平台，推动实时数据分析、计算机视觉等技术在智能交通领域的应用，提升了交通综合服务能力。此外，成都还通过集成12345热线平台和非紧急救助政务服务热线，建立了城市服务的“总客服”，提高了对民生诉求的响应和解决率。

3.公共安全智慧化

为了提升城市治理全环节全过程的监测预警和处置能力，成都加快构建智能化多维风险防控体系。首先，积极推进完善城市安全与风险防控的综合管理平台，在地质灾害、危化品管理、消防、安全生产、防灾减灾等城市安全重点领域，健全感知预警体系；其次，加强人口、健康等大数据分析运用，推动完善了智能高效的公共卫生应急体系、远程诊疗体系、“平战结合”的应急医疗救治体系和食品药品安全溯源体系，提升了公共卫生突发事件应急处置能力；最后，通过网络理政社会诉求平台的升级改造和智能化技术的应用，进一步健全了多渠道融合的全市统一社会诉求受理平台和工作体系，优化了诉求处理机制，实现了社会诉求的快速回应，提升了平台的便民利企效能和风险感知、预测和防范水平。

总之，成都以智慧城市建设为引领，通过数字技术的应用和创新，以场景应用创新带动产业协同创新，推进了公共治理、服务和安全的智能化。这些应用场景的推广和实施，有效提升了城市治理水平和公共服务水平，提升了成都在全国乃至全球的美誉度和影响力。

（五）推动智慧城市标准和规范体系的建设

标准和规范体系的建设是推动智慧城市建设行稳致远的关键。为此，成都积极推动建立健全智慧城市的标准和规范体系。该体系主要以相关国家标准、行业标准为主体，辅以地方标准、团体标准和企业标准，旨在规范新一代信息技术在政务服务、产业发展、风险防控、城市治理、生活服务等领域的应用。聚焦现代化治理，推进先行示范，成都持续推动标准规范编制、发布和完善，基本形成了较为完善的智慧蓉城运行管理标准规范体系。一方面，不仅发布了《智慧蓉城运行管理平台建设指南》《城市大脑标准体系建设指南（2022）》《智慧蓉城“王”字型架构建设指南》和《智慧蓉城“王”字型架构建设深化试点工作方案》等指导文件，还发布了《公共数据治理服务管理规范》《地名地址专题库数据规范》《城市运行数字体征体系建设规范》《成都市物联感知建设指南》《智慧蓉城运行管理事件处置标准》等具体的标准规范；另一方面，深入开展智慧城市国际标准试点工作，发布了《智慧城市国际标准应用实施报告》，积极推进ISO 37114《城市和社区可持续发展 建立城市管理信息框架的数据集和数据处理方法框架》等智慧蓉城国际标准试点的评估工作。成都智慧城市国际标准试点的推进，将进一步提升成都在国际舞台上的影响力。

（六）积极参与国际合作，强化数字化国际传播能力

成都还充分发挥自身地理位置和特色经济的优势，结合网络信息安全、超算中心等优势赛道，积极参与国际合作，推动跨境电商的发展。加快了中国（成都）跨境电商综合试验区的建设，将跨境电子商务产业作为重点发展方向，并持续推动全球性航空枢纽门户建设。2022年1—9月，跨境电商交易规模达到了677.2亿元，增长33.1%，其中，出口663.3亿元，进口13.9亿元。[①]2022年前3季度，新开通了五条国际货运航线，顺丰航空中国西部总

① 成都市人民政府，《2022年成都市〈政府工作报告〉主要目标任务实施情况》，http://www.chengdu.gov.cn/chengdu/c151650/zfbg2022_zw.shtml?name=市商务局（自贸试验区管委会）&companyId=c548efaaae1f46c2aca75f9738e9d683.

部、爱派克斯区域总部、DHL西南国际航空快件转运中心等重点项目相继签约落地，为成都构建具有国际竞争力和区域带动力的现代产业体系提供了重要支撑。

此外，为促进数字化转型、树立城市品牌并提升成都作为世界文化名城的影响力，成都采取了一系列积极举措，扩大自身的国际影响力。2022年成都国家网络安全宣传周、2022CCS成都网络安全大会暨数据治理峰会、“巅峰极客”网络安全技能挑战赛总决赛等活动会聚了国内外的政府官员、专家学者、企业代表和参赛选手，旨在探讨网络技术和网络安全领域的最新趋势和治理模式，并期望提高民众对网络安全的重视程度。这些活动的成功举办，不仅激发了青年人对网络安全治理的兴趣，还提升了民众的数字素养和成都在网络安全领域的影响力，促进了成都在网络安全领域的交流与合作。

成都在积极利用新媒体强化城市品牌宣传方面也具有超前意识。积极推动市级外语媒体的提能升级，并实施了海外社交平台粉丝增长4.0计划，该计划旨在通过精心策划和运营，确保成都在优兔（YouTube）、脸书（Facebook）等海外社交媒体平台的账号粉丝数量持续保持在全国前列。这些举措将吸引更多国内外的目光和关注，进一步拓展成都的国际影响力。

二、成都在推进数字化治理过程中仍存在的局限

随着数字化转型的加速和技术创新的推进，成都在推进城市数字化治理转型的过程中，仍然存在着一些挑战和局限。

（一）尚未形成与数字治理配套的支持体系

在智慧蓉城建设的过程中，成都提出要建立健全应用开发生态及创新支撑体系、网络安全管理和防护体系、智慧城市标准和规范体系等三个支撑体系，也把智慧城市建设纳入了全市发展的总体战略规划之中。然而，与国内智慧城市建设先行城市相比，成都在组织体系、观念引导、顶层设计、人才引进、资金支持、政策配套等方面仍存在较大差距，尚未形成一套完整的智慧城市建设支持体系，限制了智慧手段对提升城市治理能力的效用发挥。

智慧城市建设空心化也是一个需要重视的问题。成都在推动智慧城市建设时，存在过于强调以技术为导向和以项目为驱动，追求高、大、快的目标，只关注技术的高精尖和工程建设的高大上，而忽视实际效果的现象，这种做法长期盛行，容易导致硬件设施超前发展、软件配套跟不上的问题，也容易出现智慧项目建设各自为政、独立运行、综合协调不足的掣肘，使得总体的智慧城市建设进程无法形成信息共享、智能引领、业务协同的新模式。

（二）隐私保护和数据安全的脆弱性凸显

高度标准化、易分享、能集中的大数据是智慧蓉城建设的基础核心资源，然而随着涉及的数据越来越多，数据安全和隐私保护成为一个重要的挑战。在智慧蓉城建设中，成都面临着一系列隐私保护和数据安全问题。首先，居民的个人信息、行为轨迹、消费习惯等大量数据的收集和使用增加了个人隐私泄露的风险，需要确保这些数据得到妥善的保护。其次，包含敏感信息的数据共享和交换涉及多个部门和机构，在传输过程中存在被窃取、篡改、滥用等的安全威胁。所以，在确保数据传输的安全性和完整性，建立安全的通信通道和加密机制等方面，成都还需要加大力度筑牢安全篱笆。最后，智慧蓉城建设中广泛应用了人工智能和算法技术，避免算法歧视和数据滥用也是成都需要着重关注的重要问题。

（三）数据共享和整合面临挑战

智慧蓉城建设涉及多个部门和机构，数据共享和整合一直是个难题。首先，不同部门和机构之间的数据是分散的，存在数据孤岛问题，数据共享和合作存在困难。各部门、各层级的数据存储在独立的系统中，格式、标准和接口不一致，阻碍了数据的无缝整合和共享。此外，不同部门之间还存在较严重的信息壁垒和数据权属不清等问题，进一步限制了全面高效的信息流通和跨部门协同。其次，成都在数字化建设中采用了多种技术和平台，但缺乏统一的技术标准和互操作性，这导致不同系统之间难以实现数据的对接和交互，影响了数字化建设的整体效益。最后，数据质量和一致性问题也需要进一步完善。不同系统中的数据质量和一致性可能存在差异，数据重复、冗余或不完整等问题在不同系统中普遍存在，在数据共享和整合过程中，为确保数据的准确性和一致性，急需进行数据清洗、去重和一致性校验，以提高数据的可信度和可用性。

（四）公共部门和私营部门之间的协调存在掣肘

公共部门和私营部门在智慧城市建设中扮演着不同的角色和责任，但二者之间的协调合作是智慧城市发展的关键。然而，在智慧蓉城建设中，虽然成都定位了二者的角色是以政府为主导，企业做主体，但这两个部门之间的协调还存在不顺畅的问题。首先，两个部门的角色和定位天然存在对立之处。公共部门注重监督和管理职责，负责制定规划和战略、引导基础设施建设、提供公共服务和资源支持等方面，而私营部门是在政府的监督之下，在智慧城市建设中扮演着技术提供商、数据分析和应用开发者等角色，以被监管者的身份提供技术解决方案和创新应用，推动智慧城市的发展，二者之间存在一定程度的张力。其次，公共部门与私营部门之间的目标和利益也存在差异。公共部门注重城市治理和公共利益，而私营部门追求商业利益和市场竞争力。这导致双方在目标、资源分配和利益平衡等方面存在冲突和矛盾。最后，公共部门和私营部门之间缺乏有效的沟通和合作机制，导致信息交流和资源共享出现了困境，公共部门不能及时了解私营部门的技术能力和创新应用，而私营部门不能有效了解公共部门的战略意图、实时需求和政策方向。

（五）人才培养和技术支持还需加强

智慧蓉城建设需要具备信息技术、数据科学、人工智能、物联网等领域相关知识的专业人才的支持，但目前成都在数字化人才的培养和引进方面还存在一定的短板，目前体现为人才供给不足、结构不匹配等问题，无法满足智慧城市建设对人才的需求。高校的相关人才培养滞后于市场需求的问题也非常突出。此外，除了云计算、大数据和人工智能等技术外，智慧城市建设还需要融合其他多个领域的技术支持，如城市规划、交通管理、能源管理等多个领域的跨学科技术应用。然而，当前的技术支持存在碎片化、孤立化的情况，缺乏综合性的技术解决方案和交叉学科的专业人才。

（六）社会数字包容性问题有待重视

在智慧蓉城建设中，普遍存在的数字鸿沟和数字排斥等社会数字包容性问题拉大了优势群体和弱势群体之间的数字收益差距，造成了新的数字不平等。不同社会群体之间存在信息和通信技术的差距，使得弱势群体、低收入家庭、老年人和数字素养较低的人面临获取和使用智慧城市服务的障碍。此外，智慧蓉城的设计和服务往往更注重便利性和效率，忽视了弱势群体的特殊需求，如残障人士需要无障碍设施和个性化数字服务。社区参与不足也导致了智慧蓉城建设包容性不够的问题，智慧蓉城的一部分决策和规划，未能充分听取和纳入社区居民的意见和需求，导致决策与社区的实际需求脱节，影响了居民对智慧城市建设的认同和支持。最后，智能化社会治理对数字技术的依赖会使那些不熟悉或无法接触到这些技术的人面临着较高程度的社会排斥，使某些人群无法享受到智慧城市带来的便利和福利。

三、成都探索建设全球新型智慧先进城市的经验和下一步举措

（一）坚实的数字治理能力是超大城市国际竞争力提升的关键

通过提升数字治理能力，成都成功地改善了国际形象，提高了国际竞争力。成都在优化城市管理、促进创新创业、提升城市形象和改善公共服务等方面利用数字手段和智慧平台采取了一系列举措，使其成为一个高效、创新和宜居的城市。成都通过数字技术和智慧平台系统实现了交通管理、能源利用和环境保护等领域的优化和效率提升，提高了数据驱动的决策能力和城市的运行效率，从而吸引了更多优质科技企业和创新型人才，提升了城市的国际知名度。在创新发展方面，通过不断探索新的数字技术和解决方案，数字治理能力为成都提供了创新的基础和动力，通过数字化平台和创新生态系统的建设，促进了科技创新、创业活动和产业升级，推动了科技引领能力和国际竞争力的提升。而且，不断精进的数字手段能够支持成都在医疗、教育、体育、文化等领域提供满足居民多样化需求的高质量公共服务，改善了服务

的便利性，拓展了服务覆盖范围，进一步改善了居民生活品质。此外，数字治理能力还强化了城市安全管理和应急响应能力。通过智能监控、大数据分析和人工智能等技术的应用，公共安全防控和风险管理能力进一步得到完善，城市的安全水平不断提升，也进一步改善了营商环境。最后，成都数字治理能力的提升还进一步促进了全市数字生态系统的形成。政府、企业、学术界和社会组织等多个利益相关者构成了一个完整的数字生态系统，成都通过积极推动建立开放、透明、参与的数字治理机制，促进了政府、企业、居民和社会组织之间的数据资源共享和协同合作，提升了城市的社会共建能力和综合竞争力。

总之，成都通过提升数字治理能力，在城市效率、创新发展、居民生活质量、城市安全、数字生态系统、数据整合和共享能力、数据安全和隐私保护能力、创新和科技引领能力以及公众参与和社会共建能力等方面取得了显著成就，实现了更加可持续的城市发展，为其他城市提供了借鉴和启示。因此，在数字时代，其他超大城市要提升国际竞争力，建设具有国际影响力的现代化城市，就需要在政府的主导下，通过多方参与，多维度打牢数字底座，推动数字化转型和创新发展，提供高效、便捷和高质量的公共服务，培养和引进更多人才和投资，进一步提升数字治理能力。

（二）数字基建“软设施”配套体系建设是数字治理能力提升的加速器

作为国际化大都市，数字基础设施建设对于成都的城市发展和国际竞争力提升都具有重要意义。数字基础设施是一个完整的生态系统，软硬件建设同步推进，才能充分发挥数字技术的优势。然而，在数字化转型的过程中，成都存在重硬性基础设施投资，轻配套软件体系建设的问题。在接下来的数字化转型进程中，成都还需要更加重视“软设施”配套体系的建设。

首先，制度建设是数字基建的重要支撑，成都不仅要进一步丰富相关制度供给，还要更进一步细化已经发布的各类制度及其之间的协调机制。数字技术的发展日新月异，并且具有一定的随机性，制度的建设很多时候具有滞后性，但成都还是需要利用大数据技术通过科学规划和综合考虑城市发展需求，建立完善的数字基建规划和战略，制定明确的发展目标和路线图。在AI

大模型进展迅速的当下，明确数字基建的发展重点和优先领域，确定数字基建的布局、技术标准及投资方向，加快理顺AI大模型、数字地图测绘、支付等牌照的发放及其监管机制尤其关键。

其次，人才培养是数字基建的关键支撑。成都需要加大对数字化技术人才和管理人才的培养与引进力度，组建一支高效、专业的人才队伍。在人才的吸引和培养方面，成都具有较高的人文吸引力优势，但数字人才的培养不同于传统人才，技术发展的前沿更多时候集中于企业，所以不能单方面依赖传统的大学教育来培养数字人才，更需要注重实训的价值，从促进技术成果转化和应用的角度，建立校企联合的人才培养平台。一方面，需要建立人才引进政策和机制，吸引国内外优秀人才来蓉创新创业，把现有的人才聚集到成都；另一方面，更需要建立跨部门、跨领域的合作机制，统合公共部门、高校、科研机构和企业等各方，建立完善的融合式教育培训体系，提供多样化的培训和教育机会，推动新进人才的培养，同时，还需要加强职业教育和继续教育，提升现有从业人员的技术水平。

（三）强化系统集成共用和标准化改造是数字治理能力提升的放大器

系统集成共用和标准化改造为数字治理能力的提升提供了实质性的支持和放大作用。首先，可以提高数据的互联互通能力。不同部门和机构之间的数据互联互通对于数字法治政府的建设和数字治理的统筹协调至关重要。成都目前虽已建设了统一的数据共享平台，将各部门的数据资源整合在一起，但因标准不统一、系统分散运行等原因，还没有实现广泛深入的跨部门数据共享和集成。系统集成共用和进一步的标准化改造可以有效促进数据的流动和共享，提高数据的利用效率和决策的准确性。其次，可以加强业务协同和信息共享。不同部门和机构的信息系统是目前数字成都非常倚重的治理平台，但各级各部门之间的系统很多时候是分散和独立的，非常不利于业务协同和信息共享。因此，需要健全系统建设和接入标准规范，按照“上下协同、内外联动、点面结合”的思路，进一步强化成都“城市大脑”中枢系统的建设，将各部门的信息系统通过统一的标准和接口进行集成，实现业务数据的交互和共享。这样的集成和共享能够促进信息的流动和共同决策，提高部门间的协同工作效率和决策的科学性，促进协同治理，形成联动的工作机制。最后，可以增强决策支持能力。集成、标准的信息系统可以通过实时监测、数据挖掘和预测分析，给决策者提供交通、环境、经济、人口等多领域全面、准确的数据分析结果和预测模型，以科学依据支持他们的决策过程，这非常有利于提升成都的决策效率和响应能力。但在成都的数字治理体系中，不同部门之间还不能完全通过“城市大脑”系统进行实时数据交互和联动决策，数据驱动的决策支持系统还需进一步整合优化。

（四）政府主导、多方参与是数字治理能力提升的必由之路

政府在数字治理中具有决策权、资源配置权和监管权，政府主导可以提供组织和战略保障，确保数字治理工作的整体性、统一性和协调性。然而，数字化转型是个极其复杂的系统工程，先进技术的研发绝大部分也来自企业和科研机构，数字治理又涉及广泛的利益相关方，所以，仅靠政府主导，数字治理会缺少抓手，数字化转型难以实现。因此，要重视多方参与的重要性。多方参与可以充分调动各方的智慧、资源和创新能力，形成合力推动数字治理能力的提升。企业能够提供技术和解决方案，支持政府数字治理平台的建设和运营；学术界可以开展前沿探索和技术研究，为数字治理提供基础理论支持、专业知识和技术咨询，促进数字治理的科学性和创新性；社会组织可以代表公众利益，提供独立监督、意见反馈和参与建设的渠道，推动数字治理的公正性和可持续性。因此，成都还需要建立健全数字治理的协调机制，完善信息共享和交流的平台，设立专门的部门或机构，明确各方的责任和角色，促进各相关方之间的合作和协同行动，形成合力，解决数字治理中的问题和挑战。

四、结论

在超大城市的转型发展过程中，提升城市的智能治理水平是最为关键的一环。通过智慧蓉城建设，成都采用新一代数字技术，持续完善了智能基础设施，建设了高效运转的智能中枢系统，构建了多维度的应用场景，以数据

驱动和智能化为核心，积极参与国际合作，推动智慧城市标准和规范体系的建设，实现了更高效、便捷、智能的城市治理，城市治理能力有了全面的提升。然而，成都在推进数字治理过程中尚未形成与数字治理配套的支持体系，隐私保护和数据安全的脆弱性比较明显，数据共享和整合程度有待提升，公共部门和私营部门之间的协调也不够顺畅，人才培养和社会数字包容性问题也亟须重视。所以，成都在智慧蓉城建设中还需向国内先行城市学习和借鉴，进一步完善组织体系，制定有针对性的政策配套措施，引进高层次人才，在建设数字软设施配套体系、强化系统集成共用和标准化改造、推动社会参与、建立数据驱动的决策支持系统等方面加强努力，不断提升数字治理能力，实现城市治理的高效、智能和可持续。同时，要正确认识数字技术的局限性，树立科学的技术价值观，在智慧城市的技术路线选择上要坚持需求导向，推动信息技术的集成应用、深度应用，注重解决实际问题，做到既先进又实用，确保智慧城市建设的成效和实效。

参考文献

[1] 成都市人民政府：《成都市政府工作报告（2023）》，http://cds.sczwfw.gov.cn/art/2023/3/15/art_15395_212622.html?areaCode=510100000000.

[2] 成都市智慧蓉城建设领导小组办公室：《成都市“十四五”新型智慧城市建设规划》，http://cddrc.chengdu.gov.cn/cdfgw/c147315/2022-06/16/1107a5c55f0746af8e23ad3b90683933/files/020923bc9bfd4355b3d8654627700546.pdf.

[3] 成都市人民政府：《成都市智慧城市建设行动方案（2020—2022）》，https://www.chengdu.gov.cn/chengdu/c136121/2020-12/16/78e91f092a2847b8a6f23efc8a430d05/files/4839be0b14de4801a4ba1e0708d56bc7.pdf.

[4] 四川省人民政府：《四川省“十四五”数字政府建设规划（2021）》，https://www.sc.gov.cn/10462/zfwjts/2021/9/30/735d72d6cfee48dcbd5bd2442f88754c.shtml.

[5] 成都市发改委：《“十四五”时期成都如何推进建设安全、韧性、智慧城市？》，http://cddrc.chengdu.gov.cn/cdfgw/c147313/2022-03/01/content_8f1285ae7515411eb149fff510efaeb3.shtml.

[6] 李彦琴：《智慧蓉城，打造公园城市“最强大脑”》，http://cddrc.chengdu.gov.cn/cdfgw/gycs008/2022-04/20/content_6b8496a7a8ea4dfba11d79b75806165b.shtml.

[7] 成都市委改革办：《以“智”促治 蓉城“慧”变》，中国改革报，2022年10月31日，http://www.cfgw.net.cn/epaper/content/202210/31/content_53144.htm.

汇资源、赋动能：成都国际交往平台建设

席珍彦*

近些年来，依托“公园城市”“天府文化”等独特标签，成都积极吸引全球资源集聚，不断扩展对外交往朋友圈，持续强化与驻（涉）蓉领事机构、国际友城、国际组织等的密切合作交流。加强官方和民间的友好往来，深化与国际城市在文化、教育、卫生、体育等领域的国际交流与合作，增强对外交往城市黏性和紧密度。充分发挥“三城三都”建设的先导作用，引进和创办更多具有国际影响力的文化交流活动，提升国际交往品牌吸引力，凸显蓉城特色要素，增强城市国际知名度。推动更多国家在蓉设领，到2025年，使国际友好城市和友好合作关系城市达到114个。

一、现阶段平台建设重点举措

（一）吸引更多国家来蓉设领

亚非区域以印尼、卡塔尔为主要方向。2023年，印尼大使率团访问成都，出席“2023成都·印度尼西亚文化（电影）周”。成都将加强与泗水总领事馆以及与泗水市的交流合作，加强与印尼海洋与投资统筹部对接，协助推荐印尼学生申请来蓉友城留学生奖学金。积极推动卡塔尔航空公司恢复成都至多哈直航，力争在天府国际机场开航2周年之际恢复此航线。

* 席珍彦，博士，四川大学国际关系学院副教授。

美大区域以哥伦比亚、厄瓜多尔为主要方向。成都将积极深化与哥伦比亚友好合作关系城市波哥大、伊瓦格的友谊，促进与厄瓜多尔瓜亚基尔建立友好合作关系，反向做好促领工作。

欧洲区域以爱尔兰为主要方向。争取中国驻爱尔兰使馆、爱尔兰有关官方机构和地方政府支持，以积极开展与爱尔兰各领域合作交流项目对接与洽谈；会同爱尔兰驻华大使馆举办成都“爱尔兰周”、蓉爱医药健康专题“蓉欧产业对话”等活动。

（二）拓展国际友城交往

创新开展友城发展路径研究。推出《关于高质量推进新时代国际友城工作的工作方案》《成都市国际友城建设三年行动计划（2023—2025）》工作计划和方案，并将努力推动其落地实施。

创新搭建“一核三带四中心”成都国际友城网络。第一，以“交流活动频繁、交往有实效、合作前景广阔”作为重点筛选内容，将法国蒙彼利埃、日本甲府、韩国大邱等一批国际城市确定为“核心友城”，推动部分友好合作关系城市升级为国际友好城市。第二，以建设国际航空门户枢纽为重点打造“空中丝绸之路友城带”，与卡塔尔多哈、英国曼彻斯特等沿线城市缔结国际友城或友好合作关系城市。以建设国际铁路枢纽为重点打造“陆上丝绸之路友城带”，与吉尔吉斯斯坦比什凯克等沿线城市缔结友城或友好合作关系城市。以建设西部陆海新通道为重点打造“海上丝绸之路友城带”，与加拿大渥太华、韩国仁川等沿线城市缔结友城或友好合作关系城市。第三，在联络较少、交往活跃度不高的现有友城资源中，以“经济合作、社会发展、科技交流、人文互鉴”为中心，激活比利时马林、澳大利亚阿德莱德等国际友城活力，推动友城关系转型升级、提质增效。

（三）加强国际组织合作

推动国际竹藤组织、宜可城—地方可持续发展协会等国际组织在蓉设立办事机构。

开展C40学生重塑城市全球竞赛、世界青年智慧城市创新大赛线上线下推广，举办世界大都市协会成都研修中心2023年度培训。

依托世界智慧可持续城市组织、世界城市和地方政府联合组织等国际组织平台，积极推广公园城市成都经验，提升城市国际美誉度。

（四）创新打造国际交流品牌

“蓉欧产业对话”活动。组织青羊区、龙泉驿区与奥地利企业代表团开展交流对话会；组织温江区与荷兰总领馆开展花木论坛；组织成都高新区与英国总领馆开展中英（成都）科技企业对话会。

“成都国际友城青年音乐周”。结合成都大运会“成都成就梦想”主题，通过“线上+线下”“室内+公园”的形式举办相关活动，将世界赛事名城与国际音乐之都的名片同时在全球点亮。

“成都熊猫国际美食荟”活动。秉承“以食会友，各美其美，美美与共”宗旨，以国际性、文化性、大众性为特色，与相关国家（地区）驻（涉）蓉领事、经贸代表机构共同搭建文化、商贸、旅游等领域交流合作平台，展现成都国际美食之都的魅力，促进成都与各国的文化交流和民心相通。

“中日韩青年峰会”活动。邀请三国大学生通过主题研讨、联合报告撰写、文化探访以及三国领导人模拟峰会等活动，增进相互理解，为深化三方合作夯实基础。

“蓉汇港澳，聚力同行”系列活动。围绕市委市政府中心工作，以“对话”“产业”“青年”为关键着力点，联合香港驻成都经贸办、香港贸发局成都办事处、澳门贸促局成都代表处、四川省香港商会等港澳驻蓉机构，以及在蓉港澳企业与市级相关部门、区（市）县开展系列交流活动。

领事官员“区（市）县行”“产业行”活动。举办领事官员区（市）县行—走进四川天府新区暨成渝地区双城经济圈主题沙龙活动，向驻蓉、驻渝领团宣介我市“双圈”相关政策以及取得的成就，考察四川天府新区投资环境，寻求合作机遇。配合成都大运会举办，筹划组织“川渝总领馆大运行”活动，主动推介大运村及相关活动场馆。2023年年内，积极策划领事官员区（市）县行—走进成都东部新区、蒲江县等活动。

策划开展中国和西班牙建交50周年、成都与丹麦霍森斯结好10周年、成都与加拿大温尼伯结好35周年、成都与俄罗斯莫斯科结好5周年等系列庆祝活动。

二、全面聚焦“三个做优做强”，主动在国际化建设中优配置、塑环境

坚持战略定位指引，围绕成都市委“三个做优做强”重大部署，持续做优做强高端要素运筹、创新策源转化、对外开放门户等核心功能和现代治理等基本功能，促进国际化营商环境建设，完善国际教育、国际医疗、国际社区、国际人才等国际化公共服务体系，提升国际交往便利性，促进国际交往环境提质升位。

投资基础设施建设。成都在国际化建设中加大了基础设施投资，建设高速公路、城市轨道交通、机场等，提升了城市的交通便利性和物流效率。

吸引外资和跨国公司。成都积极引进外资企业和跨国公司，为他们提供便利的营商环境，推动了外商直接投资和国际企业在成都的发展。

创新驱动发展。成都注重创新，建设了高新技术产业园区，支持科技创新和创业创新，吸引了大量高科技企业和人才。

文化交流与城市推广。成都加强了与其他国际城市的文化交流，举办国际性的文化活动、展览和艺术节，提升了城市的文化影响力。

打造国际会展中心。成都建设了大型的国际会展中心，吸引了全球各类会展活动，促进了经济和文化交流。

生态环境保护。成都注重生态环境保护和可持续发展，推动绿色发展理念，提升城市的环境质量，吸引了更多关注环保的企业和人才。

国际友好城市合作。成都积极与其他国际友好城市展开合作，开展文化、经济、科技等方面的交流与合作，扩大城市的国际影响力。

开放型城市战略。成都采取开放型城市战略，推动贸易自由化，吸引外国投资，加强与国际市场的联系。

人才引进和培养。成都通过优化人才政策，吸引国际人才和高端人才，提升城市的创新能力和国际竞争力。

城市形象营销。成都积极通过城市品牌宣传和形象营销，向国际社会展示城市的特色和魅力，吸引更多的国际关注。

这些做法帮助成都逐步实现了国际化建设的目标，使成都在国际舞台上拥有更大的影响力和竞争力。

三、措施建议

（一）科学统筹因公出访

统筹编制2023年省级领导和正厅级实职领导出国计划，全成都市各部门干部出国计划。

会同经信、发改、投促、商务等部门，对照出访总结定期检查出访成效落地情况，压实出访责任、推动经济发展。

针对对外交往工作相对弱势但又积极努力的区（市）县，通过市级多部门协作牵线、倾斜资源，结合本地区特点打造专项活动，待基本路径成熟后，再采取“以商招商、以企引企”方法，摆脱对外交往弱势局面。

完善系统建设，做好来华邀请、领事认证等服务工作，完善并优化“成都外事服务”电子平台功能。

（二）全力推进重点涉外项目

指导配合锦江区促进宜可城—地方可持续发展协会（非政府组织）在蓉设立项目办公室。

持续跟进四川天府新区中澳国际听力中心暨创新产业基地建设。

推动港铁公司与成都轨道交通集团就成都地铁13号线一期工程PPP项目开展合作。

推动与香港城市大学签署市校合作协议，包括共建创新平台、共设成果转化基金、共促成果转化、共同引育人才等事项。

依托澳门科技大学中药质量研究国家重点实验室，在成都建设中医药融合创新研究中心，共建药用植物功效与利用国家重点实验室、药用资源化学与药物分子工程国家重点实验室等国家级创新平台分支机构。

（三）主动服务城市国际化建设

持续实施外籍人士“家在成都”工程，扎实推进各区（市）县对外交流中心、国际化社区和外籍人士社区服务中心建设。

实施《成都市公共场所外语标识管理规定》，研究编制《公共场所外语标识英文地方译写规范》。

完善成都市政府留学生奖学金工作机制，举办“在蓉高校留学生感知成都活动”。

高质量打造大熊猫基地相关参访点位及“成都国际友谊公园”，推进国际友城雕塑家作品落地天府绿道、城市公园，打造公园城市形象展示新平台。

研究出台《成都市在蓉外籍及港澳台适龄少年儿童入学办法》。

加强对外国驻蓉领馆服务及对境外媒体的管理，全力做好意识形态安全、海外利益保护等领域的涉外安全工作。持续完善成都市青（少）年领事保护教育基地功能，构筑“出国第一课”立体宣传网络，不断推动建立“走出去”人员和机构数据库，针对性地做好境外安全风险研判，妥善处置各类涉外案（事）件，积极防范化解外部风险挑战，切实为“走出去”人员和机构保驾护航。

借鉴香港贸发局以及深圳市企业服务中心等经验，探索设立成都市企业服务机构，为企业提供信息咨询、资金申报、政策扶持和对接等综合协调特定服务，构建多方面、多层次的有效服务体系，提升企业对已出台的相关扶持政策的获得感。

四、预估成效

（一）国际交往承载力全面跃升

圆满承办成都大运会、博鳌亚洲论坛全球城市绿色发展与乡村振兴论坛首届大会等重要主场外事活动，成都外事工作水平整体提高，城市对外开放层级得到有力提升。

（二）增量提质国际资源

加强与印尼、卡塔尔、哥伦比亚、厄瓜多尔、爱尔兰等国家的沟通联系，助推这些国家在成都设领工作。

实施全球友城优选计划，年内新增2个以上国际友城或友好合作关系城市。

争取在更多国际组织中担任要职，参与政策酝酿。

向外交部、国际竹藤组织了解在蓉设立西南办事处情况，相关政府部门为其落地提供协助。

（三）组织实施国际交流活动

组织并参与重大国际交流活动，努力提升成都的城市国际影响力和美誉度。

（四）稳步提高国际化建设程度

以举办“大运会”等重大国际性赛事为契机，不断优化成都城市国际化语言环境，加快呈现美丽宜居公园城市特点，持续提升成都国际门户枢纽城市能级。

参考文献

[1] 成都发布建设践行新发展理念的公园城市示范区改革创新最佳实践案例和优秀案例. 人民网，2023年4月26日。

[2] 成都市“十四五”国际对外交往中心建设规划. 成都市人民政府，2022年5月18日。https://cdfao.chengdu.gov.cn/cdwqb/c146829/2022-05/25/content_4069c5f162e04690bef5721b75578c3f.shtml.

[3] 成都探路建设国际化营商环境先进城市. 四川省人民政府，2019年3月15日。https://www.sc.gov.cn/10462/12771/2019/3/15/40517259538b413083144eac9caa6479.shtml

[4] 构建“3+6+N”国际对外交往新格局. 成都日报，2022年5月25日。https://www.cdrb.com.cn/epaper/cdrbpc/202205/25/c98806.html.

[5]《国际交往中心城市指数2022》. 清华大学中国发展规划研究院，德勤中国国际交往中心研究院，2023年2月8日。

[6] 刘波，席珍彦等.《成都国际交往发展报告（2021—2022）》，人民日报出版社，

2023年5月。

［7］席珍彦．成都国际友城交往建设，《成都国际交往发展报告（2021—2022）》，人民日报出版社，2023年5月。

［8］《中国城市对外交往影响力分析报告（2022）》．参考消息，2022年4月13日。

Ⅳ ▶▷ 对外交往篇

2022年成都参与全球治理研究

杨鸿柳*

2022年，成都市经济社会发展面临多重挑战，超预期的困难扰乱城市运作节奏，工作任务之繁重多年罕见。国际环境错综复杂，支柱产业遭受暴击，电子信息、汽车两大龙头产业供应链运行受阻甚至中断。城市发展先后经历多轮疫情干扰，成都市经济活动受到反复冲击，消费活动屡受重创。在夏季出现有历史记录以来的最高气温、最少降雨，两个天气之最叠加最高电力负荷，给成都市政府带来前所未有的治理压力。面对复杂形势和繁重任务，成都市坚定奉行互利、共赢的开放战略。全市上下集中最强能量，向对外交流倾注最大热情，以最积极的态度，融入全球治理体系的建设和改革中。通过参与全球治理的各项活动，成都市的国际形象得到大幅改善，国际影响力得到显著提升，进一步推进我国参与全球治理的话语权、塑造力。

一、参与全球经济治理实践

过去一年来，成都针对经济领域的全球问题对标发力。通过发挥自身优势，成都加快更高水平的开放型经济建设，为世界经济的复苏与增长持续提供动力。

（一）组织参加金砖国家工商论坛

成都积极配合中央战略方针政策，推动中国更好地参与全球经济治理。

* 杨鸿柳，北京市社会科学院国际问题研究所助理研究员。

金砖国家合作机制给新兴市场国家与发展中国家交流合作创造了许多发展机遇，是中国对全球治理机制的创新。2022年的金砖国家工商论坛，以继续加强金砖国家工商伙伴之间的友好关系为基础，共商如何创建更加繁荣美好的未来发展前景为讨论议题。成都市贸促会设立分会场，成都市贸促会领导班子成员、19个区（市）县贸促会相关负责人和10余家商协会和会员企业代表在分会场参会。[①]

（二）积极建设“一带一路”创新枢纽

共建共商共享“一带一路”顺应了全球体系向公平正义方向发展的时代趋势，这一倡议是中国推动全球经济互联互通、扩大开放，引领全球治理向善之变的耀眼力量，是中国为全球经济治理贡献的中国力量和中国方案。成都市积极响应这一倡议。成都中欧班列的节点城市逐年递增，班列如血液一般，在成都与欧洲城市间日夜穿行、不舍昼夜。中欧班列的运营速度更是屡创新速，最快的班列可以在10天左右从成都到达欧洲城市。[②]2022年，蓉欧班列开行数量领跑全国，累计发车量超过1.1万次，平均每天发车数量超过30班次，约2500标准集装箱。[③]蓉欧班列再一次刷新历史最高水平，已连通境外100个城市、境内29个城市。[④]成都与“一带一路”沿线国家与地区始终保持良好的贸易往来，仅2022年其进出口贸易总额达2690亿元。[⑤]与同期相比，超过

① 成都会展，“成都市贸促会组织参加2022年金砖国家工商论坛开幕式”，https://mp.weixin.qq.com/s?__biz=MjM5ODM5ODg1MA==&mid=2652609791&idx=3&sn=6953fc1277a4ea63498a7369d206f831&chksm=bd2462128a53eb04cc7be821fdee98a93109663699f7eac5bfb0910dc7fc72eb8f9cb15351ae&scene=27.

② 中国新闻网，“四川外贸首破一万亿元大关”，https://baijiahao.baidu.com/s?id=1755095198615906806&wfr=spider&for=pc.

③ 锦观新闻，“2022年成都中欧班列累计开行量占全国开行总量约20%”，https://baijiahao.baidu.com/s?id=1760612082802252261&wfr=spider&for=pc.

④ 锦观新闻，“2022年成都中欧班列累计开行量占全国开行总量约20%”，https://baijiahao.baidu.com/s?id=1760612082802252261&wfr=spider&for=pc.

⑤ 锦观新闻，“2022年成都中欧班列累计开行量占全国开行总量约20%”，https://baijiahao.baidu.com/s?id=1760612082802252261&wfr=spider&for=pc.

成都进出口贸易总额的30%，同比增长3.9%。[①]

（三）积极融入《区域全面经济伙伴关系协定》（RCEP）

《区域全面经济伙伴关系协定》（以下简称《协定》）的签署顺应了全球治理发展的需求，也符合人民大众对国际社会发展的需求，同时为促进经济全球化发展与抵制逆经济全球化浪潮寻找到更具有包容性与开放性的途径。作为发展中国家参与更加公平正义全球治理的发展平台，《协定》为相关国家激发经济活力、发掘发展潜力，为出口企业打通贸易障碍、输送政策红利。《协定》全面生效后，成都积极对接协定内容，抓住跨境贸易新机遇。民营企业商贸活力得到激发，并成为成都外贸中重要一环和主要增长力量。在国际国内面临严峻态势的当下，民营企业进出口业务彰显韧性，拉动外贸发展。受益于《协定》政策，成都市民营企业大批出口至境外的民营企业货物贸易实现零关税，大大降低了企业的出口成本与销售价格。加之，成都出台的“助企健康发展30条”，全力保障国际物流的畅通，有利于成都外资外贸健康可持续提升。据成都海关统计，2022年期间，成都海关在农业、化工、新能源等与人民生活密切相关的《协定》涉及领域，为105家出口企业签发2439份原产地证书。[②]

（四）成都市主动投入后疫情时代的全球经济治理

新冠疫情的肆虐对全球经济运行与世界政治格局产生巨大影响。中国作为世界第一工业大国，为全球经济复产、复工、复苏，为全球产业链的持续供应发挥举足轻重的作用。积极响应政府号召，加快复工复产步伐，坚定不移落实对外开放政策，积极有序推进全球治理进程。为认真落实成都市商务局2020年印发的复工复产相关通知和2021年印发的必需品重点保供企业奖励政策，成都市配套制定了《成都市市级生活必需品重点保供企业物流费用、

① 成都市人民政府，“成都去年外贸总额达8346.4亿元”，http://www.chengdu.gov.cn/chengdu/zfxx/2023-01/16/content_58a73b6cf1004706b1098078ec977c77.shtml.

② 中国新闻网，“四川外贸首破一万亿元大关”，https://baijiahao.baidu.com/s?id=1755095198615906806&wfr=spider&for=pc.

员工防护费用补贴政策实施细则》《成都市市级生活必需品重点保供企业入场交易服务费（交易佣金）补贴政策实施细则》等具体方案[①]。而后，根据成都市商务局印发的促进外贸实现高质量发展相关措施的通知，进一步制定实施细则。细则对进口特殊商品、进口消费品等货物贸易做出详细规定，同时严格把关出口企业碳排放情况，帮助跨境电商实现零售进口政策突破，为跨境电商消费开辟新场景。[②]与此同时，在疫情放开后的第一时间，成都市主动适应政策变化，政府积极作为，推动企业走出去参与国际商业交流合作，成都高新区15家企业22位代表组团“出海”。[③]成都市政府积极推动企业、区政府向外发展，推动国际循环，以最大的力量、最积极的态度、最优惠的政策推动对外经贸与合作的开展与落实。

二、参与全球安全治理实践

成都市妥善处理好面临的各种安全挑战，为中国破解全球安全赤字做出新贡献。积极致力于同各方开展能源、网络、粮食等在非传统安全方面的交流与协作。

（一）能源安全治理

能源安全是全球发展领域最紧迫的挑战之一。为保障能源安全，成都市集中各方力量，保障能源供应，以维持市民正常生活生产。

成都市加强农村沼气安全监管，切实保障农村能源使用。为保障农村能源安全，成都市进一步完善相关能源的管理保护制度，从能源项目新建、能源安全检测、使用安全宣传、突发事件处理、管理清单等多方面做好安

① 成都市商务局，“成都市统筹新冠肺炎疫情防控和服务业复工复产稳增长的若干政策措施”，http://sww.chengdu.gov.cn/cdswh/yhzc/2020-03/12/content_c6d31aaaaccf412a93a0d775f9eb4100.shtml.

② 成都市商务局，“成都出台促进外贸高质量发展政策措施实施细则”，http://sww.chengdu.gov.cn/cdswh/zcjd/2022-10/18/content_71cf159be4d54affb5ac9a8e79c8aeb9.shtml.

③ 成都市科学技术局，“拼经济抢订单 成都高新区组团‘出海’拓市场”，http://cdst.chengdu.gov.cn/cdkxjsj/c108731/2022-12/26/content_f7886b9a95ae419d98569ce5d449b665.shtml.

全管控。以网格化模式推进能源安全管理，对12.23万个沼气池和2712个使用沼气技术的设施进行精准管控，保障安全运营与维护。[①]对有风险隐患的农村能源在建项目进行风险排查，对农村能源工程安全管理不放松、不动摇、不停步，保障能源使用高效、规范、安全。成都市为保障农村沼气安全，开展“百日行动”。行动期间组织9200余名检查人员，组成2577个检查组，安全排查55388个风险点位，发现596个风险隐患，并梳理清单进行逐一整改。[②]

成都市经信局以最小工作单元，最短工作链条，实现最快应急响应、最低安全风险，确保成都全市电力、油气等能源安全、有序、持续供应。并指导供电企业充分采用“无人机+机器人+可视化”等在线监测手段加强监视，调度、监控、运维全封闭运行，保障基本业务正常运转。全市油气供应保障总体安全、有序，城镇燃气管网、加油（气）站、液化石油气站生产运行平稳、供应充足，累计出动抢险急修53起。[③]

为有效促进燃气的均衡使用，调整能源结构，减轻能源压力，保障能源供应，成都市第一个燃气调峰项目获得四川省发改委核准。[④]该项目计划建设两组400兆瓦的燃气—蒸汽联合循环机组和配套设施。这一设施完工后，将实现每年运转2500小时，可发电20亿千瓦时，最大程度上保障成都市能源安全，为当地生产生活的持续发展提供稳定器。[⑤]

夏季期间，成都市遇到有史以来的最高气温、最少降雨和最高用电负荷。面对三最，为保障居民生产生活的正常运作，成都市主动作为、提前

---

① 四川省农业农村厅，“成都市加强农村沼气安全监管，确保农村能源安全”，http://nynct.sc.gov.cn/nynct/c100632/2022/5/16/6bbf23ff26304acc8c3de0a1c26db060.shtml.

② 四川省农业农村厅，“成都市加强农村沼气安全监管，确保农村能源安全”，http://nynct.sc.gov.cn/nynct/c100632/2022/5/16/6bbf23ff26304acc8c3de0a1c26db060.shtml.

③ 红星新闻，“成都市经信局：确保全市电力、油气等能源安全、有序、持续供应”，https://baijiahao.baidu.com/s?id=1742954135058023366&wfr=spider&for=pc.

④ 成都市人民政府，“服务战略全局 成都在高质量发展中展现更大作为”，http://www.chengdu.gov.cn/chengdu/home/2022-09/29/content_336ee34248c94372baeddea7d1087adb.shtml.

⑤ 成都市人民政府，“成都首个燃气调峰电站项目获批”，http://www.chengdu.gov.cn/chengdu/home/2022-09/07/content_f746e592a7a94f2b9c11fd66ec412cc5.shtml.

研判、深入分析、预先部署相关工作。一方面，做好节点错峰的敦促宣传工作。相关部门指导企业错峰生产，鼓励适当租用发电设备自行发电；对于无法错峰的单位，指导节约用电，压缩城市点缀式照明，鼓励工商业调温错峰；对于市民生活，加强节电和错峰用电的宣传，集合全社会力量渡过难关。[①]另一方面，做好能源供应保障工作。成都市拓宽川西水电输入通道，探索西北能源供给通道，开展电网建设改造行动，构建智能电网。探索储能发展，建设储能设施，提高系统调峰调频能力，研究新型储能电站建设。[②]

（二）网络安全治理

成都市加快完善网络安全治理体系，从预防、治理和承接三个渠道落实治理措施，以有效治理网络安全问题。

成都市政府联合其他单位共同主办网络安全暨数据治理峰会。此次峰会围绕如何保障网络安全和充分利用数字信息的主题展开。与会代表从产业、战略和技术三个方面，深入探讨未来如何确保数字安全，如何激活数字空间。会上首次对外发布我国第一个城市级别的网络安全企业图谱。这一图谱为网络安全相关企业开拓市场、深耕细作带来机遇。在成都高新区落地我国副省级城市中第一个挂牌的网络安全大厦，为网络安全行业搭建共享平台。平台上的资源可以共享，产品可以实现互补，相关行业的企业均可共用平台，通过企业在平台上的良性互动，推动网络安全的可持续发展。在峰会上还重磅发布了《四川省2021年移动互联网应用安全报告》，报告梳理分析了12个相关维度，为成都市进一步保障网络安全提供决策参考。[③]

---

① 成都市人民政府，“全市迎峰度夏电力保供工作调度会召开 王凤朝出席并讲话”，https://www.chengdu.gov.cn/chengdu/c137455/2022-08/18/content_f0bc4c370d3244f9bcd84b5778f34b01.shtml.

② 成都市人民政府，“成都市人民政府办公厅关于印发成都市优化能源结构促进城市绿色低碳发展行动方案、成都市优化能源结构促进城市绿色低碳发展政策措施的通知”，http://www.chengdu.gov.cn/chengdu/c154544/2022-12/14/content_9a9329f930514d3787eeec7c86346f80.shtml.

③ 锦观新闻，“2022 CCS成都网络安全大会暨数据治理峰会正式开幕”，https://baijiahao.baidu.com/s?id=1745036636427397909&wfr=spider&for=pc.

成都大运会公开向全球招募“网络安全卫士”。为实现大运会举办赛前、赛中和赛后的网络信息不出现网络安全隐患，安全卫士们及时排查基础设施存在的风险隐患，在大运会信息部和志愿者部的联合指导下，保障网络安全核查全方位覆盖，包括技术设计、运行管理、服务保障等。网络安全卫士可以完成大运会所需的咨询、管理、众测等在内的60多项工作。[①]根据志愿网络安全卫士的集中攻克，累计排查各类安全检测与评估报告380多份，设计方案近百个，日常安全运营报告200多份。[②]这些报告对大运会网络安全进行了系统排查与风险补救，为大运会的顺利开展套上了网络安全的防弹衣。此次网络安全卫士的招募开了大运会的先河，它通过众测方式，公开招募全球志愿者，集全球精英力量完成网络安全风险排查。为大运会的成功举办、国家网络安全画上了浓墨重彩的一笔。

（三）粮食安全治理

成都市贯彻中央指示精神，毫不放松抓好粮食生产，在全国粮食安全保障体系中持续扮演着重要角色。成都市坚决将保障粮食安全作为重要工作，积极贯彻粮食安全战略，主动作为保障粮食稳定生产，落实耕地保护制度，狠抓末端落实措施，确保耕地保护落到实处。成都市为扩大粮食种植面积，保障粮食产量，增加拨付2.2亿元资金鼓励退腾种粮，对于按期退腾种粮的农户给予600元每亩或额外200元每亩的一次性补贴。[③]对于建设高标准农田的农户提高财政补助，通过中央、市级、区级财政补助，力争达到3500元每亩。[④]成都市支持打造天府粮仓，鼓励建设粮油产业园区，并对不同星级规格

① 中国新闻网，“成都大运会面向全球公开招募‘网络安全卫士’将为表现优异者提供奖励”，https://baijiahao.baidu.com/s?id=1728641948292742810&wfr=spider&for=pc.

② 中国新闻网，“成都大运会面向全球公开招募‘网络安全卫士’将为表现优异者提供奖励”，https://baijiahao.baidu.com/s?id=1728641948292742810&wfr=spider&for=pc.

③ 中华人民共和国财政部，“四川成都财政精准施策 助力打造更高水平‘天府粮仓’”，http://www.mof.gov.cn/zhengwuxinxi/xinwenlianbo/sichuancaizhengxinxilianbo/202208/t20220811_3833491.htm.

④ 中华人民共和国财政部，“四川成都财政精准施策 助力打造更高水平‘天府粮仓’”，http://www.mof.gov.cn/zhengwuxinxi/xinwenlianbo/sichuancaizhengxinxilianbo/202208/t20220811_3833491.htm.

产业园拨付300万元至1000万元的奖励补贴，[①]为种粮农民提供看得见的保障。成都市确保中央补贴及时足额发放，从市级财政拨款2.4亿元，向粮食生产的规模经营户拨付200元每亩的补贴。[②]除此之外，成都还出台众多利好政策服务粮油种植户，为成都市及区域粮食安全提供层层保障。

为保障超大城市粮食安全，成都市出台《加强耕地保护保障粮食安全的十条措施（试行）》。这一措施为保护耕地，遏制耕地种果、耕地种树、耕地盖房等耕地他用现象，守住耕地红线保障粮食安全提出十条具体方案，分别是：需要严格落实耕地保护制度，为保障粮食安全权力与责任需要相统一；探索推行以村为单位的网格化管理耕地机制；完善耕地保护补偿制度；加强高标准农田建设；合理保障农民种粮收益；推进粮食产业园区建设；健全市场粮食监测预警体系；充实地方粮食储备；对保护耕地开展粮食生产的农户给予奖励激励；动态监测耕地保护情况和粮食种植状况。[③]

三、参与全球生态环境治理实践

成都市始终坚持人与自然和谐共生，推进生态环境治理，围绕构建美丽家园，积极献计献策，为全球生态环境治理提供成都方案、成都智慧，为我国参与全球生态环境治理提供中国力量。

（一）参与全球气候治理

成都市积极参与全球气候治理，促进城市低碳绿色发展。始终以尽早实现碳达峰和碳中和为目标，加速能源结构调整。在保障能源安全的前提下，提高能源使用率，推进城市运作低碳化，能量供给清洁化。与此同时，成都

① 中华人民共和国财政部，“四川成都财政精准施策 助力打造更高水平‘天府粮仓’”，http://www.mof.gov.cn/zhengwuxinxi/xinwenlianbo/sichuancaizhengxinxilianbo/202208/t20220811_3833491.htm.

② 中华人民共和国财政部，“四川成都财政精准施策 助力打造更高水平‘天府粮仓’”，http://www.mof.gov.cn/zhengwuxinxi/xinwenlianbo/sichuancaizhengxinxilianbo/202208/t20220811_3833491.htm.

③ 锦观新闻，“十条硬措施 守住成都粮食安全生命线”，https://baijiahao.baidu.com/s?id=1741314571458335498&wfr=spider&for=pc.

公园城市示范区建设与全球气候治理方案同步共进、相互促进。建设公园示范区，成都将绿色低碳植入城市肌理，节能先行。成都市持续推进全球气候治理，预计到2025年，成都市的清洁能源使用将达到68%，包括风能、太阳能在内的可再生能源使用将达到50%以上。①

成都高度关注气候保护相关议题，加强相关领域交流合作。"国际城市可持续发展高层论坛"连续第五年在成都召开。在此次论坛上，成功签约重点项目30个，签约额达1372亿元，52个在建项目已完成投资138亿元，绿色低碳产业发展取得积极进展。②第四届世界科技与发展论坛全球挑战与可持续发展分论坛在成都成功举办，为践行全球发展倡议，搭建交流平台，增进全球科技的开放性合作，以科技的力量，共同应对全球气候治理面对的各种挑战。③本次论坛齐聚世界气象领域科学家，共同聚焦气候变化，为实现可持续发展，汇聚全球智慧，探索人与自然和谐共处之路。④

成都方案成功入选《绿色繁荣社区（近/净零碳社区）建设指南之中国专篇》；C40绿色繁荣（近零碳）社区试点项目启动仪式上，成都成为全球首批"绿色繁荣社区"试点城市。成都市近零碳社区建设实践案例登上第27届联合国气候变化大会，再次进入全球视野。成都"碳小屋"走进联合国气候变化大会分享中国城市应对气候变化实践。从第一座在成都簇锦街道社区诞生的碳小屋至今，一座座拔地而起的碳小屋早已融入成都百姓生活，擦亮低碳环保新名片；依靠技术创新，为人民谋福祉，推进城市智慧化、信息化"双碳"

① 成都市人民政府，"成都市人民政府办公厅关于印发成都市优化能源结构促进城市绿色低碳发展行动方案、成都市优化能源结构促进城市绿色低碳发展政策措施的通知"，http://www.chengdu.gov.cn/chengdu/c154544/2022-12/14/content_9a9329f930514d3787eeec7c86346f80.shtml.

② 成都市龙泉驿区发展和改革局，"2022可持续发展高层论坛丨成都：锚定2200亿元目标，绿色低碳产业展优势"，https://mp.weixin.qq.com/s?__biz=MzA4MjQ2NTIyOQ==&mid=2672665160&idx=1&sn=7fe00c061fd7236b20bbbadbd4630d4b&chksm=853c5aeab24bd3fca38c315e705d990e10180a4f3a02f94234e7fd5e46d06c5781e1e802a92e&scene=27.

③ 人民资讯，"全球挑战与可持续发展论坛在成都举办"，https://baijiahao.baidu.com/s?id=1750822373576276226&wfr=spider&for=pc.

④ 四川新闻网，"世界气象领域科学家齐聚 共话气候变化与环境可持续性"，https://baijiahao.baidu.com/s?id=1750562778010828213&wfr=spider&for=pc.

之路的实践与成果。为了更加完善城市气候韧性建设与环境治理，成都“碳小屋”在建设、运营以及进行本地化的气候与环境治理的过程当中，就将公众的参与度着重纳入了考量。经过500天的运营复盘和总结，成都把碳小屋软硬件服务从早期的1.0版本升级到了2.0版本，通过物联网化的碳足迹碳中和计量仪服务以及积分、现金奖励和线上互动，增强了个体对绿色生活的意识提升，使得落地后的碳小屋成为深受民众喜爱的城市碳普惠产品，持续收到各界的学习和到访需求。[①]

（二）参与全球生物安全治理

成都市疾控中心强化生物安全，保障人员健康。疾控中心在应急措施、样品的处置、实验室检测相关操作和标本保存、记录、医疗废弃物的消毒处理等方面均符合规范要求，有记录登记，未发生过实验室生物安全事故。成都市疾控中心生物安全委员会专家组对实验室生物安全工作提出要求，希望加强对实验室专业人员的生物安全的知识培训，规范操作；强调工作人员在实验室内外均需做好个人防护，继续做到中心生物安全零事故。[②]

成功召开世界范围探讨生物安全和医学前沿论坛。此次论坛与会者包括13位院士及150多位业界专家。[③]专家学者针对当前世界生物安全治理情况、全球医药学前沿问题、发展趋势和关注问题进行了深入探讨，并从现实角度出发就中国的生物安全献计献策。专家结合世界其他国家处理治理生物安全的经验，对中国生物安全治理给予肯定，并从法治方面就完善生物安全治理提出对策建议。同时，结合复杂的国际局势，厘清国内现有技术相对于发达国家生物安全治理方面的不足，指出我国创新、基础设施、高等实验室等方

① 文经关注，“成都碳小屋走进联合国气候变化大会——分享中国城市应对气候变化实践”，https://www.sohu.com/a/606803675_641618.

② 成都市疾病预防控制中心，“成都市疾控中心强化生物安全 保障人员健康”，https://www.sccdc.cn/Article/View?id=13808.

③ 红星新闻网，“13位院士150余名专家学者齐聚蓉城，共话生物安全与前沿医学”，https://baijiahao.baidu.com/s?id=1737217489646461250&wfr=spider&for=pc.

面距离国际高水准仍有较大发展空间。[①]

成都市代表出席《生物多样性公约》第七届全球地方政府和城市峰会，同与会专家及相关组织领导进行深入探讨，就生物多样性保护与可持续发展交流多方经验。在生物多样性保护方面，成都市向参会嘉宾分享了一系列做法和经验，并介绍了下一步推进措施。会议期间，宜可城东亚秘书处就在成都设立办事机构和深度合作事宜开展深入磋商，力争推进相关工作尽快落地。[②]

四、成都参与全球治理的形势展望

作为一个实践中的内陆开放高地和国际门户枢纽城市，成都正在努力全面提升自身在国际上的影响力，奋力推进中国在参与全球治理中的国际地位。[③]成都需要充分发挥作为次国家行为体在国际上的角色优势，从城市层面积极协助中央层面在全球治理方面发挥重要作用。成都在“双向奔赴”里连接世界。在“一带一路”倡议、《区域全面经济伙伴关系协定》（RCEP协定）和“双轮”驱动的推动下，成都参与全球经济治理，打破国际合作瓶颈，成为连通全球资本与国家的窗口。全球资本的引入也为成都带来创新产业与创新能力，同时辐射周边地区与产业，促进区域整体发展。区域发展水平得到整体提升后，更多诸如跨国公司总部在内的国际高端要素出现集聚效应，提升城市在全球经济治理中的地位和影响力，并充分发挥其积极作用。

（一）推动外贸稳规模、优结构、提质量

2023年5月19日，厄立特里亚总统伊萨亚斯结束在四川的访问行程，率团从成都双流国际机场乘机离境。这一高端政要团访川的重要目的之一，就

① 红星新闻网，“13位院士150余名专家学者齐聚蓉城，共话生物安全与前沿医学”，https://baijiahao.baidu.com/s?id=1737217489646461250&wfr=spider&for=pc.

② 锦观新闻，“成都市代表团出席COP15第七届全球地方政府和城市峰会”，https://baijiahao.baidu.com/s?id=1752101700200497275&wfr=spider&for=pc.

③ 习近平系列重要讲话数据库，“高举中国特色社会主义伟大旗帜 为全面建设社会主义现代化国家而团结奋斗——在中国共产党第二十次全国代表大会上的报告”。

是希望寻觅与四川合作的新机会。跨越山海的合作，或将推动成都贸易伙伴的多元化、带动贸易结构的优化。成都市始终在新兴市场这片“蓝海”中寻找合作机遇，已经成为推动外贸稳规模、优结构、提质量的重要举措。成都国际班列“东南亚—濛阳”专线正式开通，从泰国尖竹汶发车直接到达位于濛阳的四川国际农产品交易中心，全程仅5天，成为泰国、老挝水果入境中国市场的又一条便捷通道。这也意味着，成都国际陆港彭州片区将在我国西南内陆形成东南亚果蔬进口前沿市场。此前，20吨四川产鳗鱼加工制品首次搭乘成都中欧班列出口俄罗斯，这是成都国际班列在此前冷链运输生鲜蔬菜、水果、肉类等基础上，冷链运输品类的再扩大，也为川内生产型企业提供了一条新的“走出去”的通道。打通堵点，加快“引进来”，扩大开放，推动“走出去”。繁忙的“钢铁驼队”，发挥着国际物流战略通道的作用。2023年5月玉湖环球食品供应链中国西部基地项目主体进度已完成40%，预计2024年二季度将陆续投运。未来，这里将依托国际铁路港的通道和口岸优势，打造集进出口贸易、冷链仓储、拍卖、电商、现货交易、物流配送、供应链金融等功能于一体的综合现代服务业产业交易园区。作为成都国家骨干冷链物流基地的组成部分，这里也将推动成都更好地服务和融入新发展格局，在双循环中发挥优势。

（二）多条国际航线恢复

成都将有多条国际航线恢复的消息引发关注。相比国际班列在货物类型、产业结构上带来的变化，国际航班直接让出境游走进现实，也让市民更为直观地感受到了开放之变。从老挝万象起飞的载有66名旅客的QV883次航班顺利抵达成都天府国际机场，标志着暂停三年多的成都至万象定期客运航线正式复航。至此，成都航空口岸国际（地区）客运航线已恢复至36条。多家航空公司对暑期市场表示出极大的信心，国际航线将迎来密集的复航。接下来，成都将在西南地区率先复航直飞菲律宾长滩岛的航线，还将复航直飞土耳其伊斯坦布尔、斯里兰卡科伦坡等地航线。如成都直飞泰国曼谷这类热门航线，成为多家航空公司瞄准的“大蛋糕”，接连的复航、加密举措，让成都直飞曼谷航线成为成都航班量最高、最为繁忙的国际航线，甚至超过了部分国内航线的航班量。这些数据不仅反映了航司对于成都的信心，也展示了成都旅游消费的强大实力和加快恢复。根据四川边检总站边防检查处发布的数据，随着“乙类乙管”后中外人员往来措施不断优化，2023年1月至5月，成都边检站共验放出入境航班6800余架次、人员68万余人次，同比分别增长约53%和472%。[①]随着国际航班运力的恢复，成都“双机场双枢纽”的门户优势将加速释放。民航进入夏航季后，中国西南地区连通世界的“新国门”正式开启。在成都国际航空枢纽中，成都天府国际机场定位为引领西部开发开放的国际航空枢纽，双流机场定位为高质量区域航空枢纽。“双子星”着力于不同的定位和分工，“两场一体”协同高效运营水平。成都作为重要的航空枢纽和具备航空全产业链的先发城市，再次被寄予了为国产大飞机商业化运营探路的厚望。

五、成都参与全球治理的意义

当今世界正经历百年未有之大变局，东升西降，国际体系正面临大调整，全球化前进受阻。在西方国家逆全球化思潮盛行的背景之下，中国逆流而上，在复杂的国际社会仍然坚持正确义利观，并积极践行共商共建共享的全球治理观，试图应对并破解“逆全球化”思潮。成都市政府结合复杂的国际形势和把握中央的政策需求，积极推动全球治理体系改革，充分发挥自身优势，促进社会实现发展。

（一）推动全球治理体系向公正合理的方向改革和建设

成都市政府始终积极参与全球治理体系的改革。成都市从城市层面以创新的思路与实践，为推动国家的全球化、现代化，应对逆全球化挑战，贡献成都力量，擘画成都蓝图，设计成都模板。

成都市政府重视自身同世界其他国家城市、国际组织之间，包括经济、

① “正式复航！航线已恢复至36条”，成都发布微信公众号，https://mp.weixin.qq.com/s/gvcSHpRSfA7m6eNCy0Mjvg.

社会、文化等各项事业在内的互动交流，加强协调合作，增强各环节之间的协同，将成都打造成为我国加入全球治理体系的重要门户。针对当前的国际经济危机，成都市政府响应习近平总书记提出的全球发展倡议、全球文明倡议、全球安全倡议，给不确定的世界注入更多的确定性，营造和平发展稳定的环境，打造经济增长中心，拓展人文交流渠道。成都市以经济、文化、科技为支柱，打造对外开放新支点，不断开展交流合作，推动构建国际对外交往新格局。

（二）城市治理深化变革推动城市迈向高质量发展

成都市政府在积极参与全球治理的同时，找准定位、认清现状，打铁必须自身硬，通过改革推动城市现代化建设，推动城市建设标准与国际接轨，布局国际交往功能建设，全面增强自身综合实力与国际竞争力。

城市参与全球治理的前提在于城市自身具有国际领先的治理水平。超大城市的治理现代化水平需要从示范区做起，多点连成线，最终形成国际化城市的面。随着数字经济融入社会生活越发深入，城市数字化进入变革重构期，作为超大城市，成都需要领先一步推动智慧城市建设进入新发展阶段。

数字化智慧化对城市的产业和空间布局都将产生巨大影响，只有正确把握这一轮城市变革的核心与发展趋势，才能推动成都迈向更高质量的发展。不同于此前的城市化与信息化的融合，智慧城市的变革是全要素的更新。城市发展的各个环节纳入数字化元素，将数字作为发动机，将产业作为支撑，将现代化农业作为基础，将新型城镇化作为重要载体，做好“新四化”之间的协同配合。做好全要素智慧城市变革，加强顶层设计，综合战略规划、产业优势和空间布局，打好政府市场组合拳，用好信用指挥棒，建设现代金融体系，立体开发城市的地上与地下空间资源，推进数字化基础设施建设，研发大数据公共平台基座，共建全场景智慧应用。

（三）建设国际门户构筑内陆开放高地

成都正逐步成为内陆对外开放的崭新高地。开放是成都市在发展新阶段实现跃升的能量来源、动力基础和变量因素。成都把握国内外格局发展趋势、城市建设规律，在“一带一路”与《区域全面经济伙伴关系协定》“双轮”驱动下，依托成渝地区双城双经济圈的特殊战略、产业和区位优势，促进地区实现高水平开放，参与高层次宽领域的国际交流协作，成为高水准国际开放门户枢纽。

当前，成都国际开放门户枢纽的建设身处两个大局，天府之国、地大物博、山川秀美、资源富饶、历史悠久并非长久，“蜀道难，难于上青天”并非宿命，“巴适得板”的安逸并非定数，而是需要积极突破舒适圈。成都市坚持全球视野，将自身放在国际比较维度，发展定位由西向南向全球开放门户拓展，把握住自身在国际城市中的定位、在国家战略中的角色，精准认知未来发展趋势，战略设计越发具有系统性、国际性、动态性、超前性和前瞻性。一直以来，成都坚持开放发展，充分利用大环境，配合内外联动的全方位开放大格局，国际枢纽牵引力、国际高端要素聚拢力、优势产业辐射带动力、国际话语感召力等得到巩固，为国家参与全球治理夯实了坚实的实践基础和话语自信。

全球化是流程和模式在全球范围内整合的过程。没有城市就没有全球化，一方面，城市是基础设施的主要场所，将全球整合成地域之网；另一方面，城市是全球治理的基础。因此，城市是解决不平等和包容性等相关问题的最有效体现，以实现满足人民利益的全球治理。尽管城市非常重要，但在全球治理问题上，各国对城市的关注还远远不够。因此，要巩固城市作为居民生存空间的地位，以满足居民不断增长的多样化需求，这是实现更具包容性的全球治理的必要选择。

成都促进中日地方合作的实践与效用

王重斌　戴维来*

地方政府开展国际交往与合作是促进城市对外贸易、加强人文交流、分享城市治理与发展经验的重要手段之一。在此背景下，成都作为中国西部地区的重要城市，积极开展对外城市合作，建立地方政府机制，特别是与日本一些地方的合作成为观察成都对外合作的生动实践案例。

一、地方政府国际合作的机制和功能

随着全球化的不断发展，越来越多的地方政府和次国家行为体开始在国际关系中发挥重要作用。它们的参与不仅拓宽了国际关系的范围，也为全球治理提供了新的思路和机会。这就表现为国家间地方政府国际合作，它是指不同国家地方政府之间进行的合作与交流。这种合作可以涵盖多个领域，例如经济发展、环境保护、教育、文化交流等。地方政府国际合作有多种形式和机制，包括双边合作、多边合作和区域合作等。在双边合作中，两个国家的地方政府可以通过签署合作协议，开展经济、科技、教育、文化等方面的交流与合作。多边合作则由多个国家的地方政府参与，可以通过国际组织或论坛促进交流与合作，比如致力于应对气候变化的国际城市联合组织C40城市组织。区域合作是指在特定地区范围内的地方政府之间的合作，例如欧洲城市组织（Euro cities）、东盟智慧城市网络（ASCN）等。

* 王重斌，上海工商外国语职业学院东方语言文化学院讲师；戴维来，复旦大学中国研究院副研究员。

国家间地方政府国际合作的重要性在于促进各国地方政府之间的互利合作，推动经济发展和社会进步。通过合作，地方政府可以分享最佳实践和经验，解决共同的问题，推动技术和知识的交流，并加强人文交流和友好关系。这有助于推动全球化进程，促进地方经济的发展和民生改善。

一是促进贸易和投资。地方政府国际合作可以帮助地方经济吸引外国投资、开展贸易合作，推动本地产业发展，提高就业率，促进经济增长。地方政府的国际合作可以帮助其推广本地产业和产品。合作伙伴可以促进推广和销售当地的优势商品，还能提供市场展示和宣传的机会。例如，政府可以和国外企业合作，利用双方的资源和专长，在其他国家市场推广当地的农产品和工艺品。地方政府可以通过组织贸易促进活动、参加国际贸易展览等方式，拓展贸易渠道。例如，广东每年都会组织的广交会、北京举办的服贸会等国际贸易展览，吸引了大量外商来华采购或展出其货品。地方政府可以通过合理和开放的政策和投资环境来吸引跨国企业来这个城市。通过与国内外企业的合资和放宽投资门槛，可使外企更容易进入市场和丰富当地经济的资源，同时以优化投资环境、保障投资安全等方式，维护外商投资权益，增强外商投资信心。

二是推动文化和教育交流。地方政府之间的合作不仅是经济合作，更是文化和人文交流的合作；不仅可以促进文化和教育领域的交流与合作，还能拓展人文交流，增进相互了解和友谊。两国地方政府之间应建立相应层次的人文交流机制，定期举行地方政府间会晤，通过艺术、音乐、体育、旅游等多种途径，促进文化和人文交流。例如，两个城市举办文化节、艺术展览等活动来推广彼此的文化，增进了解和友谊。此外，地方政府之间还可以通过学术交流、人才培养等方式来促进人文交流，开展学术研讨会、交换学生等活动，促进知识和技能的传递，增强彼此之间的了解和合作。

三是促进城市和全球治理。地方政府国际合作可以借鉴国外先进城市发展经验，改进城市规划和治理，提升城市的宜居性和竞争力。城市国际合作是整合政府、企业、智库等机构的有效载体，加强在全球性问题上的合作，如气候变化、环境保护、城市可持续发展等，共同应对全球性挑战。国家主要作为大都市地区和功能性城市地区的合作伙伴或推动者，为合作、资金和城市发展战略提供框架。城市治理在全球发展中扮演着核心角色，联合国的多个议程都承认城市和地方当局在实现目标方面的贡献。特别是联合国《2030年可持续发展议程》强调地方治理的重要性，65%的可持续发展目标只能在城市这个层级实现。城市的影响力不可避免地会影响到不同层次的机构平衡、机制和治理。①城市在治理社会问题和跨境合作方面担任重要角色。欧洲城市和地区理事会（CEMR）自成立之初起，就一直是在绿色低碳领域加强国际城市合作的一个典型案例。该组织积极参与"市长盟约"，加入世界上最大的地方气候和能源行动运动。截至目前，已有10000多个地方和地区政府加入了"市长盟约"。②

中国高度重视加强地方城市的国际合作，多个地方城市积极开展对外交往，形成了成熟的合作框架机制，与相关国家的地方建立了密切的经济、科技、文化等友好合作，取得了明显的成效。习近平总书记就加强国际友好城市活动作出过重要指示。第一，讲友谊。世界各国城市大小不同、历史文化各异。国际友好城市应该平等相处、真诚相待，倡导彼此尊重、互信包容、相互理解的精神，增进人民的友谊和感情，为实现世界持久和平发挥桥梁和纽带作用。第二，讲互利。世界各国城市发展水平不一，但各有优势。国际友好城市应该相互学习、取长补短，通过互利互惠的合作，为实现各国共同发展创造良好条件。第三，讲实效。世界各国城市在经济发展、公共服务、城市管理、社会稳定、环境保护等方面承担着同样或类似的责任。国际友好城市应该加强这些领域的合作，分享彼此的经验，以进一步增进当地人民福祉。

成都市作为西部地区的重要中心城市，一直在积极探索和推进城市对外交往合作。成都以加快推动"五外联动"发展为抓手，进一步加强城市对外交往合作，取得明显的成绩。从数量上看，成都在市级层面共与58个国家105个国外城市缔结为友好城市或友好合作关系城市，涵盖了五大洲，初步形

① Jannis Werner, "Good urban governance and the role of cities in global governance", *European Commission*, 2019, https://urban.jrc.ec.europa.eu/thefutureofcities/urban-governance#the-chapter.

② "Covenant of Mayors", *Council of European Municipalities and Regions*, https://www.ccre.org/activites/view/2#.

成“朋友遍天下”的良好态势。从全域成都范围看，成都市下辖的23个区（市）县共缔结了102个国际友城和友好合作关系城市，以友城为抓手开展的各项国际交流活动有声有色。从交流成果看，自2010年以来，成都已连续5次在中国国际友好城市大会上获全国对外友协颁发的“国际友好城市交流合作奖”。[①]

二、成都开展对日本地方政府合作的实践与成效

成都是与日本关系密切的城市之一，两地之间有着紧密的人文、经贸往来，已成为地方对日本合作的典范，同时也是观察我国地方政府对外参与国际交往实践的样本。

（一）推进对日经济贸易合作

成都对日开展高水平合作获得国家层面的大力支持。2020年4月，国家发改委批复支持在成都高新区设立中日（成都）地方发展合作示范区，从国家层面促进成都与日本的友好交流。示范区以文化创意为主导产业，总规划面积36.9平方公里，涵盖成都高新区未来科技城、骑龙片区、瞪羚谷这三个片区。示范区构建以文化创意产业为主引擎，围绕先进制造、信息技术、高端服务三大重点领域，拓展信息服务、现代商贸等外延产业的“1+3+N”产业发展方向。中日（成都）地方发展合作示范区内打造了中日联合创新中心、中日会客厅等对日合作专业载体，与日中经济协会、日中投资促进机构、日本贸易振兴机构等行业机构探讨对日多元合作，同日本蓝桥、博彦科技等10家驻日本土机构建立招商合作机制。成都积极向日本地方政府和头部企业推介成都营商环境和产业投资机会。2023年2月，日本贸易振兴机构率日本福冈县、德岛县、广岛县和北海道等都道府县驻华事务所访问成都，成都与日方就未来发展合作阐述契合点，进一步突出成都对日开放合作的影响力。

中日会客厅实体场馆位于成都高新区瞪羚谷片区核心区域，建筑面积

① 《开放成势 拥抱世界 一座国际之城的十年：讲好中国故事成都篇章》，《成都日报》，2022年10月20日。

1888㎡，毗邻天府国际社区。场馆由中日区域合作展演区、交流洽谈区、唐宋和风餐饮区三个部分组成，此处经常举办日本中小企业交流沙龙、推介会等活动。作为中国中西部对外开放高地，成都高新区对外合作特别是对日合作取得显著成效。截至目前，成都高新区签约对日合作项目13个，聚集日资企业74家，包括丰田汽车、伊藤忠、日立、索尼等日本世界500强企业15家。三菱重工、住友商事等日本企业、机构与成都市签署了28项合作协议，计划投资总额217.5亿元。政府出台激励措施，除了为进入成都市场的日本中小企业提供最高500万元人民币的奖励外，还为日本总公司提供最高5000万元人民币的奖励。①

启动运营中日联合创新中心，重点招引日本知名企业、在华日资（含合资）中小企业、高能级头部企业、日本细分领域头部企业、中资对日合作企业、对日合作机构等，促进高能级日资企业在成都集聚发展。作为专业中日合作产业楼宇，中日联合创新中心按照“政府主导+市场主体+商业化逻辑”的思路，围绕投资促进洽谈、对日开放成效展示、对日经贸交流活动等核心功能赋能中日产业发展，提升中日商务合作交流开放水平，进一步发挥中日合作桥梁纽带作用，通过汇聚省市资源及各方中日机构，打造“一站式”中日综合商务服务、线上线下信息发布平台，有效地促进了双方企业商务对接。

（二）提升对日城市交往频度

中日地方政府合作交流机制的建立是为了加强中日两国地方之间的经济、文化、教育、科技、旅游等领域的交流与合作。通过这种机制，中日两国地方政府可以相互分享经验和最佳实践，探讨解决共同面临的挑战，开展交流活动，促进人员往来和交流项目的合作。在中日地方合作交流机制中，地方政府通过直接对话、会议、研讨会、文化交流活动等形式进行交流。双方可以分享各自在城市规划、经济发展、环境保护、教育文化、旅游推广等方面的成功经验，并在合作项目中共同开展合作研究、人员培训、技术交流等活

① 『成都ハイテク產業開発区对日協力オンライン懇親会結果報告』，一般財团法人日中経済協会，https://www.jc-web.or.jp/publics/index/964/.

动。举办第19届中日地方交流促进研讨会，共商以地区资源助推旅游和城市经济新增长，互鉴中日两国地方政府推动经济社会发展的政策措施、治理经验，进一步推进中日地方政府间的交流与合作。1984年成都与日本甲府签订了友好城市协议。作为教育交流活动的一部分，甲府市学校的初中和高中学生代表每五年访问成都一次。成都的初中生也曾访问甲府市，加深交流。2018年，成都与日本札幌签署友好交流备忘录，就共促两市各领域友好合作达成共识，围绕促进两市友好合作进行了多方面互动交流。以备忘录签署为契机，成都与札幌将在IT、环境、美食、旅游等领域加强联系，拓展合作，促进企业之间、民众之间更多的互访交流。札幌市将美食、旅游、IT等列为优先发展产业，而成都在这些产业发展上也具有优势，两地未来建立互利合作关系将具有持久动力。成都都江堰市还分别与日本山梨县峡中地区以甲斐市为首的三市一町、日本广岛县大竹市等日本城市建立了友好城市关系，双方在文化、教育、旅游、卫生等方面开展了务实合作。

（三）深化中日民间人文和智库交往

成都中日交流之窗作为对日友好交流的活动场所、以中日文化交流和中日青少年交流为主，举行各类中日友好活动。从2014年开始，成都中日交流之窗走进当地的幼儿园、中小学、大学合作组织各种活动，成了一个“可移动的中日交流之窗”。成都中日交流之窗有各种各样的日本文学原著、日本杂志、人气漫画和介绍日本传统文化的DVD。在这里，能及时了解最前沿最新的日本社会和传统的日本文化。定期举办日语角活动，在蓉各高校的日本教师和日本留学生每周日都会参加日语角，大家自由交流。不定期举办年糕大会、中日友好交流会等日本元素丰富的活动。开展中日韩三国青少年文化交流，举办第十二届中日韩青少年国际书画交流展，建起了跨国文化艺术交流的平台。2022年12月，日本国家旅游局成立成都办事处，这是其第25个海外办事处，举办旅游宣传活动等，成为沟通旅游和人文交流的一个桥梁。①

① 『成都事務所』，日本政府観光局，https://www.jnto.go.jp/about-us/overseas-network/chengdu.html.

成都和东京在文化底蕴、旅游资源、城市建设、生态环境等方面有很多相同之处，成都传媒集团主管和主办的每日经济新闻每经智库设立东京中心，中国智库主动走出去，加强中日智力资源的交流与合作，致力于让两座城市碰撞出更多合作的“火花”。每经智库东京中心成立后，启动重大研究项目“中日城市研究计划”，围绕中日城市发展这一宏大命题，探讨城市治理、产业发展、文化交流等领域的城市发展趋势，以期通过中日城市之间的比较研究，为中日城市发展提供可借鉴的研究成果。①

成都与日本的地方合作在经济、文化和城市形象等方面都取得了显著的成效。这种合作给成都带来了诸多机遇和发展动力，也丰富了成都市民的生活，拓展了日本企业在中国市场的发展空间。

一是经济发展得到推动。成都与日本地方的合作，吸引了众多日本企业的投资与设立分支机构，涵盖了制造业、汽车产业、电子信息、金融等多个领域。这些日本企业的进驻为成都带来了先进技术、管理经验和市场渠道，推动了产业结构的升级和经济的持续增长。截至目前，成都已经引进了超过370家日本企业，②涉及汽车、电子、制造等多个领域。这些企业不仅为成都带来了大量的资金和技术，还为当地创造了大量就业机会，促进了当地经济的发展。

二是文化交流更为密切。在当今信息化和大众传媒时代，信息提供者有很强的倾向，即传递简单和单向的信息，而不是强调信息的客观准确性。当这些信息提供者竞争他们分发信息的速度时，就会发生这种“快信息”充斥舆论场。然而，由于所谓的“慢信息”的存在，除了政治、安全、经济等领域之外，还需要以文化交流为支柱的外交。这是需要其他国家及其人民了解的信息和知识，是在相当长的一段时间内获得的，即使在政治和安全领域也是如此，在这些领域，通常重视获取信息的速度。应充分认识到，以文化交流形式进行的外交活动在提供这种“慢信息”方面是有效的。因此，成都与

① 《成都、北京、东京三地连线 每经智库东京中心正式挂牌》，《成都日报》，2020年12月30日。

② 《中日这个“区”，港火！一口气签下200亿大单》，澎湃在线，2020年11月19日，https://m.thepaper.cn/baijiahao_10060852.

日本地方的合作不仅仅是经济上的合作，还包括文化领域的交流，这对于以地方为主的国际合作充满了接地气的“人情味”。成都积极推动对日文化交流，组织文化活动、举办展览等，在日本推广中国文化、天府成都的活动，不仅能够推动经济发展，还有助于促进文化交流，这些交流活动使得两地的文化艺术更加深入地交融，对于推动成都与日本地方政府之间的经贸、文化、教育等领域的交流与合作有着积极的作用。

三是城市形象得到提升。成都与日本地方的合作，向日本传播了成都故事，不仅仅帮助促进经济和文化上的合作，也有利于提升成都作为“天府之城”的城市形象。随着成都与日本地方的交流不断加深，越来越多的日本人开始了解成都，并且对成都产生了浓厚的兴趣。这些人不仅会在旅游时前来参观成都，还会在商务活动中选择成都作为合作伙伴。这些活动不仅为成都带来了更多的人气和知名度，也为当地的旅游和商务服务行业带来了更多的机会。

三、进一步推进成都对外国际交往的建议

为了进一步提升对外地方合作，提升成都在高水平对外开放中的发展作为，可以从以下几个方面进行努力。

（一）健全对外政府合作机制

加强对外地方政府间合作，重点针对友好城市，加强国际友城间高层互访和交流活动，推动信息共享和互动交流，促进双方在经贸、文化、教育等领域的深入合作。拓展合作领域，积极探索新的合作机会和模式，扩大双方合作的广度和深度。加强人才交流，推动人才培养和技术创新，为双方经济社会发展注入新动力。在健康及社会服务、环保生态服务、科学研究及技术服务、文化教育服务、运输服务、旅游服务、金融服务、城市建设等领域深化交流合作。组织国际性的高层论坛和峰会，与国际组织合作，促进国家间的政策对话与交流，并发表有关成都的发展经验和研究报告，提升成都的国际影响力。

（二）深化促进市场主体合作

政府为企业和人才等市场主体提供更好的投资环境和服务，加强与国际知名企业的合作。成都拥有优越的地理位置和良好的投资环境，吸引了众多国际知名企业的关注。建议政府积极与这些企业合作，共同探索市场机遇，提高市场竞争力。同时，政府应该为这些企业提供更好的服务和支持，帮助其在成都市实现更好的发展。加强与海外市场的联系和交流。政府可以通过组织贸易洽谈会、参加国际展览等方式，帮助成都企业了解海外市场需求和趋势，为他们拓展海外业务提供支持。推动成都与外国高校和研究机构的合作与交流，促进学术和科技合作。加大人才引进和培养力度，为人才提供更多的机会和平台，吸引更多海内外优秀人才来到成都市工作和生活。

（三）加强文化对外交往和传播

政府和民间应该共同努力，加强与外国友好城市的文化交流活动，包括艺术展览、音乐演出、电影节等。通过开展文化交流，增进对其他国家和地区的了解和友谊。加大对天府文化的宣传力度，拓展宣传渠道，增加海外民众获得四川信息的有效性和便利性，以吸引更多的海外人士了解和接触天府文化。建议与海外媒体合作，增加宣传四川以及成都的电视节目；定期在海外如日本等地举办四川文化周、天府文化展览等活动，让普通外国民众更容易地接触到中国文化、天府名片。建强天府文化国际传播交流体系，扩大天府文化展览展示和交易交流，加快建设“一带一路”国际艺术中心。升级国际化传播平台，打造具有国际影响力的新型主流媒体集群，讲好中国故事的成都篇章，让天府文化“活”起来。加强国际化议题策划，创新国际叙事方式和对外话语体系，加强国际友城深层互动，让世界更好感知成都、读懂成都。加大国际化推广营销，规范和优化公共场所国际化标识标牌，深入开展海内外文化旅游联动营销。加强国际合作城市的联动推广，与其他城市开展合作推广活动，共同提升城市的品牌认知度和美誉度。

（四）加强城市治理与服务能力

完善市场监管机制，为外国企业提供公平的市场竞争环境。加强城市基础设施建设，加大良好的教育和医疗资源等公共服务的优质供给，改善交通、环境等公共服务的质量。加强基层组织和社区建设，促进社会稳定和公共参与。打造更具吸引力和竞争力的城市治理环境，突出成都的文化、创新和宜居特点，推广成都的形象力、服务力。

友好城市合作助推成都国际对外交往中心建设*

仰　铭　王宏禹**

一、引言

成都作为国家中心城市和国家西南地区门户枢纽城市，面临着加快国际对外开放的历史机遇和发展要求。《成都市城市总体规划（2016—2035年）》提出了新时代成都“三步走”战略，其中第二步是把成都建设成为一座具有重要国际影响力的国际门户枢纽城市。《成都市“十四五”国际对外交往中心建设规划》则明确了“十四五”时期成都国际对外交往中心建设的目标、任务和措施，为成都全面提升国际交流合作水平和国际影响力提供了指导。友好城市合作作为成都重要的城市外交方式，对于成都拓展国际交往空间、聚集国际资源要素、提升国际竞争力和软实力都具有重要的影响作用，更是成都建设国际对外交往中心必须大力完善和开发的主要抓手。

成都既是一座世界闻名的千年文化古城，也是中国西部地区的重要中心城市。作为一座努力贯彻新发展理念、积极开展国际对外交往，提升城市的国际影响力和竞争力的后发内陆城市，近些年来在国际友好城市合作（后文简称国际友城合作）与建设国际对外交往中心方面均已取得不俗成就。在国际友城合作方面：截至目前，成都市的国际友好城市达37个，成都市的国际友城合作

* 本文系国家社科基金重大项目（20&ZD147）和对外经济贸易大学中央高校基本科研业务费专项资金资助（ZD5-01）的阶段性成果。

** 仰铭，对外经济贸易大学国际关系学院经济外交研究中心研究助理；王宏禹，对外经济贸易大学国际关系学院教授，对外经济贸易大学国家安全与治理研究院研究员。

城市达70个，成都市国际友好城市和友好合作关系城市总数破百，达到了107个。[①]而在建设国际对外交往中心方面：2022年12月发布的《中国城市对外交往影响力分析报告（2022）》，该报告考察了国内14座城市的外交活力度、经济开放度、对外展示度等表现，将城市对外影响力分为四个梯队，其中成都市位于第二梯队，仅次于上海市和北京市所在的第一梯队。[②]成都市作为一个内陆城市，在城市外交活力度和城市对外展示度方面依然拥有突出表现。

但即便如此，成都作为建设国际对外交往中心的内陆后发城市，仍然存在许多可以改进和向其他城市借鉴的方面，特别是在加强利用国际友城合作，来加快推进建设国际对外交往中心的问题上，仍然存在较大的问题。目前学界对于成都这样的后发国际化的内陆城市应如何利用国际友城合作加快推进国际对外交往中心建设的相关研究依旧较为欠缺，国际国内此方面研究较之国际化程度较高的老牌一线城市如北京、上海等，依然有较大提升空间。基于上述相关研究所面临的缺失和不足，本文将利用国际友城合作为切入点，以提升成都国际对外交往中心建设水平为目标，旨在分析国际友城合作对成都国际对外交往中心建设的影响机制和路径，并提出相应的政策建议。

二、国际对外交往中心建设与国际友城合作

国际对外交往中心是一个内涵丰富而定义较为宽泛的概念。本文所研究的国际对外交往中心是指一类国际化程度较高的大城市，具有众多的涉外组织与机构、国际友好城市、国际商业机构等，能够在地区和全球层面发挥重要作用，是全球资源融通配置的中心，是全球价值链的关键节点，是全球文化交流集散的端口，是城市国际化发展的高级形态。[③]

① 中共成都市委外事工作委员会办公室."成都市国际友好合作关系城市名单". 2023年5月23日。http://www.cdwsgw.gov.cn/ztzl/yhjw/yhhzgxcs/202305/t20230522_104375.html. 浏览于2023年6月5日。

② 新华社新闻信息中心.《中国城市海外影响力分析报告（2022）》，参考消息报社，2022年12月29日，第1–8页。

③ 清华大学中国发展规划研究院，德勤中国，《国际交往中心城市指数2022》，2023–02–10，https://www2.deloitte.com/cn/zh/pages/public-sector/articles/international-exchange-centers-index-2022.html. 访问于2023年5月28日。

具体来说，国际对外交往中心具备以下核心特征：

第一，设立一定数量的外国驻华使领馆、国际组织以及国际办事处等涉外机构，在地区或国际上有一定影响力和话语权。这些涉外机构不仅可以为城市提供政治、经济、文化等方面的信息和服务，也可以为城市提供与其他国家和地区沟通和合作的渠道和平台。

第二，缔结相当数量的国际友好城市，在贯彻执行国家外交政策、促进城市友好交流方面发挥着独特作用。这些国际友好城市不仅可以增进城市间的相互了解和信任，也可以促进城市间的经济、文化、科技等领域的交流与合作。

第三，吸引世界五百强企业等国际商业机构入驻，具备较强的经济实力和竞争力。这些国际商业机构不仅可以为城市带来资金、技术、人才等资源，也可以为城市提供更多的就业、创新、消费等机会。

第四，外事接待频繁，国际交流合作密切，具备连通和服务世界功能。这些外事接待和国际交流合作不仅可以展示城市的形象和魅力，也可以推动城市在全球事务中发挥重要影响。

由上可知，作为国际对外交往中心的核心特征之一，国际友城合作与国际对外交往中心的构建有先天的共生性，而国际友城合作的首要条件就是要建设"数量大、质量高"的国际友好城市关系网络。国际友好城市，外国研究中一般被称为"双胞城市"（Municipal/town twinning）和"姐妹城市"（Sister cities），是两个国家的两个城市之间为了双方更好地进行国际友好交流，经双方城市所在国家中央政府授权批准，通过签订友好城市协议，缔结成为国际友好城市的交往关系。[①]国际友城合作的起源一般认为可以追溯到第一次世界大战后的英国凯里市（现在的爱尔兰凯里市）与法国普瓦市结成的现代意义上的友好城市。[②]而第二次世界大战结束后，欧洲各国为加强各国人民之间的互相了解和合作，开始在全球范围内广泛开展友好城市结对活动。美国著名的"姐妹城市"计划则是受到欧洲友好城市浪潮的影响，于1956年

① Zelinsky, Wilbur. "The Twinning of the World: Sister Cities in Geographic and Historical Perspective." Annals of the Association of American Geographers, vol. 81, no. 1, 1991, pp. 1–31.

② Clarke, N. "Town Twinning in Britain since 1945: A Summary of findings". School of Geography, University of Southampton. Retrieved 29 July 2013.

由美国前总统艾森豪威尔发起。随着欧美各国友好城市结对活动的广泛开展，亚洲、非洲和大洋洲地区的各个国家也积极吸收借鉴欧美成功经验，相继开展了具有各自特色的友好城市合作。[①]

据估计，目前全世界至少有159个国家和超过一万余个城市的地方政府正在参与各种名目的城市结对活动，并且以官方正式的合作协议来维持城际交流合作。[②]国际友城合作早已是提升城市国际化水平及国际交往能力的一种重要且成熟的形式，也是提升地方城市经济社会发展的一个重要手段。[③]国际友城合作之所以能够并且被大多数城市选择作为突破口以提升城市国际交往能力，其原因可以从下列国际友城合作的动机与特点上看出。

当下，标准意义上的国际友城合作，一般被认为必须具备以下几个关联度极高的特点（见图1）。

1.跨国性：一般涉及不同国家的两个或更多的地方政府，互相之间承诺建立联系；

2.官方性：通过签署官方正式协议来巩固合作关系；

3.长期性：协议的签署目的是让合作关系得以长期且无限期地持续下去；

4.多样性：这种关系通常不局限于某一个单一项目；

5.具体性：合作形式往往以具体且实际的项目或案例来呈现。

而通过对当下已有国际友城合作研究文献进行归纳，也可以进一步得出各国合作单位进行国际友城合作的主要合作动机。第一，理想主义动机（Idealistic motivations）：希望促进国家间谅解与和平，巩固历史纽带，表达团结互助，为相对贫困的国家/地区提供国际援助等。第二，经济动机（Economic motivations）：希望发展新的商贸增长途径，如寻找贸易、投资和就业机会。第三，治理动机（Governance motivations）：希望通过交流学习加

① Joenniemi, Pertti and Sergunin, Alexander. “City-Twinning in IR-Theory: Escaping the Confines of the Ordinary.” Journal of Borderlands Studies, Routledge, vol. 32, no. 4, 2017, pp. 423-428.

② Zelinsky, Wilbur. “The Twinning of the World: Sister Cities in Geographic and Historical Perspective.” Annals of the Association of American Geographers, vol. 81, no. 1, Mar. 1991, pp. 1-31.

③ 贾伶：“中阿友好城市发展的现状及前景分析”，《阿拉伯世界研究》，2011年第6期，第45-52页。

强城市治理能力，如借鉴对方城市建设的成功经验等。

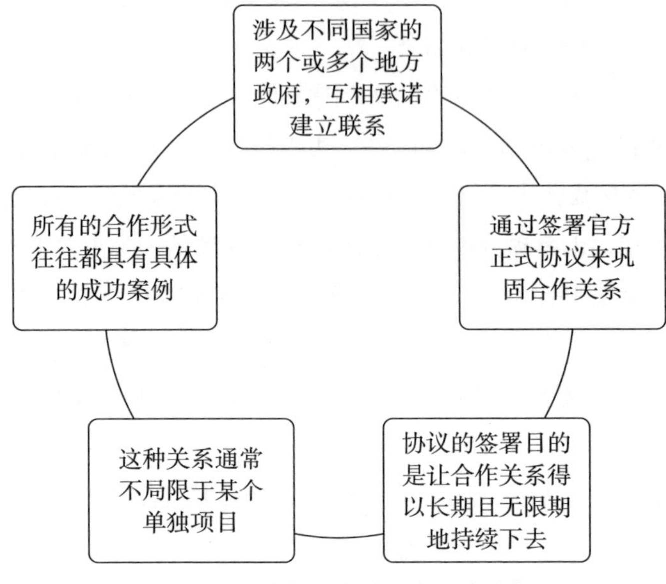

图1　国际友好城市关系合作的特点

资料来源：笔者参考多篇文献自制①

综合上述国际对外交往中心建设的必要条件、国际友城合作的特点、国际友好城市关系构建的动机三个方面来看，建设高质量国际对外交往中心必须要加大国际友城合作力度，而国际友城合作的特点与双方进行友城合作的动机相互作用影响，并且此种影响会最终作用到本地区的国际交往实践，而本地区的国际交往实践往往既受到打造国际对外交往中心任务的约束，也直

① Cremer, Robert D., de Bruin, Anne and Dupuis, Annick. *Characteristics of Formal International Municipal Partnerships*. Public Organization Review, Springer, vol. 1, no. 4, 2001, pp. 427–441.

Tjandradewi, Bima and Marcotullio, Peter J. *Making Intergovernmental Transfers Work for Cities: A Policy Framework for National–Local Cooperation*. Public Administration and Development, Wiley Online Library, vol. 29, no. 2, May 2009, pp. 167–172.

Gibbs, Melissa et al. *Sister Cities and International Alliances*. Australian Centre of Excellence for Local Government, University of Technology Sydney, Dec. 2015.

Zambrano–Gutiérrez, Julio C. and Avellaneda, Claudia N. *Inter–municipal vs. Inter–governmental Cooperation: Their Impact on International Aid*. Public Organization Review, SpringerLink, vol. 22, no. 1, Mar. 2022.

接影响了本地区国际对外交往中心建设的预期与目标。所以从理论层面来讲，国际友城合作无论是从合作城市双方的意愿来看，还是从国际友城合作的特点来看，都无不彰显着其对加快推进国际对外交往中心建设的莫大推动潜力。

三、成都国际对外交往中心建设的进程与得失

成都是我国西部地区重要的经济、文化、科技和交通中心。一方面，从成都本地需求来看，随着成都的城市体量、基础设施建设、经济科技能力的稳步提升以及“一带一路”倡议对成都提出的切实要求，成都未来发展面临提高对外开放水平和建设国际对外交往中心的需求与压力；另一方面，从国家政策和发展大局来看，建设国际对外交往中心是国家明确赋予成都的历史使命，需要成都充当西部地区对外交往的综合枢纽，辐射带动西部周边省市的开放与发展。成都也自改革开放之初，便一直致力于通过各种实践尝试提升自身的国际化水平。例如，早在1981年，成都便与法国蒙彼利埃市结为国际友好城市，并不断依托其进行城市合作与交流。但成都虽然提升自身国际化水平的布局时间较早，但受限于自身地理位置、基础设施及经济发展水平与实际需要等多方面的问题，成都明确提出建设高水平国际对外交往中心的时间相对沿海一线城市来说仍然比较晚。

（一）成都建设国际对外交往中心的三个阶段

本文依据成都自身的规划文件，可以较容易地将成都建设国际对外交往中心的进程概括为以下三个阶段。

1.起步阶段

2016年国家发展改革委和住房城乡建设部联合发布的《成渝城市群发展规划》中明确将成都定义为“国家中心城市、综合交通枢纽和西部地区重要增长极”，明确指示成都建设西部地区的对外交往中心。[①]随着自身需求提升

① 国家发展改革委、住房城乡建设部．“关于印发成渝城市群发展规划的通知”，国家发展改革委，2016年4月27日．https://www.ndrc.gov.cn/xxgk/zcfb/ghwb/201605/t20160504_962182.html。

和国家历史使命的赋予，成都开始统筹协调自身资源，进行对外交往中心的建设。但这个阶段，成都还没有明确的建设规划和方向。

2. 摸索阶段

在2017年成都市召开的第十三次党代会上，成都提出“以新发展理念为引领，打造‘五中心一枢纽’支撑功能的目标，即建设国际化、综合性、现代化的商贸物流中心、金融服务中心、科技创新中心、文化创意中心和生态宜居中心，以及国际门户枢纽”的战略目标。[①]并为此制定《成都国家中心城市建设行动纲要（2017—2025年）》，明确了“吸引国际优质要素、提升国际品牌效应、拓展国际交流合作”等多项重点任务。在2018年举办的成都对外开放大会上，发布了《建设西部对外交往中心行动计划（2017—2022年）》，提出了打造国际门户枢纽、内陆开放经济高地和世界文化名城等三大目标，以及建设“一带一路”重要节点城市等八大任务。而2019年的成都市委第十三届六次全会上通过了《关于贯彻落实党的十九届四中全会精神建立完善全面体现新发展理念的城市现代治理体系的决定》，明确将“建设国际对外交往中心”列为城市发展的首要任务之一。该阶段的特征为成都开始广泛讨论和学习借鉴国际国内经验，并结合自身特点与需求提出众多的建设目标和任务，并且明确将国际对外交往中心建设提升到城市发展战略的高度。

3. 优化阶段

2022年5月，成都立足已有建设成果，抓住“十四五”规划的战略窗口，提出《成都市“十四五”国际对外交往中心建设规划》（以下简称《规划》）。该《规划》提出了诸如：构建“3+6+N”国际对外交往新格局、强调打造多向度战略大通道体系和高效率枢纽体系和加快布局“48+14+30”国际航空客货运战略大通道等贴合成都实际情况且具有实践性的任务目标，明确要求在2035年全面建成具有重要影响力的国际门户枢纽城市。[②]

从成都建设国际对外交往中心的当下成果来看，已经取得了一定的成绩，例如，《规划》中明确指出成都的经济外向度由2016年的22.3%提升至2020

① 成都市规划和自然资源局，《成都市国土空间总体规划（2020—2035）》，2021年，第5-53页。

② 成都市人民政府，《成都国家中心城市建设行动纲要（2017—2025）》，四川省人民政府，2017年6月6日。http://www.sc.gov.cn/10462/10464/10797/2017/6/6/10424532.shtml. 浏览于2023年5月28日。

年的40.4%，而且2022年12月发布的《中国城市对外交往影响力分析报告（2022）》中将成都的外交活力度、经济开放度、对外展示度等指标的综合排名置于第二梯队，仅次于上海和北京所在的第一梯队。①

（二）当前成都与高水平国际对外交往中心的主要差距

成都目前在多个方面仍然距离国际国内的高水平国际对外交往中心有不同程度的差距，这些差距可以被概括为以下五个主要方面。

1. 城市国际交往人才储备与人才队伍建设方面

根据现有调查，当前成都国际交往人员的素质与经验方面相较于国内外高水平国际对外交往中心仍有相当大的差距。例如，政府部门外事干部队伍的学科专业方面有所局限，多数涉外工作人员的专业是与外语语言文学相关，局限于语言文学和翻译，并且仅限于书本知识，缺少与外国领事交际和国际礼宾等方面的实战经验等。②

2. 市政机构国际交往服务与管理的制度、配套设施、能力方面

与其他高水平国际对外交往中心相比，成都下辖的相当部分区县的涉外部门，其编制职能机构设置和配套制度章程不完善且不科学，有的甚至没有专门负责涉外工作的专职人员，涉外岗位编制稀缺，并导致其常由其他非涉外工作岗位人员兼任。相当部分区县遇到涉外工作时，需要临时从其他区县部门抽调人员。最后，由于成都国际对外交往中心建设仍然处于较为初级的阶段，大多非核心区县对国际交往工作的重视程度不够，其涉外干部队伍的年龄、专业、履历方面也需要改善。

3. 国际友好合作城市的资源统筹与合作参与方面

首先，从友好城市数量上看，一方面，成都在国际友城合作方面已经拥有了不俗的成绩。截至2023年6月5日，成都已经与全球五大洲的107个国家建立了国际友好合作关系，其中与37个外国城市结对成为国际友好城市，与

① 新华社新闻信息中心.《中国城市海外影响力分析报告（2022）》，参考消息报社，2022年12月29日，第1–8页。

② 廖敏. “成都市外事部门参与国际对外交往中心建设的问题和对策研究”《四川大学学报》（哲学社会科学版，2022年第3期，第1–9页。

70个外国城市建立了国际友好合作关系，并且成都还在不断尝试扩大友好城市合作网络。另一方面，作为一个深处内地的后发城市，国际友好城市在数量上相比沿海先发城市仍然有较大差距。

其次，从友好城市分布来看，虽然成都的友城合作较为集中地分布于欧美发达国家。这一方面是由于欧美发达国家城市与成都建立友城合作的时间较早，如20世纪80年代的法国蒙彼利埃与美国的菲尼克斯等城市。另一方面是由于早期成都的友城合作，仍以吸引外资和吸收外国城市发展经验为主要导向，更加偏向与发达国家城市结对。但成都受限于后发身份和自身发展水平限制，主要也是和对方相对体量较小、国际化程度较低的城市结对，例如澳大利亚的珀斯市、丹麦的霍森斯等，都是人口规模不足50万的小城市。但随着近年来中国实力的不断提升，以及成都自身发展水平的提高，成都也越来越重视并且积极开拓与非洲和拉美地区国家的友城合作关系，并且开始尝试与新兴发展中国家的大型城市结对以谋求更多的合作机会，如与印度的软件之城班加罗尔结成友好城市。

最后，受制于国际局势和结对双方的实际能力与需求，在成都结交的众多国际友好城市中，有相当部分的友好城市在建立友城关系后，双方的交流合作进程仍然相对迟缓，真正得以落地的合作项目更是十分有限。不同于成都和法国蒙彼利埃或者韩国大邱两城那样较为著名的合作案例，目前成都仍有较大部分的国际友城合作交流不够频繁，活跃度不高，友城资源仍有浪费。甚至对于某些国家或地区的国际友城，成都与其高层建立次交流机制的难度正在变得越来越高，拓展新项目的困难和质疑也越来越多，既缺乏来自友好城市的项目资源，也因对现有项目无法深耕而后劲乏力。

4. 成都外事资源的利用与转化方面

一方面，成都所拥有的外事资源相对丰富。成都目前已经拥有21个国家获批在英设立领事机构、131条国际航线和305家世界500强企业落户。有相当数量的外国人在成都定居、旅游和工作，也吸引了大量外资和与亚欧各国的经贸往来。①另一方面，成都目前对其所拥有的外事资源的整合、利用能力

① 陈建春（主编）.《四川年鉴（2021）》，开放合作卷，四川年鉴社，2021年，第305-332页.

还比较弱。

首先，成都缺乏建立国际对外交往中心所需的高数量、高级别、高活跃度的国际组织群，其现有的国际组织诸如世界大都市协会、世界可持续城市组织等还没能形成规模效应，与成都的合作较少，对成都国际交往建设的促进作用也较为有限。

其次，成都所承办的世界顶尖国际会议、国际赛事较少，还较为缺乏国际知名度和影响力。城市举办国际会议、国际赛事可以提升城市品牌形象、促进基础设施建设、吸引外商投资、促进旅游和经济社会发展。成都市外事部门在承办国际会议、国际赛事方面的经验较少，参与的级别和影响力也较低。

5.地理位置和发展状况方面

从成都的地理位置来看，成都市地处盆地中心，缺乏内河航运和铁路交通的优势，与拥有大江大河水运和铁路交通枢纽的城市如武汉和重庆相比，以及与拥有海运资源的城市如上海、深圳相比，成都的交通运输资源禀赋相对不足，国际交往仍非常依赖于航空运输。

从成都历史发展的角度来看，一方面，成都与早期开放的城市如上海、广州相比，成都对外开放时间相对较晚，经济社会发展相对滞后，这是成都的先天劣势。同时还面临与重庆这个综合实力与地理位置都极为接近的城市的竞争。另一方面，历史发展的滞后也导致目前成都极为缺乏世界500强企业核心部门和超大型本土企业的支撑。尽管成都有较多的世界500强企业在域内设立分支机构，但这些机构的层级较低，往往是服务类或外包类业务，而世界500强企业更倾向于选择北京、香港和上海等地设立总部或核心职能部门。缺乏超大型本地龙头企业支撑也是成都建设国际对外交往中心的重要掣肘：与深圳和杭州等城市不同，成都没有类似腾讯和阿里等本地巨头企业，这导致成都难以获得足够高的曝光度、广泛的吸引力和持久的国际交往需求。

四、影响路径与政策建议

国际友城合作对于城市国际化影响路径的研究，目前国际上已经有了不少成果。例如2000年世界银行发布的《世界发展报告》1999/2000中就明确提出，姐妹城市运动是“地方治理中的‘静静的革命’”[①]。一方面，更贴近本地利益的次国家层面合作会更加方便快捷地给本地带来国际化福利；另一方面，友城合作可以建立两地更亲和的双边关系，增加本地对于友城海外投资的特殊偏好，同时也为承接友城跨国企业创造了有利的民间态度。另外，国际友城合作带来的广泛文化交流效应，还可以提升双方国际交往能力，进一步降低交往障碍，从而在投资过程中降低沟通和交易成本。最后，鉴于中国与众多非东亚文明圈伙伴国家交往中，广泛存在的制度壁垒，友好城市关系带来的亲切感与认同感可以促进中国国际形象的改善。

根据已有研究成果和国际友城合作的动机与特点，本文将国际友城合作的核心影响路径分为以下三条。第一，文化影响路径。主要是通过产生文化交流效应，带来更高的国际交往流量，提升双方民众的理解与认同，从情感角度提升双方国际交往需要，缓解或破除情感及文化认知方面的交往障碍。这一条也是国际友城合作最为根本的一条作用路径，是国际友城合作的招牌特色。第二，制度影响路径。主要是通过双边官方长期、稳定、互利的制度合作，给双方政治、经济、教育、科技等多个方面的合作营造一个可预期的问题制度环境。这一条是促进双方创新深度合作，共同进行一些长周期、高风险建设的最重要信心保障。第三，市场影响路径。主要是双方通过长期大规模的经贸互动往来，建立双方稳固的市场供需关系，加深双方经济的相互依赖，以此让双方共享合作的成果，共担合作的风险，增大破坏合作交往的机会成本，是国际友城合作的现实利益基础。

基于本文第二部分对国际友城合作特点与动机的探讨和第四部分对国际友城合作的影响路径来看，我们可以清晰地梳理出一条国际友城合作对成都建设国际对外交往中心的影响脉络（如图2所示）。

① World Bank. “Entering the 21st Century: The World Development Report 1999/2000.” World Development Report, Oxford University Press, vol. 28, no. 2, 2000, pp. 1–300.

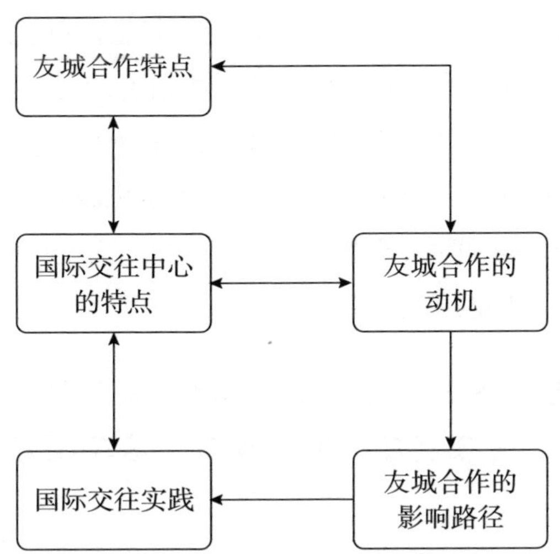

图2 国际友城合作对成都建设国际对外交往中心的影响脉络

资料来源：笔者自制

简单概括图2，即建设好国际对外交往中心必须要加大国际友城合作力度，而国际友城合作的特点决定了双方进行友城合作的动机和友城合作的路径，也在很大程度上影响了本地区的国际交往实践，而本地区的国际交往实践往往既受到打造国际对外交往中心任务的约束，也直接影响了本地区国际对外交往中心建设的预期与目标。

基于上文所探讨的成都国际友城合作的实践得失与成都建设国际对外交往中心所面临的切实问题，本文结合最新发布的《成都市“十四五”国际对外交往中心建设规划》给出对应的政策建议。

（一）开发与把握国际友城合作对于成都培养对外交往人才的特殊优势

上文提到，成都目前在吸引和培养具有国际视野、专业能力和实践经验的人才方面还有不小的缺口。成都也已经意识到了这一点，在2022年发布的《成都市“十四五”国际对外交往中心建设规划》中也明确指出要全面提升国别合作园区人才合作的层级。一方面，借助国际友城合作的人才培养输送的优势，加强与国际友好城市的人才交流和合作；探索与国际友城之间“共育、共引、共用”的国际人才引进管理机制，合作打造国际化人才培养基地和平台，共同推进实施“天府实验室全球高端人才招引计划”，加快组建国际人才资源服务联盟，以期引进更多高层次外籍人才和海归人才。另一方面，也要在国际友城合作实践中，不断建立健全人才激励机制和服务体系，为其提供更多国际交往实践机会和更完善的保障体系，以求更快更好地为成都国际对外交往中心建设提供充足的人才支撑。

（二）国际友城合作带来的长效稳定的合作机会，对市政机构提升国际交往服务、管理制度、配套设施、治理能力方面有较大刺激作用

正如上一部分所提到的，成都目前在市政机构的外事服务和管理水平方面还有待提升，需要完善相关的法规制度、政策措施、工作机制等。而对于涉外服务、设施、能力的提升需要建立在一个高国际交往流量的基础之上，现阶段通过加强与国际友好城市的沟通和协调，可以有效提高成都对外开放水平和效率，最终切实提升成都的国际交往流量。成都应该基于《规划》中提出的“深度融入国家外交大局”的要求，主动争取更多国家与更多城市参与成都国际对外交往中心建设，吸引更多国家在蓉设立领事机构和国际组织办事机构，并且要加强区域外事合作，构建“两地（成渝）”+“四城（成德眉资）”外事交流合作机制，提升成都的体量和应对能力。

（三）加强现有国际友好城市资源的整合利用，积极发展新关系与创新合作方式，尽可能激发国际友城合作的作用潜力

成都目前在利用国际友好城市资源方面还有较大潜力，许多友好城市的优质资源还没能挖掘利用，还需要进一步加强与友城的战略对接、项目对接、资源对接来增强友城合作的把握性，不断拓展合作领域和层次，提升合作质量和效益。基于《规划》中提出的“构建‘3+6+N’国际对外交往新格局”的目标，优化新城区国际交往功能布局，提供良好的政策制度环境来引入国际高端资源，加强经济、文化、科技等领域的核心功能建设。比如，充分利用德国和法国的驻成都总领事馆资源开展领事官员“园区行”“产业行”等互

动考察参观活动；以中德、中法园区建设为载体，为成都相关部门和行业与德国、法国及欧盟国家的高端产业合作搭建国际合作平台。特别是要利用成都在欧洲所拥有的友好城市不仅基数大而且合作较为紧密的特点，一方面要积极推进举办诸如高水平“成都·欧洲文化季”等重要国际文化互动活动等，来提升成都的高质量对外交往流量；另一方面也要充分发挥“中国—欧洲中心”等中外合作平台在招商引资，汇聚资源等方面的作用，出台一系列优惠的政策，积极吸引国际组织、外资企业及创新平台入驻，不断助力提升“中国—欧洲中心”的能量，推动其成为国家级对欧合作平台。

（四）抓住国际友城合作的特点，“以路会友，以友开路”，打造辐射全球的多维交往网络

成都目前在地理位置和国际交往流量方面相对于北京、上海还有一定劣势，需要充分发挥国际友好城市其作为成都开拓国际交往新流量的本地桥头堡作用，将国际友好城市打造为成都进一步拓宽国际交往空间的前进支点，助推成都打造本城国际合作竞争新优势和开放新格局。面对交通运输方面切实存在的先天不足，成都应该基于《规划》中提出的“打造多向度战略大通道体系”的目标，做到以下三点。第一，发掘友好合作关系城市的潜在新航线，助力打造“48+14+30”国际航空客货运战略大通道，不断巩固与优化成都现已取得的航空运输优势。第二，“以路会友，以友开路”将国际友城合作与成都的国际班列建设深度结合，加快布局成都“7+5”国际铁路通道、铁海联运通道等，巩固拓展“西进欧洲、北上俄蒙、东联日韩、南拓东盟”的国际班列网络。第三，随着世界范围内的数字互联互通不断深化，当下的国际交往流量有很大一部分来自信息渠道，提升国际信息交往流量要求成都打造国际直达数据专用通道，数据信息交流需要双边长期、稳定、互信的合作，成都可以先从国际友好城市入手，充分发挥国际友城合作的特点，以期助力打造西部地区“一带一路”重要信息通信节点、数据中心和国际信息港，建设国际性区域通信枢纽。凭借国际友城合作在航空、铁路、信息通道建设方面的特殊优势，快速形成成都辐射全球的多维交往网络，以期早日“全面建成具有重要影响力的国际门户枢纽城市”的远景目标。

参考文献

［1］常舒婷："中日友好城市交往实践分析——以大连市与北九州、舞鹤市的交往为例："《现代交际》，2020年第16期，2020年8月30日，第54–56页。

［2］陈建春（主编）:《四川年鉴（2021)》，开放合作卷，四川年鉴社，2021年，第305–332页。

［3］刁大明，邵静怡："中美城市外交的历史发展与内在逻辑"，《当代美国评论》，2021年第3期，2021年9月15日，第1–182页。

［4］郭锐，许菲："中韩两国城市外交的实践经验与未来发展"，《学术探索》，2021年第8期，2021年8月15日，第55–61页。

［5］贾伶："中阿友好城市发展的现状及前景分析"，《阿拉伯世界研究》，中央编译出版社，2011年第6期，第45–52页。

［6］莫盛凯，陈禹铭："疫情下的京沪国际友好城市外交"，《公共外交季刊》，2021年第2期，2021年6月1日，第32–39页。

［7］彭倞，何非，吴桂平："成都建设国际对外交往中心背景下行政学院（校）开放办学与国际化研究"，《决策探索（下）》，四川省社会科学院出版社，2018年第3期，第76–77页。

［8］吴晓征，王茂军："中国友好城市的时空间演变分析"，《首都师范大学学报》：自然科学版，首都师范大学出版社，2013年第34卷第3期，第1–10页。

［9］新华社新闻信息中心:《中国城市海外影响力分析报告（2022)》，参考消息报社，2022年12月29日，第1–8页。

［10］赵世锋："大外交视域下的中国外交人才培养战略"，《国际展望》，上海国际问题研究院出版社，2009年第1期，第71–79页。

［11］Clarke, N. "Town Twinning in Britain since 1945: A Summary of findings". School of Geography, University of Southampton. Retrieved 29 July 2013.

［12］Cremer, Robert D., de Bruin, Anne and Dupuis, Annick. "Characteristics of Formal International Municipal Partnerships." Public Organization Review, Springer, vol.1, no.4, 2001, pp.427–441.

［13］Gibbs, Melissa et al. "Sister Cities and International Alliances." Australian Centre of Excellence for Local Government, University of Technology Sydney, Dec.2015.

［14］Joenniemi, Pertti and Sergunin, Alexander. "City–Twinning in IR–Theory: Escaping the Confines of the Ordinary." Journal of Borderlands Studies, Routledge, vol.32, no.4, 2017, pp.423–428.

［15］Tjandradewi, Bima and Marcotullio, Peter J. "Making Intergovernmental Transfers Work for Cities: A Policy Framework for National–Local Cooperation." Public Administration and Development, Wiley Online Library, vol.29, no.2, May 2009, pp.167–172.

[16] World Bank. "Entering the 21st Century: The World Development Report 1999/2000." World Development Report, Oxford University Press, vol.28, no.2, 2000, pp.1–300.

[17] Zambrano–Gutiérrez, Julio C.and Avellaneda, Claudia N. "Inter–municipal vs.Inter–governmental Cooperation: Their Impact on International Aid." Public Organization Review, SpringerLink, vol.22, no.1, Mar.2022.

[18] Zelinsky, Wilbur. "The Twinning of the World: Sister Cities in Geographic and Historical Perspective." Annals of the Association of American Geographers, vol.81, no.1, 1991, pp.1–31.

数字时代城市参与全球治理的路径及其对成都的启示

陈　曦*

自全球化兴起以来，全球治理已并非一个全新的话题。和民族国家、超国家组织、跨国公司等一样，城市也是参与全球治理的重要行为主体。在全球化的影响之下，城市具有的资源配置功能显得尤为突出，承担了一定的提供国际公共产品的功能。城市掌握全球经济控制能力，具有跨国网络和资源集聚的节点功能，直接影响到世界体系的管理水平和国际公共政策的落实情况。随着数字时代的来临，城市参与全球治理的方式和路径受到了数字化和信息化的冲击。城市要想继续深度融入全球化，影响全球治理，必然要对数字时代带来的变化作出反应和应对。数据资源、数字新基建和数字技术等数字时代的产物，有助于城市找到新的参与全球治理的路径，实现城市嵌入全球价值链、提升国际影响力、为国家构筑全球竞争力的战略目标。

一、城市参与全球治理的一般路径

不同城市在参与全球治理的深度和广度上有很大差异。一般来说，有能力真正参与全球治理并产生实质性影响的城市，指的是“世界城市”或“全球城市”。弗里德曼提出了“世界城市”的假说，探讨了世界范围内城市体

* 陈曦，法学博士，北京市科学技术研究院助理研究员。

现出的国际劳动分工的空间组织结构，认为世界城市是全球资本组织和协调生产和市场的基点，控制着全球的生产和就业情况。[①]另一名学者萨森提出了“全球城市”概念，这与“世界城市”概念有一定相似之处，本质上都是指在全球化基础上存在的空间载体，但是萨森认为“全球城市”更加强调了全球性生产服务和全球生产服务企业在全球资源配置中的重要性。[②]本文所指的城市，是“世界城市”与“全球城市”的综合体。城市参与全球治理的程度虽然迥异，但路径大体上可以概括为以下三类。

（一）汇聚跨国公司总部和生产者服务机构，融入全球价值链

大城市通常会集聚全球功能性机构，包括跨国公司总部、地区总部、全球生产者服务公司或全球研发机构。还有一些全球业务操作的大平台包括大市场也会扎根于城市。[③]这些全球功能性机构的集聚是城市融入全球价值链的关键。从一定程度上来说，城市在全球价值链中所处的层级地位也决定了它参与全球治理的深度和广度。一个城市如果能够汇聚多家跨国公司的总部和大量从事生产服务的企业，那么其在全球价值链中的地位将不容忽视。这主要是由于跨国公司总部、物流中心以及生产基地等借助于城市这一空间载体，主导全球贸易。产业内贸易和企业内贸易越多，城市空间作用越大。[④]城市嵌入全球价值链的程度越深，影响全球性标准和规则的能力就越强。地理空间上的优势能够转化为更强的能力，参与全球治理。例如，美国纽约就一直积极支持发展总部经济，全球500强企业中有46家总部设在这里。同时，这里还发展了上万家配套的新型服务业企业，包括法律服务机构、管理和公共机构、计算机数据加工机构、财会审计机构、广告服务机构以及研究机构等。联合国总部落户于纽约，与纽约在全球经济中的地位有着重要的关系。正是纽约在全球产业、价值链中的作用，进一步确立了其国际城市形象，更有实力参与全球治理。

---

① Friedmann, J., “The World City Hypothesis”, Development and Change, Vol.17, 1986, pp.69–83.

② Sassen, S., “Local Actors in Global Politics”, Current Sociology, Vol.52, No.4, 2004, pp.649–670.

③ 周振华：“全球城市的理论涵义及实践性”，《上海经济研究》，2020年第4期，第99–108页。

④ 周振华：“全球城市的理论涵义及实践性”，《上海经济研究》，2020年第4期，第99–108页。

（二）利用城市外交参与国际议题的设定，传播政治文化和标准规范

一般来说，具有百万级人口以上规模的城市都有其全球战略，其政策规划和全球议程通常备受瞩目。城市的外交功能和外交策略也决定了其在全球事务中的作用。[①]城市作为次国家行为体，和国家行为一样，可以通过与其他国家同等级别的城市产生互动，或者主导大型外交活动，从而影响外交规则，进而影响国际规则的制定。同时，城市外交也能够推进全球治理本地化，城市外交形成的网络能够填补单一城市参与全球治理的空白。[②]通过外交方式，城市一方面能够保持与世界接轨，另一方面也能够扩散自身影响力，尤其是在政治文化与标准规范方面。城市在外交活动中发挥的政治功能，可以影响全球治理的机制和规则。例如，2015年举世瞩目的巴黎气候大会就可视为法国巴黎一次成功的城市外交。在巴黎气候大会上通过的《巴黎协定》对2020年后全球应对气候变化的行动作出统一安排。在决策过程中，巴黎也作为次国家行为体同样体现出了一定的影响议程、制定新制度的能力。

（三）促进国家全球竞争力的提升，推动全球化进程

城市能够参与到全球治理的过程中，但归根结底，城市首先是内嵌于国家治理之中。城市的发展最直接影响的仍然是国家实力。全球城市促进国家的全球竞争力提升，推动全球化进程，从而影响全球治理的效果和趋势，这种竞争力集中体现在社会和文化上。全球城市对社会的深刻影响主要来自其茁壮成长的公民社会，而在文化方面，外来移民重塑城市的本土化和劳动力市场，产生巨大的影响。[③]实际上，公民社会的建设和移民问题的处理都对城市的吸引力至关重要。引进大量且优质的移民，形成自身的特色品牌和独特

① 董亮："次国家行为体与全球治理：城市参与联合国可持续发展议程研究"，《太平洋学报》，2019年第9期，第35–46页。

② 韩德睿："城市参与全球治理的路径探析——以中国城市为视角"，《区域与全球发展》，2019年第5期，第44–55页。

③ 罗思东，陈惠云："全球城市及其在全球治理中的主体功能"，《上海行政学院学报》，2013年第3期，第86–95页。

的城市文化，具有高度的包容性，这些都是城市竞争力提升的体现，同时也代表了国家全球竞争力的提升，更有益于融入和推动全球化进程。例如，伦敦作为全球城市，有非常强大的公民社会，城市中的外来移民尤其是技术移民比重较高，伦敦因此形成了既有深厚底蕴，又独树一帜的城市社会文化。伦敦在全球政治、金融、文化中的地位几乎可以代表了英国在全球范围内的影响和竞争力水平。

二、数字时代对城市参与全球治理的冲击

随着数字时代的到来，信息化极大地改变了城市的发展趋势，影响到城市的全球性资源配置功能。城市参与全球治理的路径正在悄然发生变化，而这正是由于数字时代的巨大技术变革和数字经济的扩张导致的诸多后果之一。这些冲击主要表现在以下几个方面。

（一）数字经济使城市的“流动空间”范围更广

城市学家曼纽尔·卡斯特提出的“流动空间”概念是以信息网络和快速交通流线为支撑，实现社会要素组织与共享的一种空间形式，其主要建立在人流、物流、资本流和信息流等要素流动基础上。“流动空间”的概念超越了地理地域的限制，更加能够反映出数字时代对城市产生的作用和影响。网络信息和大数据技术的快速发展使城市内部要素聚集与流动进一步加强，空间大数据和要素流大数据为城市空间结构提供了丰富的数据基础。[①]数字经济加速了生产要素的时空交换，扩展了区域发展的场域。一方面，这可能潜在地削弱了城市地缘区位的优势；另一方面，如果治理得当，数据作为生产要素又能使城市的发展产生质的飞跃。数字经济正日益成为经济本身，与传统经济交织在一起，改变商业模式和消费行为。[②]从全球治理的角度来说，

① 喻冰洁等：“大城市空间交互网络的多中心结构特征及形成机制研究——基于流动空间与空间效应的成都实证”，《规划师》，2021年第21期，第66–74页。

② Harpaz, A., “Taxation of the Digital Economy: Adapting a Twentieth–Century Tax System to a Twenty–First–Century Economy”, Yale Journal of International Law, Vol.46, No.1, 2021, pp.57–101.

城市由于数字经济的快速发展，流动空间的拓展，更深程度地卷入全球化进程，参与全球治理将从过去仅仅是一项为城市发展锦上添花的选项成为城市实现未来可持续发展而必须采取的行动。数字经济带来的社会流、经济流和信息流高度融合，生产要素的流动促使城市必须将自身定位于更广阔的空间之中。

（二）数字经济对产业和价值链的发展带来巨大的影响

数字技术是数字经济的基础，其独特渗透赋能效应衍生出了数字化产业和产业数字化两种产业形态。数字经济下产业的新形态也加速了全球价值链向数字化转型，改变了全球价值链的分工形态与分工地位。[①]从国家的层面来说，借助全球化环节配置，一个产品经由众多国家，由数字技术加持各国流程环节配置，助推全球化产业链群生态体系高效运转。可以说，数字技术引发的新产业革命将深刻重塑全球产业链群生态。[②]城市正是全球产业链群生态体系中的一个个关键的节点，掌握着每个环节数字技术赋能的程度，由此形成的城市网络掌握着全球产业链的命脉。但是，作为每个节点上的城市并非不可取代。如果不能及时有效掌握技术前沿及其他创新成果，城市在全球产业和价值链中的地位很有可能快速被其他等量的行为体取代或超越。新一轮科技革命和产业革命正在重构全球创新版图和经济格局。在数字经济的冲击下，城市在产业和价值链向数字化转型的过程中，必须把握趋势，提升能力，因此面临的挑战和压力也会更大。

（三）数字技术能够很大程度上影响城市的“软实力”

“软实力”虽然通常是指国际关系中，一个国家除经济、军事实力外的第三方面实力，如文化、价值观、意识形态等方面的影响力，但在全球治理的框架下，城市作为次国家行为体，其软实力也十分重要，不容忽视。数字

① 阳镇，陈劲，李纪珍：“数字经济时代下的全球价值链：趋势、风险与应对”，《经济学家》，2022年第2期，第64–73页。

② 占晶晶，崔岩：“数字技术重塑全球产业链群生态体系的创新路径”，《经济体制改革》，2022年第1期，第119–126页。

技术的发展对城市的软实力有直接和明显的影响。数字技术使城市向数字化、智能化转型，但在这种转变的过程中显然离不开人作为主导者的身影，终究要体现出不同城市的人文特点。利用数字技术打造智慧城市是参与全球数字治理的重要方式。城市势必要探索一条能够保持以及发挥“软实力”的道路，以进一步扩大在区域和全球范围内的影响力。数字技术此时俨然是一柄双刃剑，既有可能放大城市已有的“软实力”，也有可能导致城市在治理上同化严重，失去自身特点。如何成功利用数字技术提升吸引力、凝聚力和创造力，是城市未来参与全球治理需要面对的问题。

三、数字经济影响下的新路径

数字经济对城市治理的方方面面产生冲击显然是不可避免的。但是，数字经济也为城市融入全球化、参与全球治理提供了新的思路和工具。实际上，数字技术的迅速发展是数据要素能够充分使用的前提条件，与实体经济深度融合可以为传统产业的转型升级赋能。同时，利用数字经济的红利，城市可以进一步加深参与全球治理的程度。由于国家内部发展的不平衡性，在全面利用数字技术等方面易有迟滞性。从这一点上来说，城市捕捉数字经济带来的机遇比国家更为敏捷，尤其是大城市能够很快做出政策法规等方面的调整，适应数字时代的变革。

（一）利用数据资源优势深度嵌入全球价值链

大城市通常掌握着海量的数据资源，这些数据资源是数字经济的重要基础，作为生产要素的同时，也在参与分配。数字时代，掌握优质的数据资产就有可能成为全球价值链的主导者。[①]数据资产也决定了未来领军企业的战略选择和商业模式，分流传统企业对全球价值链的掌控力，改变全球价值链不同环节的战略性及其增值率。许多大城市已经意识到了数据资源和数据资产

① 中国社会科学院工业经济研究所未来产业研究组，《影响未来的新科技新产业》，中信出版社，2017年。

的重要性，加紧建设数据中心，以期能够在全球价值链中占据更有利的位置。以东京为例，近年来其数据中心设施规模正在快速扩张。增加数据中心建设的首要原因是日本国内的通信量扩大，而另一个重要原因是日本位于北美和亚洲两个大陆之间，承担了美国IT企业如Meta、谷歌等的数据流动中转站。尽管东京电力成本高昂，但为了能够将产业数字化转型加速、提高竞争力、吸引海外人才，东京仍然在大力发展数据中心。①

（二）利用数字经济吸引国际组织落户以及发展友好城市

吸引国际组织入驻是近年来推动城市发展的新途径。这可以视为传统城市外交的升级，也是城市参与全球治理的直接方式。城市吸引国际组织落户，可以提升国际化水平，推动资源整合，并使所在国家获得主场优势。国际组织的落户可以给城市带来间接而长期的收益。②通常认为一个城市能够吸引国际组织落户，主要依赖于其良好的基础设施建设、优越的交通位置、安全且包容的社会环境、政府的政策支持以及人文教育水平的出众。但是，随着数字经济的渗透，城市的数字化程度会越来越成为能否吸引国际组织落户的重要条件。城市能够通过大数据资源的整合，找到自身的特点，吸引最适合的国际组织落户。以香港为例，其致力于发展数字经济，再配合其稳健的法律制度，成为保障新兴金融和数字经济可持续发展的城市典范。因此，香港一直是国际金融组织和国际法律组织青睐落户的热门城市，也是许多国际组织办事处的落户之处。

（三）利用数字技术提升治理能力，构筑全球竞争力

城市的全球竞争力在很大程度上决定了城市甚至国家参与全球治理的话语权是否强大，而治理能力是构筑其竞争力的基础。数字技术对于城市治理的影响日益加深，正在向数字城市的方向转变。数字城市建设和治理需要数

---

① 日经中文网，“东京圈数据中心急剧增加，规模将逼近北京”，2023年4月13日，https://www.163.com/dy/article/I287V0NT0511RIVP.html.

② 于宏源，练姗姗：“共商共享全球治理：吸引国际组织入驻成为城市发展新路径”，《上海城市管理》，2017年第1期，第47–51页。

据联通和数据共享，由此实现城市不同区域和不同城市之间的融合。[①]通过数字技术加速全球城市网络的形成已不再仅仅是一个设想，但是这对城市的治理能力也提出了新的要求。许多西方国家提出的数字政府建设规划，都倾向于走“利用技术赋能、以用户为中心、数据驱动整体治理”的路径。例如，新加坡作为城市国家提出“智慧国2025计划”，利用互联网、物联网、数据分析和通信技术，旨在提升民众生活质量、增加商业机会、促进种族团结。在实践当中，新加坡对数字技术的成熟运用体现在疫情期间的治理过程中。新加坡采取技术化手段追踪感染者和密接者，以数据的变化作为防控逻辑的基础。[②]新加坡的做法受到国际社会的普遍认可，因此也使其在全球卫生治理相关事务中的话语权有了明显提升。

四、对成都参与全球治理的启示

在《2022中国数字经济发展研究报告》中，成都在“2022数字经济城市发展百强榜”中位列第六，在新一线城市中排名第一。随着成都的国际知名度不断提升以及城市实力的快速发展，成都的全球化进程在加速。未来成都能够深度参与全球治理的机遇正在悄然增加，成都应当把握住在数字经济城市发展方面的先发优势，拓展参与全球治理的路径。

第一，立足先进数字产业，在细分产业深度嵌入全球价值链和产业链核心。成都在数字产业发展上已位居全国前列，但要是想在全球价值链和产业链中地位进一步上升，更多地参与到全球治理中，还可以从三个方向上取得突破。首先，加强“链主”企业建设，推动集群产业发展，在细分领域抢占全球领先地位。“链主”企业能够发挥引擎作用，带动整条产业链和价值链的整合力和掌控力。成都已有成功案例可借鉴，如京东方作为牵引“链主”企业，吸引全球发光材料企业加入全产业链。成都的数字产业在建圈强链的过

① 龚奕，李志男，张微：《数字经济大变局》，中国出版集团，2023年，第204页。

② 刘嵩，“新加坡正成为全球疫情治理的‘实验室’”，2021年10月8日，https://www.thepaper.cn/newsDetail_forward_14809187，访问时间2023年5月28日。

程中可以采用此种路径。其次，在吸引跨国公司落户的基础上，完善配置生产者服务机构，提供更完善的数字化服务。截至2021年底，落户成都的世界500强企业已达312家。[①]围绕这些大型企业提供更加先进、全面、周到的数字化服务会是未来的重要发展方向。因此数据中心、金融科技公司等配套服务机构应及时跟进布局。最后，推动本市中小企业成为具有包容性的全球价值链中不可或缺的一环。中小企业在很多细分产业中占有重要的位置，创新灵活度较高，同时能够吸纳大量就业。从目前B2B的普及程度来看，中小企业融入全球价值链已具备相当成熟的条件，对于城市实力的整体提升也是坚实的保障。

第二，利用大数据等，进一步发掘能够吸引国际组织或国际会议的本土资源。成都国际交流合作不断深入，2022年国际友城和国际友好合作关系城市达105个。[②]成都还在2019年成功引入首个落户本市的国际组织总部——亚洲体育舞蹈联合会。这些都是成都在发展对外关系上取得的重要成就。成都提出的“推动国际体育组织的区域总部落户成都”的工作目标颇具前瞻性，如能充分利用大数据等先进的数字技术，成都可以进一步发掘具有一定群众基础的体育项目或文化艺术项目，吸引相关国际组织落户。实现这一目标可通过多举办相关的国际会议或赛事作为前期铺垫，积累经验，汇集关注度。

第三，抢占数字经济先机，进一步打造“全球网红城市”，提高城市在全球网络空间的软实力。城市在网络空间的软实力十分重要，它不仅影响到整个城市的对外形象，在全球网络空间中，甚至可以直接影响所在国家的声誉。成都的创新环境、文明程度和对诸多“亚文化”的包容度是成都能够在国内众多大城市中脱颖而出，有潜力升级为“全球网红城市”的重要条件。成都长期以来开放、包容、文明的城市形象值得进一步通过数字化包装在全球网

---

① 成都日报，“从本土世界500强看成都3个剖面”，2022年8月4日，http://cdxjj.chengdu.gov.cn/xjjfzw/c001001/2022-08/04/content_aae8bc53b92d4e4e9d6b1f75d3eb7f79.shtml，访问时间2023年6月13日。

② 成都市产业发展报告，《成都市产业发展白皮书（2019）》，2019年9月20日，https://cddrc.chengdu.gov.cn/cdfgw/ztlm028001/2019-09/20/content_09a448677d2641c784a111e50b68819d.shtml，访问时间2023年6月13日。

络空间中推广。利用文创产品、影视剧、游戏等易于在网络传播的产品，可以有效塑造成都的对外形象。成都在全球网络空间的知名度、享誉度的提升能够提高城市整体的软实力，有利于今后影响相关的全球议题。

五、总结

数字时代的冲击带来的影响还在持续发酵。数字经济不仅改变着城市的运行方式和治理模式，也同样影响城市参与全球治理的途径。城市一般参与全球治理的方式主要有吸引跨国公司总部和全球生产服务公司以融入全球价值链，通过城市外交参与国际议题设定扩大政治影响力，以及在社会文化等方面提升全球竞争力等方式。然而，数字经济带来的冲击广泛而深刻，不仅让城市的“流动空间”更为广阔，还使城市的产业和价值链加快向数字化转型，并使城市提升“软实力”的压力增加。城市之前参与全球治理的途径虽然仍然发挥着重要的作用，但不可否认的是，再谈及这些时已经无法绕开数字经济或数字技术的影响。只要是受益于全球化，并融入其中的大城市必然选择做出应变之策。数字时代城市参与全球治理的新途径包括但不限于利用数据资源进一步融入全球价值链，利用数据资源吸引国际组织落户及发展友好城市，以及利用数字技术提升治理能力等。由于数字技术发展日新月异，这一探索也仅仅是一个开始。具有全球视野的城市必然会利用数字经济带来的机遇，加大参与全球治理以及全球化的力度。成都市正在向全球城市的方向快速发展，利用数字时代带来的发展机遇，成都市有潜力进一步提升城市竞争力，更加深入地参与全球治理。

参考文献

[1] Friedmann, J., “The World City Hypothesis”, Development and Change, 1986, 17, pp.69–83.

[2] Sassen, S., “Local Actors in Global Politics”, Current Sociology, 2004, 52(04), pp.649–670.

[3] 周振华：“全球城市的理论涵义及实践性”,《上海经济研究》，2020年第4期，第99–108页。

［4］董亮：“次国家行为体与全球治理：城市参与联合国可持续发展议程研究”，《太平洋学报》，2019年第9期，第35–46页。

［5］韩德睿：“城市参与全球治理的路径探析——以中国城市为视角”，《区域与全球发展》，2019年第5期，第44–55页。

［6］罗思东，陈惠云：“全球城市及其在全球治理中的主体功能”，《上海行政学院学报》，2013年第3期，第86–95页。

［7］喻冰洁等：“大城市空间交互网络的多中心结构特征及形成机制研究——基于流动空间与空间效应的成都实证”，《规划师》，2021年第21期，第66–74页。

［8］Harpaz, A., “Taxation of the Digital Economy: Adapting a Twentieth-Century Tax System to a Twenty-First-Century Economy”, Yale Journal of International Law, 2021, 46(01), pp.57–101.

［9］阳镇，陈劲，李纪珍：“数字经济时代下的全球价值链：趋势、风险与应对”，《经济学家》，2022年第2期，第64–73页。

［10］占晶晶，崔岩：“数字技术重塑全球产业链群生态体系的创新路径”，《经济体制改革》，2022年第1期，第119–126页。

［11］中国社会科学院工业经济研究所未来产业研究组，《影响未来的新科技新产业》，北京：中信出版社，2017年。

［12］日经中文网，“东京圈数据中心急剧增加，规模将逼近北京”，2023年4月13日，https://www.163.com/dy/article/I287V0NT0511RIVP.html，访问时间2023年5月29日。

［13］于宏源，练姗姗：“共商共享全球治理：吸引国际组织入驻成为城市发展新路径”，《上海城市管理》，2017年第1期，第47–51页。

［14］龚奕，李志男，张微：《数字经济大变局》，中国出版集团，2023年，第204页。

［15］刘嵩，“新加坡正成为全球疫情治理的‘实验室’”，2021年10月8日，https://www.thepaper.cn/newsDetail_forward_14809187，访问时间2023年5月28日。

［16］成都日报，“从本土世界500强看成都3个剖面”，2022年8月4日，http://cdxjj.chengdu.gov.cn/xjjfzw/c001001/2022-08/04/content_aae8bc53b92d4e4e9d6b1f75d3eb7f79.shtml，访问时间2023年6月13日。

［17］成都市产业发展报告，《成都市产业发展白皮书（2019）》，2019年9月20日，https://cddrc.chengdu.gov.cn/cdfgw/ztlm028001/2019-09/20/content_09a448677d2641c784a111e50b68819d.shtml，访问时间2023年6月13日。

V ►▷ 国际形象篇

2022年国际媒体中的成都国际形象：欣欣向荣的活力之都

欧 亚 郑 阳*

成都市《成都市“十四五”新经济发展规划》的出台，确立了成都以“五个坚持”为支撑的城市发展目标，并明确了2035年远景目标和2050年远景展望。这一目标体系既为成都响应国家和区域战略提供了政策支撑，也为成都凸显城市特色和比较优势打下了占位高地，助推天府推进有益国际传播格局的构建。在此背景下，成都在国际媒体中也进一步展现了多元丰富的城市形象。

一、数据来源与研究方法

研究将成都作为研究对象，在LexisNexis新闻数据库平台中使用“Chengdu”作为关键词进行检索，收集时间节点处于2022年1月1日至2022年12月31日的相关新闻。为确保所采集数据为海外新闻媒体所发布的信息，研究者在关键词检索时，排除了如《人民日报》、新华社、《环球时报》等中国媒体的多语种新闻报道以及PR News Wire等公关新闻机构发布的新闻通稿。筛选后结

* 欧亚，外交学院北京对外交流与外事管理研究基地执行主任、研究员，外交学院外交学与外事管理系副教授；南京大学2022级研究生郑阳，外交学院2020级本科生廖晨珺、刘旭蕾、张泽琼协助筛选并初步分析了新闻文本数据，一并表示感谢。

果显示，2022年国际媒体对成都的报道主要集中于英语、德语、西语及法语四种语种，共计2614条，其中英语语种新闻占比最大，约达42%，德语与西语次之，各约占26%与21%，法语较三者占比较少，约计11%，具体数量如表1所示。

表1　研究样本语种分布

报道语言	新闻数量（篇）	数量占比（%）
英语	1096	42
德语	675	26
西语	560	21
法语	283	11
合计	2614	100

确定分析样本后，为便于后续定量分析的开展，研究首先使用翻译软件将多语种新闻统一为英语，后使用WordStat9软件通过等级聚类分析方法对新闻文本进行了主题聚类分析，并结合定性研究，进一步分析了国际媒体新闻报道中的成都国际形象。

二、2022年成都国际新闻报道传播特征

总体来看，成都在2022年国际新闻报道中呈现的国际形象展现了城市良性的发展态势，具有以下突出的特点。

第一，城市身份和城市标识突出。城市建构和传播国际形象的基础是确立城市身份，形成独特的城市形象标识。成都作为西部特大中心城市，是引领区域发展、提升极核主干功能的重要城市之一。2020年1月3日，习近平总书记在中央财经委员会第六次会议上发表重要讲话时强调，要推动成渝地区双城经济圈建设，在西部形成高质量发展的重要增长极，进一步彰显了成都的西部地区牵引力和发展支撑。国际媒体对于成都的报道同样构建了成都作为西部头部城市的战略特征。WordStat9词频分析结果显示，在有关成都的报道中，“四川省省会”（capital of Sichuan Province）与“中国西部城市”（Southwest

China）是最经常与成都一起出现的限定语。这显示，国际媒体的报道反映和认可了《成都市城市总体规划》对成都作为“四川省省会、国家中心城市、国际门户枢纽城市”的城市战略定位。

2022年国际媒体也塑造和传播了成都充满活力和欣欣向荣的发展态势。例如，国际媒体报道了成都的新地标：天府新区的成都新世纪环球中心。吉尼斯世界纪录更新了关于全球建筑高度的数据，确认了位于迪拜的哈利法塔（Burj Khalifa）作为目前世界上最高的独立式建筑的地位。国际媒体在报道哈利法塔时，常将成都新世纪环球中心作为对照。这是因为哈利法塔具有惊人的纵向高度，而成都新世纪环球中心是世界上横向建筑面积最大的单体建筑物。这个集游艺、展览、商务、传媒、购物、酒店于一体的多功能建筑吸引了国际媒体关注和赞誉，例如德国媒体*Salzburg News*就评价成都新世纪环球中心在某种程度上是“所有购物中心之母”（mother of all shopping malls）。[①]值得指出的是，在2011年，成都也因天府机场和绿色建筑获得了国际媒体的关注。

第二，体育赛事话题度高。成都世乒赛团体赛是世界乒乓球水平最高、规模最大的赛事之一，也是2022年继北京冬奥会和冬残奥会之后，在中国举行的重要国际级体育赛事。WordStat9统计结果表明，2022年成都世界乒乓球团体锦标赛吸引了国际媒体的大量报道，有关杜塞尔多夫（Dang Qiu）和贝格诺伊施塔特（Benedikt Duda），以及蒂姆·波尔（Timo Boll）和迪米特里·奥恰洛夫（Dimitrij Ovtcharov）的报道聚类系数分别达到了0.786和0.657，具体频次达到了3896和1289次。由于德国选手表现不俗，一路闯入决赛，德国媒体尤为关注此次世乒赛，详细报道了赛事日程和赛事战况，采访了参赛选手。除了对赛事及选手的报道外，德国媒体也没有吝啬赞赏赛事的东道主，对成都城市形象进行了正面报道，例如，德媒《科隆市新闻》（*Cologne City Gazette*）将成都与纽约比肩，形容成都是“一个像纽约的繁华商业城市”，并将比赛场地——成都高新区体育中心描述为“一个巨大的展览中心”。[②]

① “*Slimmer, More Slate and More Expensive*”, *Salzburg News*, November 4, 2022.

② “*Two Golds for Mister Triceps; Ingo Cremer, JVA Employee in Euskirchen, was at the World Police & Fire Games*”, *Cologne City Gazette,* August 11, 2022.

第三，突发性事件受关注。2022年9月5日，四川省甘孜藏族自治州泸定县发生6.6级强烈地震。自然灾害是新闻报道的“硬”新闻类型之一，此次地震震级较大，造成部分人员伤亡，引起国际媒体的广泛关注与报道。成都作为地震灾区的省会城市和支援大后方，也成为海外媒体报道的重点关注城市之一。根据WordStat9分析结果，泸定县地震的聚类系数达到0.509，提及频次累计3034次。在定位震源时，成都常作为参考系城市出现，印证了前文关于成都作为西部地区龙头城市的分析；其次，多家国际媒体报道了成都在地震发生后对于泸定县的物资援助和人员搜救行动，例如《CE财经新闻》（*CE Noticias Financieras*）对成都“派出了1000多名搜救人员进行搜救活动”的新闻报道①。最后，国际媒体也关注成都市本身的安全问题，多篇报道提及成都在地震中所感受到的强烈震感，并引用了成都居民震后在社交媒体发布的帖文内容。

三、2022年成都城市国际形象传播的现状分析

中国城市的国际形象是中国国家形象的重要组成部分，中国城市国际传播是中国国际传播的有力支点。深入分析2022年国际媒体报道中的成都国际形象，有以下几点发现。

第一，成都尚未形成城市传播优势。塑造与传播城市形象离不开地理环境、历史底蕴、人际往来等一系列行为活动的交错影响。就国际社会的角度而言，城市的国际形象的建立和传播也是一座城市当前经济发展水平与社会进步水平的综合体现。成都作为新一线城市，与定位或发展程度相近的城市在吸聚国内外高端资源方面都存在一定的竞争关系。鉴于传播实质上就是对于受众注意力的获取，城市国际传播的过程，从某种意义上说，就是成都向国际社会展示自己“卖点”的过程。全球著名城市评级机构GaWC以其独特视角对城市进行Alpha，Beta，Gamma，Sufficiency（+/–）划分（全球一、二、三、四线），以表明城市在全球化经济中的位置及融入度。根据GaWC于2020

① “*China: At Least One Dead after Sichuan Earthquake*”, *CE Noticias Financieras English*, June 1, 2022.

年发布的世界城市排名，成都作为Beta+行列城市，位列第59位，与其相近的是居于Beta行列中的天津、南京、杭州、重庆四座城市。以相同的搜索和筛选条件在Lexis数据库中收集后四所城市的报道数量后，研究发现2022年国际媒体对于天津的报道数量达到了2007条，南京1332条、杭州1015条和重庆2157条。通过国际媒体对于城市的报道数量进行横向对比可以发现，即使成都的世界城市排名高于后四座城市，但是成都在国际媒体的显度并没有取得明显的优势，尤其是成都与重庆作为西部地区的双核城市，享有同等的战略地位，并且在国际媒体上的“美食之都”“休闲之都”的宣传特征也较为同质，国际媒体报道数量的接近也侧面反映了成都塑造个性化标签，以打造差异化城市形象的重要性。

第二，有关成都的传播议题缺乏稳定性。通过对2021年国际新闻中的成都城市形象分析可以发现，2021年成都国际新闻报道的关键词是“大熊猫”“超高速”与“数字货币”，国际媒体集中报道了成都熊猫在国外动物园的产崽情况、成都即将布局超高速磁悬浮列车的最新消息、央行数字货币首批试点落户成都以及虚拟货币“比特币”在成都的“挖矿”活动。然而，在2022年的国际新闻报道中鲜见上述新闻议题或者类似能够持续传播成都“可亲可爱”的文化形象和“高科技”形象的议题，这在一定程度上反映了成都国际形象缺乏相对的稳定性。话题的多元化虽然可以更加全面广泛地展现成都多面魅力，但是国际媒体对成都报道议题的分散和多变或难以在国际受众的头脑中建立有关成都一致和连贯的城市形象。

第三，成都国际媒体形象与预期塑造的形象之间存在一定的差异。将成都在国际媒体上呈现的城市定位与成都官方定位相比较可以发现，成都市在媒体中的城市形象与成都市官方政府文件所体现的成都市官方城市形象有所差异，两者所强调的侧重点不同。国际媒体中成都的城市形象主要侧重点在文体娱乐方面，比如美食之都和国际体育赛事城市等，体现的是成都市本身的城市特色。但根据成都市颁发的《成都市“十四五”新经济发展规划》（以下简称《纲要》）等官方政府文件可以发现，成都的城市定位方向是“践行新发展理念的公园城市示范区、泛欧泛亚有重要影响力的国际门户枢纽城市”，其侧重点主要在经济产业、绿色发展、交通运力等方面，传达的内容更多的是关于成都市的城市发展目标，集中体现了成都市政府想要扩大成都市在国际上的影响力与知名度的设想。

四、基于成都国际形象传播现状的策略建议

当前国际传播格局正在经历新一轮的加速重构，在此背景下，城市国际传播也由原来简单的宣传与推广进一步提升到了对城市优质资源进行优化配置的战略高度。基于前文的分析，成都未来城市国际形象传播工作或可从以下几点发力。

第一，以城市发展战略为统领。成都市政府在《纲要》中明确了成都市未来五年的发展目标，这些发展路径既指明了成都未来的实践方向，也将城市国际传播能力建设融合进了成都的发展能力的考量范畴之中。借助这一共识理念和目标，各领域各部门能够更好凝聚合作，以一致的步调建立成都外宣的统筹联动机制，整合传播资源、集聚各方力量推动天府文化的对外传播。同时,《纲要》中包含的以新发展理念为引领、以高质量发展为主题等城市战略是新时代背景下的发展蓝海。通过深挖新兴领域，能够有利于成都抢占发展高地，在丰富的城市资源中挖掘成都个性化、高流量的形象要素，围绕差异化优势要素进行国际传播，强化成都的城市品牌特质。激活城市国际传播对城市经济发展的辐射带动效应。

第二，以目标受众需求为导向。城市的发展战略作为城市国际传播的顶层设计，为国际传播指明了发展方向。然而，城市的发展战略涵盖范围广泛，因而在具体落实发展愿景的过程中，还需将实际的国际竞争环境纳入考量范畴。国际出版界有句俗话叫“故事驱动国家”，一座城市的传播也同样如此。越能让听众愿意去聆听城市的故事，世界对其了解就越多。因此，在未来的国际传播工作中，外宣机构需要进一步针对性探求目标市场与受众的需求，以需求为导向确立国际传播的核心要素。基于该需求打造区隔于其他同行列城市的差异点，发挥城市特色在全球竞争中的关键作用，并以受众需求为主线，进行创意化表达、精准化传播，诠释和推广城市发展的价值要素，从而推动城市形象国际传播由工具层面向价值层面转化。

第三，以世界赛事名城为品牌。有数据显示，国际体育赛事和重大节事活动是国际传播中曝光度最高的品牌项目之一，也是克服西方“坏消息才是好新闻”新闻价值观的有益话题之一。同时，大型赛事活动也是集中展示城市风貌、多层次传播城市信息的关键媒介，能够产生独特的传播效应。因此在国际社会积极利用重大赛事报道，是激活成都城市发展动力、建构良好国际形象的重要砝码。2023年，成都成功举办第31届世界大学生夏季运动会、世界体育舞蹈节、国际篮联3×3世界巡回大师赛等多项高规格、国际化和市民友好型的国际赛事，应该加大力度打造世界赛事名城IP，以赛兴城，主动利用赛事节点设置国际传播议题，在传播中塑造城市形象，在塑造中提升城市品质，推动城市高质量发展。

第四，以城市应急公关为要点。尽管国际媒体在有关泸定县地震的大量灾情报道中频繁提及成都并非以损害成都为目的，但长时间高强度大范围对灾情的连续报道，一定程度上会给国际受众在心理层面留下消极印象，客观层面上给成都“天府之国”“宜居城市”“乐活城市”城市形象带来一定的负面影响。因此，全面建设城市针对突发事件的应对能力，改善城市面对突发事件的应对方式，吸取国内外有益经验，提升响应能力是当前城市国际传播中一个较为迫切的问题。良好的应急公关也能够为成都树立良好的国际形象提供巨大的传播力，为成都的国际化传播提供良好的契机。

第五，以社交媒体为突破口。信息技术的加速革命正在持续颠覆传统的国际传播形态，网络信息媒介资源的多样性丰富了国际传播渠道和传播场景，打破了传统的时空形态。社交媒体作为互联网背景下大众的主要信息来源，挑战了国家信息发布的垄断渠道地位，成为国际传播不可忽视的媒介系统。同时，在主流媒体仍然被西方主导的情景下，社交媒体作为新赛道是成都实现国际传播弯道超车的重要路径。因此，除了在传统媒体上发力外，成都的国际传播需要大力拓展互联网传播。需要注意的是，网络社交媒体的传播逻辑与传统纸媒存在明显差异，其中专业性要素比重下降，情感性要素比重大幅增加。熊猫的形象憨态可掬、可爱友善，满足了海内外观众在高速运行、压力巨大的现代社会中寻求“治愈”和“温暖”的心理需求，是成都独特鲜明的城市形象符号。国际传播实践也证明，大熊猫是能够提升国际传播亲和力的文化传播内容。例如，中央电视台推出的以大熊猫为主题的网络频道——iPanda熊猫频道，每个视频只有几十秒，但单个视频浏览量可以达到25.4亿。很多外国网友看了视频后纷纷留言“我要去中国，我要看熊猫”。成都可考虑更好地布局新媒体传播，不仅可以加大社交媒体平台在传播格局中的参与比重，还可以将社交化、情感化的新闻要素纳入传播之中，重点关注国际受众内心的情感需求，加强双方的情感互动，搭建国际受众与成都的情感桥梁。

良好的国际形象，不仅是一座城市政治、经济和文化水平的综合体现，更是城市综合竞争力的核心要素之一。通过对2022年国际媒体对成都的报道数据进行对比分析能够看到，尽管国际媒体对于成都的报道缺乏议题稳定性，与官方定位有所出入，但国际媒体对于成都的整体发展态势有着相当程度的认可，“世界赛事名城”的形象定位逐步显现。未来，成都城市国际形象的对外传播应立足于城市发展纲要，加大对话题新闻的传播力度，强化网络媒体传播作用，丰富传播内容，根据受众调整传播重点，促进城市国际形象的不断优化和提升。

2022年成都的国际知名度和美誉度研究
——以国际排行为例

王 丹 孙敬鑫*

成都是开放型经济高地、国际门户枢纽城市。让成都更好地融入全球发展、参与全球发展、共享全球发展，是新时代新征程上成都国际传播工作的重大使命。"跳出成都看成都""跳出成都讲成都"，才能提高成都与世界对话、与全球交流的能力，更好地让世界读懂成都。笔者通过系统梳理成都2022年在国内外一些专业排行中的表现，总结成都与其他全球性城市的比较优势和相对差距，并在此基础上提出一些思考。

一、海外机构排行中的成都

近年来，成都越来越多地登上国际排行的榜单，整体的位次也不断提升，从一个侧面彰显了成都的国际影响力。

全球城市综合排名。2022年10月，由科尔尼咨询公司联合国际顶级学者与智库机构联合发起的2022全球城市指数报告正式出炉，该报告包含的"全球城市综合排名"中，成都较2021年排名上升5位，居全球第83名（见表1），在全国（除港澳台地区）仅次于北京、上海、广州、深圳、杭州，紧随其后

* 王丹，中国外文局当代中国与世界研究院传播中心副主任；孙敬鑫，中国外文局当代中国与世界研究院副院长。

的南京、武汉、天津和西安分别排在第91名、92名、95名和100名。成都的提升，主要是因为文化艺术展览数量和质量的提升。可见，成都的人文发展已经成为其标志性的名片。

表1　2017年以来成都全球城市综合排名情况

时间（年）	2017	2018	2019	2020	2021	2022
排名	88	89	89	87	88	83

（表格为笔者自制）

2022全球创新指数。2022年9月，世界知识产权组织（WIPO）发布的全球创新指数（GII）显示，在“科技集群”百强榜中成都位列全球第29位（见表2），较2021年排位上升10位。这是自2007年开始发布的具有权威性和影响力的指标，是全球经济创新创造的风向标，也是各国经济决策的重要参考，至今已发布了15版。上榜5年来，成都全球排名递进了27位。全球榜单排名的不断攀升，折射了成都城市创新策源能力的稳步提升。

表2　2018年以来成都在全球创新指数的排名情况

时间（年）	2018	2019	2020	2021	2022
排名	56	52	47	39	29

（表格为笔者自制）

2022年“自然指数—科研城市”。2022年11月，由国际知名科技出版机构“施普林格—自然出版集团”下属机构编制并定期发布的自然指数显示，成都在全球科研城市100强榜单中由2020年的第36位升至第30位。排在成都前的国内城市还包括北京、上海、南京、广州、武汉、合肥、杭州、天津、深圳、西安。自然指数是由国际顶级期刊《自然》（*Nature*）在2014年提出的，主要对前一年各科研机构在*Nature*系列、*Science*、*Cell*等82种自然科学类期刊上发表的研究型论文数量进行计算和统计，来评估各个国家或研究机构的基础研究产出。

世界城市500强。2022年3月，由知名品牌价值评估机构GYbrand编制的2022年度《世界城市500强》（*Top 500 Most Valuable Cities in the World*）发布，

这是继2018年、2020年后，GYbrand第三次发布全球城市500强榜单。全球500强城市的评选主要从六个维度进行综合评价，分别是经济、文化、环境、治理、人才、声誉，在全球198个国家共计13810座城市中挑选出的500强城市。成都排在全球第84位，在国内仅次于香港（全球第7）、上海（全球第8）、北京（全球第11）、广州（全球第31）、深圳（全球第34）、台北（全球第52）、杭州（全球第75）。

全球会议目的地竞争力指数。2022年12月，2022国际会议业CEO峰会暨全球会议目的地竞争力指数发布。根据榜单，维也纳、新加坡与伦敦位列全球前三。在中国入选的城市中，成都排名第五，前四的分别是台北、北京、上海、香港。本届指数报告从目的地整体环境竞争力、会议配套支撑竞争力、会议专业竞争力与会议形象感知竞争力四大维度入手，衡量150个样本城市的全球会议目的地竞争力发展状况与发展潜力，从而为各城市持续发展会议经济提供理论支撑与指标依据。

全球金融中心指数。2022年9月，中国（深圳）综合开发研究院与英国智库Z/Yen集团共同发布第32期《全球金融中心指数报告》（*GFCI 32*）。全球金融中心指数的评价体系涵盖了营商环境、金融体系、基础设施、人力资本、声誉及综合因素等五大指标，自2007年起对全球范围内的46个金融中心进行评价，着重关注各金融中心的市场灵活度、适应性以及发展潜力。数据显示，成都上升3位，位列全球第34。

城市综合竞争力排行。2022年12月，由中外城市竞争力研究院世界城市合作发展组织等机构研究结题的“2022第二十一届全球（国家）城市竞争力排行榜”在香港发布。数据显示，城市综合竞争力方面，成都排在第9位，前面的依次是香港、深圳、北京、上海、广州、杭州、重庆、苏州。城市综合竞争力是城市整合自身经济资源、社会资源、环境资源与文化资源参与区域资源配置竞争及国际资源配置竞争的能力。在城市成长竞争力方面，成都排在第7位，排在前面的城市包括：杭州、深圳、苏州、重庆、南京、青岛。此外，在“2022中国十佳不夜城排行榜”，重庆、成都、兰州上位排前。在全球最具幸福感城市排名中，成都位列全球第7、国内城市第1。

可持续发展指数。2022年6月，基建巨头凯谛思（Arcadis）发布了2022

年可持续发展城市指数（SCI），通过该指数评估出全球100个繁荣城市排行。考察的三个大指标分别是"地球"（环境）指标、"人"（社会绩效、生活质量）指标、"利润"（评估商业环境和经济）指标，另外还有很多细分的指标。从这三个指标来看，一个城市不但要经济发达、商业繁荣，还要生活质量高、社会效率高、环境卫生好，这样才能获得可持续的繁荣发展。成都排名第70，国内上榜的城市还有台北（第46名）、澳门（第50名）、香港（第63名）、上海（第66名）、深圳（第67名）、北京（第73名）。

二、国内机构排行中的成都表现

在国内机构发布的各类排行中，成都几乎每次都能进入榜单且排名比较靠前。

中国百强城市排行榜。2022年11月，上海高校智库华东理工大学社会工作与社会政策研究院发布的新时代中国城市社会发展指数暨百强榜（2022）显示，成都位列第9，前十强其他城市分别为北京、上海、深圳、广州、杭州、重庆、南京、武汉、天津。

国际科技创新中心指数。2022年12月，清华大学产业发展与环境治理研究中心联合Nature Portfolio团队，发布《国际科技创新中心指数2022》报告。报告显示，中国共有19个城市（都市圈）跻身全球科技创新城市行列，成都以63.21分，综合排名第77名。

全球金融中心指数。2022年9月，国家高端智库中国（深圳）综合开发研究院与英国智库Z/Yen集团在中国深圳和英国伦敦联合发布《第32期全球金融中心指数报告（GFCI 32）》。报告显示，中国内地共有12个城市上榜，大多数排名稳中有升，其中成都上升3位，位列全球第34。全球前十大金融中心依次为：纽约、伦敦、新加坡、香港、旧金山、上海、洛杉矶、北京、深圳和巴黎。

中国最具幸福感城市。2022年12月，"2022中国最具幸福感城市"调查推选结果发布。经过大数据采集、问卷调查、材料申报、实地调研、专家评审等环节的严格遴选，成都、杭州、宁波、广州、南京、青岛、沈阳、长沙、合肥、西宁被推选为“2022中国最具幸福感城市”（省会及计划单列市）。该项活动由《瞭望东方周刊》、瞭望智库共同主办。自2014年以来，成都连续9年排名第一。

城市新区发展潜力百强榜单。2022年12月，工信部所属赛迪研究院发布的“城市新区发展潜力百强（2022）”榜单显示，成都东部新区凭借在“新产业、新技术、新空间、新业态、新模式”上的巨大发展潜力，继2021年后再次登上该榜单首位。在这份由全国100个省级新区参与的排名中，成都东部新区击败众多来自东部沿海城市新区而蝉联榜首，除有成渝地区双城经济圈等国家战略为政策支持外，亦与成都3年来主动谋篇布局、构建现代产业形态、助推地区经济跨越式发展有密切关联。

科技创新中心评估指数。2022年7月，上海市经济信息中心发布的《全球科技创新中心评估报告2022》显示，成都在全球城市中排名第63，与2021年持平。国内城市方面，北京（第5），上海（第8）、香港（第11）、深圳（第13）、广州（第34）、杭州（第45）、南京（第54）、台北（第56）、武汉（第60）、合肥（第67）、西安（第88）、青岛（第89）、天津（第91）、苏州（第98）进入前100强。

国际传播能力指数。2022年12月，在第二十届中国西部海外高新科技人才洽谈会天府论坛上，北京外国语大学校长杨丹以视频形式首次发布《2022全球化晴雨指数》。该指数从经济、社会和政治三个维度，对全球化发展基础测算和评估进行了创新性尝试。杨丹还以指数的角度来看四川发展。在“中国城市国际传播能力指数2022”中，成都在53个中心城市中排名第3，仅次于上海和北京，表现优异。数据显示，成都在多语种建设、国际活动举办、新媒体运营等方面均表现出独特优势。

国际传播影响力指数。2022年11月，《2022中国城市国际传播影响力指数报告》发布。数据显示，若不含港澳台地区，成都排名第9，其他入选前九的城市分别是：北京、上海、重庆、武汉、深圳、西安、广州、杭州、青岛。从分项指标来看，媒体报道影响力方面，成都排名第10；社交媒体影响力方面，成都排名第5；搜索引擎影响力方面，成都排名第9；国际访客影响力方面，成都排名第5；网络传播影响力方面，成都则没有进入前十。

城市海外影响力。2023年2月，以“创新城市叙事　提升国传效能”为主题的第二届中国城市国际传播论坛在海口举行。论坛发布了《中国城市海外影响力分析报告（2022）》，并评选北京、上海、深圳、广州、成都、武汉、杭州、苏州、南京、重庆为“中国国际传播综合影响力先锋城市”。成都还荣获“国际沟通力领军城市”称号。

海外网络传播力。2023年1月，《2022中国城市海外网络传播力建设报告》显示，成都排名第6位，其他入选前十的城市分别是：北京、上海、武汉、哈尔滨、广州、深圳、杭州、重庆、南京。该报告研究选取Google News、Twitter、TikTok、YouTube四个平台作为数据来源。

海外认知度指数。党的十八大以来，笔者一直参与当代中国与世界研究院在全球开展的中国国家形象排行。其中，就有涉及海外受访者对中国城市的了解和喜爱情况。2022年，我们在全球30个国家开展的调查数据显示，海外受访者中听说过成都的占到14%，比2021年增加了1个百分点，排在所有国内城市的第16位。排名前十的国内城市为：北京、上海、香港、武汉、广州、澳门、台北、成都、天津、杭州。其中，海外51岁到65岁群体听说过成都的最高，比例为19%。

三、成都城市知名度的几点结论

综合上述榜单中成都的数据，以及综合对比成都在国际主要媒体和意见领袖中的表现，我们可以就成都的国际知名度和美誉度得出以下几点基本结论。

（一）成都是具有迈向世界一流城市潜力的“种子选手”

成都在国际传播方面具有独特优势。从战略地位看，成都是国家制定实施的新时代西部大开发战略重要实施主体，同时成都也是长江经济带和“一带一路”等国家战略中的重要枢纽，在其中发挥着突出作用。从国际视角看，成都是南亚、西亚和日韩的最佳中转地，也是东南亚、南亚、西亚、中东及欧洲进入中国的重要门户，具有做好国际传播工作的独特地理优势。从文化资源看，成都是大熊猫的故乡，成都的大熊猫繁育保护中心更是名副其实的“熊猫王国”。以熊猫为载体，赋予了成都城市形象生动的文化内涵。大熊猫不但是成都的标志性文化符号，也是外国人最认可的中国文化符号之一。此外，美食作为最贴近大众生活又极具民族特色的文化符号，具有多重文化内涵和明显的传播优势。

从前文中提到的诸多排名中可以发现，2022年成都在综合指标、经济发展、城市品牌、科技创新、宜居程度等方面，紧随北上广深，逐步迈入全球城市前列。从综合指标来看，成都近年来稳中有升，凭借良好的经济发展势头与自然环境，得以在全球城市排名中与北京、上海等城市比肩。在经济发展方面，成都经济全球化水平的提高与作为金融中心地位的凸显逐渐在全球排名中得以体现。从城市形象来看，成都在科技创新、生活成本、宜居程度等方面获得较多关注，具有较高的城市品牌价值。正如《参考消息》的报道所指出的，经济发展、独特文化、广泛渠道，成为成都提升国际影响力的有效动能。报告认为，成都已成为海外智库眼中具有迈向世界一流城市潜力的“种子选手”。

（二）成都的全球性城市打造还有明显差距，城市形象标识需要进一步凝练

成都在《成都市国民经济和社会发展第十四个五年规划和二〇三五年远景目标纲要》中提出，到2035年，要成为具有国际影响力的活跃增长极和强劲动力源，全面建成践行新发展理念的公园城市示范区、泛亚欧有重要影响力的国际门户枢纽城市。然而就目前来看，尽管成都已经提出口号，建立一座“来了就不想走的城市”；同时又在城市宣传策划中融入了对公园城市示范区、国际门户枢纽、文化名城、未来之城、熊猫之都等奋进与美好形象，但国际传播中的连续性顶层设计不够完善。

整体而言，成都对当下城市整体形象层次构建的主要优势不能凸显。对标纽约、巴黎、东京、新加坡、上海等风格鲜明的国际化大都市，仍需要着力构建在国际传播受众心目中的整体形象，突出成都新兴世界城市的形象定位，突出天府文化人文艺术气质和创新创造特质。

（三）成都提升国际形象的路径需要进一步拓宽

当下成都的国际传播面临着平台受限和渠道不足的显著问题。在平台层面，成都欠缺持续性的国际知名赛事和展会平台。早在2017年底，成都就提出了建设“三城三都”城市名片的目标，致力于将成都打造成为世界文创名城、旅游名城、赛事名城和国际美食之都、音乐之都、会展之都。然而相比奥运会、达沃斯、进博会、广交会等具有较高世界影响力和国际媒体关注度的赛事和展会，成都目前的活动能级仍然与其建设国家中心城市和迈向可持续发展的世界城市目标不相匹配。在渠道层面，国际主流媒体、智库和国际文学影视手段等三大渠道仍然传播力度不足；在国际互联网平台与社交媒体方面，与成都城市形象相关的话题依然缺乏关注度。

四、提升成都知名度和美誉度的几点思考

数据排名是一个城市的外在呈现，但观察和经营一座城市，只关注排名是远远不够的。新形势下，全球通胀、生活成本飙升、供应链受阻、战争冲突，这对城市发展也产生了深远影响。城市要在做好自身建设基础上，更加重视口碑建设和形象塑造工作。

（一）需要更加重视做好精准传播工作

在新发展阶段，国际传播既要讲区域协同，又要尊重国别差异。广撒网并不一定能多捞鱼，要一改过往偏于“粗放式”“一刀切”的局面，让国际传播工作更加“精细化”“精准化”。注重国际传播的分众化和适用性，针对每个受众国不同政治、经济、地域、文化等背景因素，开展深入调查研究，摸清受众国关注焦点和接受习惯，找准成都与受众国的利益交汇点、情感共通点，特别是针对“一带一路”沿线国家、东南亚、南亚国家，以及与成都在经贸往来、文化交流等方面联系密切的国家，采用贴近不同区域、不同国家、不同群体受众的精准传播方式，推进中国故事和中国声音的全球化表达、区域化表达、分众化表达，实施“一国一策”，制定针对性强的精准国际传播方

案，做到有的放矢，对症下药，增强国际传播的亲和力和实效性。需要首先聚焦发达国家和国际企业，聚焦高端人才和国际青年，贴近外部关切，力求影响主流人群，吸引全球优质要素。

（二）需要不断提高城市品牌策划能力

成都是一座国际传播的资源“富矿”，优势资源特色显著、数量众多。有效整合资源、突出重点，形成具有成都特色的城市品牌集群，对提升成都国际知名度影响力至关重要。

精心制作具有成都特色的实用性外宣品。内容鲜活、特点突出、形式新颖的外宣品有助于成都对外宣介本地经济、文化、社会发展情况，在国际上充分展现城市良好形象。但现有外宣品往往更注重艺术价值而忽视实用价值，这使得外宣品只会让人留意表面，无法记在心里。因此要注重文化与实用性相结合，可根据海外来蓉人士的不同身份，围绕“吃在成都、玩在成都、买在成都、娱在成都、学在成都、工作在成都”等几大主题，设计以大熊猫为主人公形象介绍相关情况，利用宣传手册、纪录片、微电影、微视频、APP、小程序等不同形式，以提供在蓉服务的方式，制作满足不同受众需求的实用性外宣产品，有针对性地进行线上线下推广。

推动成都特色文化走出去。可通过在海外举办以成都特色文化为主题的文化论坛、艺术节、文艺会演等精品文化活动，向国外受众展示生动鲜活的成都特色文化。推动成都优势文化产业与国际对接合作，生产面向国际市场的新时代文化产品和高端文化商品，开发具有成都特色和民俗风情的旅游演艺精品和旅游商品，利用文化打开外海市场。

此外，也需要持续加强与国内外社科、文化领域的权威专家学者，有影响力的社会文化企业等交流合作，深入挖掘成都的文化特质和独特魅力，激活成都那些仍在沉睡的“文化库存”。通过系统性梳理，从中挑选出适合国际传播的成都特色文化资源对外推广。以文载道、以文传声、以文化人，向世界阐释推介更多蕴藏成都特色的优秀文化。让成都特色文化在以西方文化为主导的世界舞台上显现出独特魅力。

（三）需要进一步丰富城市传播渠道

积极参与承办国家级重要活动。随着中国在世界上的综合实力不断提升，有中国国家领导人出席的重要会议在国际上的关注度也越来越高。成都从硬件到软件，均已具备筹办国家级重要会议的实力和水平。成都应更加积极承接国家级重要会议，借助国家平台对接世界舞台，让世界目标聚焦中国的同时，更加关注成都这座城市。

主动与更多外媒建立良好关系。外媒是成都开展国际传播、展示形象的重要渠道，但客观上看，境外主流媒体在蓉设立记者站的数量优势并不明显，因此，要从主观上想办法主动与外媒建立良好关系。从政府层面，可结合外媒关注点，精心设计采访线，根据外媒不同需求提供个性化采访服务，吸引外媒来蓉采访报道。从地方媒体层面，进一步加强与外媒在业务上的深度合作，通过租借主流外媒播出时段、版面等形式，让成都声音真正落地海外，让成都形象真正展现在海外受众面前。

加强与国内外顶级智库交流合作。通过举办国际学术研讨会，国际高端智库平台对话会或高峰论坛，加强与顶级智库交流合作。借此平台，提升成都在学术领域的国际影响力。此外，顶级智库不但是顶尖智慧的聚集地、权威理论研究的发源地，也是高端人才的发掘地。顶级智库的人才来源一般是卸任官员、企业界精英、知名专家学者等。在交流合作中，认识、挖掘、引导一批顶级智库人才，有利于成都积累国际传播人脉资源。

打造具有成都特色的国际会展赛事品牌。在重大赛事和节会活动举办期间，成都会受到来自全世界高度关注，这对成都来说是面向世界讲好成都故事，展示城市形象，扩大城市影响的重大机遇。积极申办具有国际影响力的品牌会展赛事，并争取成都作为永久举办地资格。在活动场地装饰、饮食供应以及配套文娱休闲活动中，融入成都特色元素，形成具有成都特色的品牌国际会展赛事活动。认真总结成都大运河国际传播的做法和经验，持续助力城市的“认证”和“出圈”。

进一步用活友城资源。数据显示，截至2023年12月，成都在市级层面共与110个国外城市缔结为友好城市或友好合作关系城市，涵盖了五大洲。可进一步完善友城间常态化交流机制，定期组织友城工作小组赴外对接、推动互派人员短期研修、举办以国际友城为主题的大型多边国际交流合作活动。突出自身优势、找准合作切入点，把友城间的经贸洽谈、人文交流等紧密联系起来，不断提升友城间的亲密度和好感度。在此基础上，以友城为基点辐射周边乃至整个国家，进一步扩大成都在世界上的认知度和影响力。

（四）需要积极对标国际一线城市

深入研究世界一线城市的国际形象，可为成都在世界城市体系中形象定位与传播路径的探索，提供相应参照靶向与依据。作为移民城市的纽约，其国际传播的落实与优化，在于以多元文化的充分融合为基础，同时兼顾国际大都市的形象塑造。巴黎，以时尚作为城市形象塑造的主导元素，面向女性与青年群体的国际传播具有相当显著的吸引力。新加坡以“花园城市”作为其品牌宣介的着力点，推出首个联合形象品牌“心想狮城”，凸显新加坡持续寻求突破和创新。[①]上海的国际形象展示中，其海派文化的主体，源自江南地域传统吴越文化，它根植于中华民族优秀的传统文化，同时融入了欧美国家文化而逐步融合形成新的独具上海特色的文化形式。[②]东京主打“文化都市”的宣传牌，为城市功能进行了定位；同时结合日本政府出台的“酷日本”战略，建立起城市形象元素资源库。东京城市形象的媒体传播通过全球性媒体事件传播、新闻报道传播、影视作品传播这三个媒体传播策略，面向国内外进行了高效、精准、全面的宣传。[③]

简言之，城市的知名度和美誉度不仅是“面子”问题，更关系到一个城市的可持续发展能力，关系到所有市民的切身利益。2023年2月28日，成都正式发布本年度政府工作报告。《报告》指出，未来五年是建设社会主义现代化成都的关键五年，锚定成渝地区双城经济圈建设总牵引，努力建强“大后

---

① 参见花园城市《新加坡城市形象分析，城市怎么办》，http://www.urbanchina.org/content/content_8003432.html，2021年11月9日。

② 方洁．重提“海派文化”：上海城市形象的对外传播，南方传媒研究，2020（5）：7.

③ 姜瑛，城市形象媒体传播的框架与策略——以2020年奥运会举办地东京为例，北京邮电大学学报（社会科学版），2018（6）：1.

方”、唱好“双城记”、做强“都市圈”、建好“示范区”、打造“幸福城”，加快建设中国西部具有全球影响力和美誉度的社会主义现代化国际大都市。为此，需要持续讲好新征程上的成都故事，进一步提升成都的国际知名度和美誉度，为成都的可持续发展、高质量发展营造更为良好的外部环境。

成都城市品牌国际化建设经验研究

昂思妤*

随着全球范围内城市化进程的不断加快，区域发展问题逐渐成为以城市为核心、以城市为载体、以城市为基础的关键问题。同时，伴随着全球化的国际趋势与公共外交的兴起，城市国际交往也越来越成为城市发展的关键所在，成为城市软实力的重要部分。针对这一趋势，本文旨在探析成都城市品牌国际化建设的框架设计与实际路径，总结出成都城市品牌国际化建设的实践经验，进而为成都城市现代化发展、城市国际交往与城市软实力增强提供新动能。

“城市品牌”这一概念本身，学界普遍相信由学者Kevin Lane Keller（1998）提出。他在《战略品牌管理》一书中，将城市品牌的含义划分为以下几个层面：一是城市的物理表征，即关乎城市自身价值取向与文化特点的地理特征与基础设施；二是城市软实力与硬实力的综合象征，包括政治、经济、文化等层面；三是城市的无形资产，城市在不同领域中构建出的品牌体系。[①]运用凯文·凯勒的理论，本文结合成都市城市品牌建设的具体情况，总结出成都城市品牌国际化建设的三级框架，分别为城市的物理表征、城市的沟通策略与城市的国际形象。

---

* 昂思妤，四川大学国际关系学院，研究方向为城市政治。

① Kevin Lane Keller(1998). *Strategic Brand Management: Building, Measuring & Managing Brand Equity*. New Jersey: Prentice Hall.

一、成都城市品牌国际化建设的三级框架

（一）城市的物理表征

城市的物理表征主要指城市基础设施方面的总体形象，以基础设施的通达程度、基础设施的文化印象为两大评估指标。在成都城市品牌国际化建设的过程中，成都市的城市物理表征为其品牌化建设的第一级框架，为成都城市品牌形象的构建打下了坚实的物质基础。

首先，成都市的陆路运输发展迅速。根据《关于支持成都国际铁路港经济技术开发区高水平开放的若干政策措施》，成都市已构建出具有国际水平的交通基础设施。2022年，成都国际班列开行突破四千七百列，同比增长超过百分之十，行至境外一百多座城市、境内三十多座城市，对外辐射力强，并帮助成都市吸引到众多海外投资，在成都市国际化品牌建设过程中发挥了互联互通、开辟国际通道的重要作用。此外，成都国际班列的货源中，四川省内本地生产的产品比例已达75%，年均拉动四川进出口贸易额超过120亿美元。陆路基础设施通达带来了外向型产业的集群效应。2022—2023年，成都签约引进新的重大项目28个，涌入投资总体超过200亿元。[①]与此同时，成都市的铁路港经开区，因身为成都中欧班列的起点和成都市铁路港所在地，迄今已集聚国家级经开区、国家物流枢纽等众多国家级对外开放战略平台，将成都打造为我国西南联系欧亚与国内外的重要交通枢纽，使得成都拥有了国际化城市品牌的物质基础。

其次，成都市的空路运输方面建设较为完善。成都依托国际航空港与中欧班列，建设出开放立体、四向辐射、陆海互联的国际化开放通道，拓展城市对外市场，进而扩大城市对外资源的配置范围。成都通过建立门户枢纽的城市地位，塑造出与国际高频次互动、具有国际化视野的城市形象。与此同时，成都增设天府国际机场，并于2021年6月27日投入运营，成为继北京、上海之后第三个拥有双国际枢纽机场的国内大陆城市。成都双流机场与天府机场两场

① 成都市人民政府：解读《关于支持成都国际铁路港经济技术开发区高水平开放的若干政策措施》新闻发布会［N/OL］。（2023-02-10）［2023-05-26］www.chengdu.gov.cn/chengdu/tlg/zfxx_fbh_cont1.shtml.

并营，能够满足每年1.2亿人的旅客吞吐量与280万吨货物吞吐量的庞大需求。截至2022年，成都天府国际机场累计旅客吞吐量已经超过1千万人次，吸引了众多国际友人进入成都。此外，根据中国民航局印发的《新时代民航强国建设行动纲要》，文件明确将成渝机场群定为世界级机场群；[①]随后在2022年，民航局又印发《关于加快成渝世界级机场群建设的指导意见》，强调“加快提升成都、重庆国际航空枢纽国际功能和竞争力”[②]。

由此可见，成都市作为“一带一路”的重要枢纽，在建设城市物理表征层面发展卓有成效，以便利的交通基础设施为城市品牌建设奠定了坚实基础，为成都国际经济、文化交往打通渠道，使得成都市城市品牌走向国际化成为可能。在成都市民眼中，成都机场与成都“中欧班列”也成了成都城市形象的代表。通过城市物理表征，城市居民对城市的印象凝聚到具体的基础设施身上，形成了共同的文化记忆，构成了城市品牌的符号价值。

（二）城市的沟通策略

对内，成都市寻求与本地居民的交流互动。城市品牌的形成包括以下环节：城市品牌形象定位—城市品牌形象塑造—城市品牌形象宣传，而形象定位应首先植根于本地居民的日常生活、价值理念、风俗文化等。[③]在形象定位环节，成都市政府就积极探寻城市品牌的民间土壤，以问卷调查、鼓励信访等方式了解本地居民眼中的成都。例如，在玉林网红街道建设项目中，政府并没有盲目地将老旧小区全部拆迁搬出建立新的网红街道，而是保护大部分原有建筑与居民店铺，选择性地做出改造，并投资支持外商进驻。在居民生活区与网红甜品店“白夜”共用一块广场时，政府保留了居民生活区原有的石质象棋桌、长椅等，又与双方协商增设艺术装置，因而可以看到本土居民在网红

---

① 民航局：民航局关于印发新时代民航强国建设行动纲要的通知。民航发〔2018〕120号，2018年11月26日。

② 民航局：民航局关于加快成渝世界级机场群建设的指导意见。民航发〔2022〕15号，2022年3月17日。

③ 中共成都市委外宣办课题组：《新公共外交需要“整合思维”——以成都城市品牌化建设为例》，《对外传播》，2017（11）：73–75。

店面前悠然自得地下象棋的景象，成都的古今动静便在这里很好地结合起来。立足于本地居民的互动交流，成都建立起让后来者与原住民都能够享受的公共空间，并在这样的公共空间中建立起宜居、安逸又不失新潮的城市品牌。

对外，成都市积极建设与世界各地居民的沟通渠道。2011年，美国卡通电影《功夫熊猫2》发布，成都的美食文化元素在影片中呈现，让成都通过电影这一桥梁实现了与世界的沟通。由于媒体的沟通仍具有单向性、延时性等弊端，成都市因而在学术层面寻求与国际的交流。以成都市内的四川大学为例，四川大学每年举办长达一至两周的国际周活动，通过线上网课、线下讲座等形式，实现成都大学生与国际知名学者的双向沟通。此外，四川大学、成都电子科技大学等高校均设有暑期国际访学项目，校内留学生人数众多。在学生互访、教师往来的过程中，成都市也搭建起教育水平较为良好的城市品牌形象。城市品牌不仅需要形象的传播，也需要传播过程中的有机互动。在访学、旅游、科研、影视剧等领域，成都市的城市品牌国际化逐渐发展起来，并且随着互动而自觉地调整自身的形象，更展现出成都的开放包容与国际关怀构成了城市品牌的理念要素。

（三）城市的国际形象

成都市对城市品牌的国际形象具有多角度的定位，成都市委宣传部将成都的多元形象总结为十二个字，分别是“悠闲洒脱”“时尚新潮”与“真诚热情”，并以此为指南来打造成都的国际形象。

通过文化旅游产业的持续发展，成都打造出文化独特的历史文化名城形象。2006年，成都大熊猫繁育基地、杜甫草堂相继被评为国家4A级旅游景区，2007年，成都武侯祠被评为国家4A级旅游景区。此后，成都的历史文化景点大大推动了旅游业的进一步发展，让成都城市品牌的国际化建设在来蓉旅客的亲身体验中构建起来。2021年10月12日，国家文物局发布《大遗址保护利用“十四五”专项规划》，三星堆被国家文物局列入“十四五”时期大遗址。[1]

① 文物局：国家文物局关于印发《大遗址保护利用“十四五”专项规划》的通知。文物保发〔2021〕29号，2021年10月12日。

成都市博览局、文旅局等将三星堆与文创相结合，在对文物进行修复展出的同时，推广三星堆青铜面具等的卡通形象，在互联网上引发热潮，使得国内外年轻网民对成都城市品牌产生兴趣与亲切感，借助旅游景点、文创产品等表达出成都蕴含在历史记忆中的悠闲洒脱。

进入21世纪，数字产业高速发展，互联网媒体平台进入前所未有的发展高潮。结合时代背景，成都成功抓住机遇，打造出国际有名的“网红城市”形象。2018年，成都市政府与抖音签约合作，成都39家政务机构集体入驻抖音。2019年，抖音播放量最高的全国景点，前10名中，成都、上海与西安都是上榜两次及以上的城市；2019年，抖音统计点赞最高的我国城市排行榜中，北京位居榜首，然后就是成都。春熙路、太古里、小酒馆等成都市中心的文娱场所在短视频媒体的介入下火遍全网，IMF墙壁上的熊猫形象深入人心。可以看到，成都市通过视觉传媒的方式，让海内外人士都能够直观地树立起对于“成都”这一词语的符号印象，进而将成都与时尚、前沿、新潮、有趣等观念联系在一起，织就成都鲜活的城市品牌。在官方的带动下，个体用户也开始自发地宣传成都，城市品牌就在这样一个宣传—接收—再宣传的过程中立体起来。

成都美食美景也是成都国际形象的关键构成要素。2003年，宽窄巷子改造开发建设工程正式启动；2004年，锦里街道建设正式向公众开放。在这两个美食文化街的带动下，成都的美食文化逐渐发扬兴盛，本只有老成都人才能说得上号的成都美食风靡网络，继而出现许多专注在成都“探店”的美食博主。除了火锅、冰粉、红糖糍粑外，成都具有悠久历史的茶馆文化也进入公众视野。成都城市的国际形象不仅是视觉、听觉传达出来的，流于平面的形象，而且是在官方与民间的共同努力下，通过“网红城市”“熊猫之城”“美食之城”等的结合发展，融入了嗅觉、味觉乃至触觉的生动形象。可以说，成都所建立的城市形象是活的形象，植根于本土再推向世界，因而能够在世界舞台上引起国际友人的共鸣与关注，构成了城市品牌的情感记忆。

二、成都城市品牌国际化建设的实际路径

（一）公众参与

1962年，学者Davidoff和Reiner发表《规划的选择理论》（*A Choice Theory of Planning*），以多元主义为基础来建构城市品牌建设中的公众参与。[①]他们认为，城市规划者不应忽略公众的判断，应当扩展选择的群体和选择的机会。他们以上述理论为基础，提出“倡导性规划”的原则，希望能够通过公众参与，将城市社会各方面的利益诉求、城市整体价值判断和城市发展未来愿景三者结合在一起。因此，公众参与是城市品牌化过程中的关键环节。以成都市三个具有代表性的社区为例，能够剖析出成都市城市品牌化建设中公众参与的具体角色。

从苏坡社区来看，政府与民间形成双向互动，社区政府扮演关键角色。苏坡社区政府以“党建引领，多元共治”为基本原则，整合了社区工作者、政府职员、社区居民、社会力量，来支持苏坡社区的本土发展，并塑造出苏坡人眼中的成都城市品牌。在成都市政府力图打造“国际会展之都”这一城市品牌的指引之下，苏坡艺术家薛雨璇等与社区政府沟通开展合作，形成了“苏坡时与空”的会展活动，以创新的艺术形式打造出苏坡——成都的城市形象，在与会展参与者的互动过程中传播了成都具有烟火气息的城市品牌印象。

从玉林社区来看，成都民间文化土壤深厚，城市品牌本土化建设成效显著。正如前文所提到的那样，玉林社区的建立、开发与后续维护都是成都政府与本地居民积极寻求互动的结果。2014年，著名国内歌手赵雷创作出《成都》，2016年，在成都市政府的宣传工作后，这首歌响遍大江南北，传唱度极高，歌词中所写到的“小酒馆”就坐落于玉林社区。玉林社区本地居民因而参与到城市品牌的塑造过程当中，居民的休闲生活、茶馆文化、麻将文化等都成为成都名片的一部分。在玉林社区，茶馆与咖啡馆共存，麻将桌和美甲店共在，外地游客与本地居民在这里达成了和谐一致。成都市政府与社区通

① Davidoff, P. and Reiner, Thomas.(1962). A Choice Theory of Planning. Journal of the American Institute of Planners.

过招商引资、政策支持等方式，将玉林人民的衣食住行融入成都形象品牌的打造当中。

从麓湖社区来看，政府、企业与成都居民形成多向连接，建成达到国际标准的示范社区，有望成为成都城市品牌未来发展的重要推动力。2011年，四川天府新区规划出台，万华集团入驻，建设起总占地面积高达16500亩的麓湖社区。麓湖社区成立至今，邀请众多国外艺术家，如绘制2023年奥斯卡获奖影片《瞬息全宇宙》海报的艺术家James Jean，前往麓湖开办画展，并组织了多次国内外设计师、艺术家在此交流。在麓湖社区党委的统筹规划下，麓湖社区从园区规划到社区建造水平均达到国际顶尖标准，也成为成都市对外交往的一大窗口。麓湖展现出成都市有能力与国际接轨，也友善欢迎外国友人来访的城市文化形象。

（二）政府支持

成都市政府在党中央的领导下，制定符合城市品牌建设的诸多政策，为城市形象塑造指明方向。《成都市“十四五”国际会展之都建设规划》提出成都会展业“十四五”时期发展的基本原则：全球视野、建圈强链、低碳环保、创新引领，促进国际化发展、高质量发展、数字化发展与可持续发展。[①]在这样的政策指南下，成都将国际会展之都作为其走向世界的一张新名片，并获得了显著成效。

据成都市博览局统计，2008年至今，成都市会展经济增长迅速，会展总收入已增加超过七倍，成都市承办的国际会展重大活动也由2008年的70个增长到接近200个。会展业的发展不仅提升了城市的经济硬实力，也大幅提升了成都自身的文化软实力。会展作为一个沟通、汇聚、对外辐射的平台，将成都的城市形象传播给外来投资商，在商业展、艺术展中均塑造起成都的国际化形象。以双年展为例，2022年的双年展邀请中央美术学院等外地知名艺术家前往参展，主题并未拘泥于成都区域内的传统文化，而是提倡环保理念，

① 成都市博览局：《成都市人民政府关于成都市“十四五”国际会展之都建设规划的批复》，成府函〔2022〕115号，2022年8月24日。

重视碳减排等国际热点话题，提出人与人工智能的关系问题等，表达出成都对国际热点的关切。在政府的政策背书下，成都成功塑造了坐落于中国西南但远观世界的城市品牌印象。

2022年，成都市委颁发《成都建设践行新发展理念的公园城市示范区行动计划（2021—2025年）》政策文件，提出打造作为公园城市的成都。[①]公园是城市环境的重要组成部分，作为公共空间的公园是市民文化生活的领域，也是城市环境保护理念的象征。成都市政府坚定落实中华人民共和国国家发展和改革委员会颁发的《成都建设践行新发展理念的公园城市示范区总体方案》，力图将成都建设成为宜居、环保、绿色的公园城市。[②]在成都市政府与社会各界的努力下，成都市公园城市建设稳步推进，在全国城市中成为公园城市的标杆。而在各大公园举办的文娱活动，如排球比赛、马拉松比赛等，与2023年成都即将承办的大运会遥相呼应，又传递出成都城市的运动精神。

成都市政府同时大力支持国际友城建设。截至2023年，成都市已与110座城市缔结友城及友好合作关系，最早的一座友城是法国的蒙彼利埃市，双方早在1981年就已签订友好关系。成都与其友城在双向互动中友好往来，在文化交流中传达共识，并举办成都欧洲文化季、成都国际友城青年音乐周、"一带一路"四川国际友城合作与发展论坛等活动，在人文交流、学术研讨、经济合作等方面工作成果显著，在对外开放的过程中塑造起成都团结友爱的城市品牌形象。

（三）媒体宣传

成都城市品牌的塑造需要通过传媒手段来实现，例如广告、宣传片、电影等。成都立足本土文化，将巴蜀地区的独特文化运用传媒的方式表现出来，将美学与政治、历史相结合，运用视听的方式让海内外观众感受到一个多元

---

① 成都市发展和改革委员会：市委、市政府印发《成都建设践行新发展理念的公园城市示范区行动计划（2021—2025年）》[N/OL]，（2022-05-25）[2023-05-26] http://cddrc.chengdu.gov.cn/cdfgw/fzggdt/2022-05/25/content_c5241cc334ac42d3b77aaa0d6308cb4c.shtml.

② 发展改革委、自然资源部、住房城乡建设部：《关于印发成都建设践行新发展理念的公园城市示范区总体方案的通知》，2022年2月28日。

而丰富的成都形象，建立起成都的城市品牌。

2003年，张艺谋主持拍摄成都的形象宣传片《一座来了就不想走的城市》，该片在各大电视台播放，“一座来了就不想走的城市”这个经典口号沿用至今，在这5分多钟的宣传片里面，成都的古今文化展现得淋漓尽致，形成了成都慢节奏生活、历史底蕴悠久的城市品牌形象。2021年，成都市城市形象片《遇见成都》又一次引发热潮，同时又出台《问道成都》《印象成都》等宣传片，在互联网上掀起“成都热”。成都市政府对成都市城市品牌建设的宣传加以大力支持，相关工作组织得当，因而在YouTube、Instgram等平台上，成都市政府的官方账号粉丝数量都居于我国大城市官方外宣账号的第一名。成都市本身搭建起对外宣传的平台，如GoChengdu网站在全球网站排名权威机构Alexa的名次持续上升，成都每日经济新闻智库在纽约、洛杉矶、东京等地建立分中心，对成都市城市品牌的国际化建设起到不可取代的作用。

除宣传片外，成都的短视频文化也是其城市形象打造的重要一环。《有一种生活美学叫成都》《你好，小朋友》《一罐荷兰奶粉的成都之路》《美国摄影师欧阳凯眼中的成都》等多部短视频荣获中央广播电视总台、中国外文局等机构评选的国际传播奖项。《公园也有黑科技》《国际夫妻建设路美食百元挑战》两部短视频荣获第三届“第三只眼看中国”国际短视频大赛二等奖，《象牙塔的困惑》获优秀奖。成都的宣传从来不只面向国内观众，短视频中邀请外国网红叙述他们眼中的成都，通过国际友人的交流体会构建出成都开放包容的国际形象，通过社交媒体让无法亲身到成都的外国人也对这座城市的文化有所了解，以媒体为载体，形成了数字化的成都城市品牌。

成都把握国际热点，提出国际化议题，并以传媒的形式表达，提升国际话语权。2017年，成都市政府就与德国政府合作，在德国首都柏林开展了“熊猫与世界——中国大熊猫保护文化艺术成就展”的活动，通过艺术展的形式，向世界递出成都名片。在成都市官方的各个账号中也不时推出关于成都市发展新动向、成都市“一带一路”建设等相关信息，以多样的表现形式，塑造出有生命力的国际大都市形象。近年来，成都市建设公园城市、国际会展之都、智慧城市等，联合国人居署对此表示关注，成都市因而借助国际组织更深一步发展对外交往，进而打造出环境友好的新时代城市品牌形象。

三、成都城市品牌国际化建设的发展建议

（一）进一步动员海内外公众参与

传统城市品牌理论认为，公众是城市品牌的被动接受者，常常使用“城市利益相关者”“城市受众”这样的语句来描述公众。但是，在成都市城市品牌的过程中应该意识到，公众的角色不是也不能是全然被动的，在公众内部、公众与政府、公众与外来者的互动之中，城市品牌才能有活力地长期存续。学者Sandercock就强调要将城市内部的多元他者纳入城市的政治过程当中，从而建立整体性的城市品牌。①

成都市可以进一步动员海内外的公众参与，将城市本土居民与外来旅客发展为城市品牌辐射向外的触媒。当外来公众充分感受到城市品牌的内在魅力并有相关政策予以动员时，便能自发地成为成都城市品牌塑造的内外动因，为成都市城市品牌的发展提供群众支持。

（二）形象塑造更加凝聚统一

成都市目前的城市品牌塑造策略多样，如公园城市、会展之都、智慧城市、历史文化名城等，但这也存在城市品牌内涵难以统一的问题。由于发展策略多项并举，导致成都在建设城市品牌时难以获得深刻的具有一致性的印象。目前，成都市已成功将“大熊猫”这一符号形象与成都市联结在一起，但在城市价值观、城市理念、城市气质方面并未形成一个统一的印象。容易导致成都本地居民眼中的成都和来蓉旅居者眼中的成都形象不一，对于外国来蓉者则更难理解成都的城市品牌究竟是什么。

针对这一问题，成都市在自身品牌定位时应更加坚定一个能够引发共识的蓉城品牌形象，再将城市品牌以营销策略推广出去，以一个凝聚统一的形象，打造出深入人心的城市品牌，避免城市品牌的多义和过于复杂带来的理解困难，简单概念更容易快速传播和使受众重复记忆。

① Sandercock, L.(1998). Towards Cosmopolis: Planning for Multicultural Cities. John Wiley & Sons.

（三）宣传策略注重本土化与国际化相结合

成都城市品牌国际化建设过程中，做到了对内有效沟通，对外积极交往。但是，也存在政策只偏向本土化或只面向国际化的现象。如前文提到的成都双年展、欧洲文化季等活动，固然是对外宣传互动的成功案例，但双年展的内容基本上与成都本地无关，成都市在其中只是作为展览开办的地点而存在，缺乏对成都本地传统文化的创新运用。成都本地的川剧、川麻等文化也停留在成都内部，缺乏与国际的结合，如三星堆、青羊宫等文化旅游景点缺乏英语指引与导游，对外国游客来说有理解困难，难以达到宣传目的。

因此，在成都城市品牌建设的未来发展中，宣传策略上应更注重本土化与国际化相结合，让成都既展现出国际风范又传达出本土文化的独特魅力。成都市可以活用现有的短视频平台资源，鼓励民众自发对成都市形象与成都文化做出宣传，成都市发改委、成都市投资促进局、成都市博览局等应深入合作协调互动，找准城市品牌宣传中的政府角色定位，从传统文化与国际热点两个方向上塑造成都的城市品牌。

四、结语

在成都城市品牌国际化建设的过程中，首先从城市的物理表征、城市的沟通策略与城市的国际形象三个层面出发，搭建出成都城市品牌的三级框架。在此框架结构下，成都市又通过公众参与、政府支持与媒体宣传三条路径，经由实践工作构建出成都开放、宜居、真诚、友好的国际都市品牌形象，有力扩大了成都市城市品牌的辐射群体，将城市品牌的价值理念以符号形式体现出来。值得注意的是，在成都城市品牌国际化建设的未来发展中，应更加注重海内外公众参与的动员，并且在城市品牌形象定位中，做到更加凝聚统一。最后在宣传策略上，进一步将本土文化与国际视野相结合，建设出中国现代化的国际都市品牌，从而带动成渝经济圈的发展，并为中国城市品牌建设提供借鉴性经验，助力中国城市的总体现代化发展进程。

参考文献

[1][美]凯文·莱恩·凯勒:《战略品牌管理》，吴水龙等译，中国人民大学出版社，2014年版。

[2]秦启文，周永康:《形象学导论》，北京：社会科学文献出版社，2004年版。

[3]李成勋:《1996—2050年中国经济社会发展战略——走向现代化的构想》，北京出版社，1997年版。

[4]陈景新，阎莱秋，刘炜:《关于打造城市品牌的战略思考》,《工业技术经济》，2005（03）：34–35。

[5]范红:《城市品牌化及其传播策略》,《国际公关》，2011（03）：92。

[6]孙丽辉，史晓飞:《我国城市品牌产生背景及理论溯源》,《中国行政管理》，2005（08）：52–54。

[7]石忆邵，杨碧霞:《城市文化与和谐城市建设》,《同济大学学报》(社会科学版)，2005（04）：55–59，65。

[8]四川省人民政府:《成都市“十四五”国际会展之都建设规划》，2022年8月25日。

[9]发展改革委、自然资源部、住房城乡建设部:《关于印发成都建设践行新发展理念的公园城市示范区总体方案的通知》，2022年2月28日。

[10]民航局：民航局关于印发新时代民航强国建设行动纲要的通知。民航发〔2018〕120号，2018年11月26日。

[11]民航局：民航局关于加快成渝世界级机场群建设的指导意见。民航发〔2022〕15号，2022年3月17日。

[12] Kevin Lane Keller(1998). *Strategic Brand Management: Building, Measuring & Managing Brand Equity*. New Jersey: Prentice Hall.

[13] Tore Sager(1994). Communicative planning theory. Avebury.

[14] M. Helmy(2008). Urban Branding Strategy and the Emerging Arab Cityscape: The Image of the Gulf city.Stuttgart: Stuttgart University.

[15] Davidoff, P. and Reiner, Thomas.(1962). A Choice Theory of Planning. Journal of the American Institute of Planners.

[16] Kavaratzis, M.(2004).From city marketing to city branding: towards a theoretical framework for developing city brands.Place Branding, 58–73.

[17] Kim, S Chon, KKY Chung.(2003).Convention industry in South Korea: an economic impact analysis. Tourism Management, 533–541.

[18] Müge Riza, Naciye Doratli, Mukaddes Fasli.(2012).City Branding and Identity [J]. Procedia–Social and Behavioral Sciences, 293–300.

[19] Oppermann. M.(1996).Convention destination i mages: analysis of association

meeting planner's perception.Tourism Management, 175–182.

［20］Reeman Mohammed Rehan.(2014).Urban branding as an effective sustainability tool in urban development. HBRC Journal, 222–230.

［21］Sandercock, L.(1998). Towards Cosmopolis: Planning for Multicultural Cities. John Wiley & Sons.

［22］Zenker, S and Braun, E.(2010).Towards an integrated approach for place brand management. Presented at the 50th European regional science association congress, Sweden.

打造独特熊猫IP 助推成都国际传播*

曲 茹 陈梦迪**

近年来，国家部署“一带一路”建设、长江经济带发展、新时代西部大开发、黄河流域生态保护和高质量发展、成渝地区双城经济圈建设等重大战略，为成都布局生产力、增强发展动能提供了政策红利。在这样的大背景下，成都塑造城市品牌形象，打造自有IP显得尤为重要。大熊猫是中国国家和城市的文化符号，向来在国际传播中发挥着重要的作用。成都拥有丰富的大熊猫资源，是世界上唯一同时拥有圈养大熊猫和野生大熊猫栖息的城市。大熊猫作为成都的标志性文化符号，在国际传播中具有极高的活跃度，对成都城市国际交往有着重要意义。

成都已经建成大熊猫的研究基地和栖息地，具有得天独厚的地理环境和文化基础，日益增强着世界人民与大熊猫的情感联结。在如今城市形象的国际传播中，成都并不缺乏独特的传播载体，但在传播方式与文化情感的传递与融合方面仍有很大提升空间。这就需要成都对自身城市形象与大熊猫的符号连接进行梳理与重塑，打造出令人印象深刻的具有地域特色的成都大熊猫超级IP。

一、成都构建大熊猫IP的现实基础

IP（intellectual property）即知识产权，原指人类用智力劳动创造的无形

* 本文系2022年北京市宣传文化高层次人才培养资助项目“打通北京国际传播供需两侧的城市品牌战略研究”的研究成果。

** 曲茹，北京第二外国语学院首都对外文化传播研究院院长、北京对外传播研究基地主任；陈梦迪，北京第二外国语学院文化与传播学院研究生。

财产成果，分为工业产权和版权两类，具有专有性、地域性、时间性的特点。文化产业中的IP指辨识度高、渗透领域广、变现能力强的文化符号，对IP价值的挖掘与整合可以提升IP影响力，推动相关产业进一步融合互动，形成良好的社会效益。在城市的对外传播中，IP成为城市的特色符号，是城市气质的核心凝练，体现着城市的全面创新能力。大熊猫视觉形象自然且有亲和力，展现出正向、友好的国际交往态度，传达着友爱包容、天人合一的理念，与成都休闲、幸福的市井文化相契合。熊猫IP的建立利于成都进一步塑造城市国际形象，提升城市国际化水平与影响力。通过大熊猫相关议题，成都可以加强在国际事务中的话题度，增进国际上的交流与往来。

大熊猫对生存环境与培育能力均有较高要求，成都作为大熊猫的研究基地与栖息地与其良好的生态和科学的繁育水平密不可分，成为大熊猫栖息地本身就是成都良好城市建设的有力证明。1997年成都正式建立大熊猫繁育基地，实现了大熊猫的圈养，为进一步保护大熊猫、维护世界生物多样性做出重要贡献。在“世界现代田园城市”的定位与理念下，成都坚持绿色、低碳、环保的发展方式，实现了城乡宜居一体。2022年12月，成都市被评为特色联合国首届“生物多样性魅力城市”，在自然生态系统的保护方面取得了瞩目成就。如今大熊猫形象已融入成都生活的各个方面，时尚地标太古里、大熊猫图书馆、大熊猫主题公园、大熊猫主题旅行线路、大熊猫文创等建筑与产品不断充实强化着成都作为大熊猫家园的独特形象。从2008年北京夏奥会吉祥物到2022冬奥会吉祥物——福娃晶晶、冰墩墩以经典大熊猫为原型的现代设计，使大熊猫在国际上的美誉度越来越高。与大熊猫有关的书籍、影视剧层出不穷，特别是中央电视台熊猫频道iPanda在大熊猫基地的设立，通过24小时直播大熊猫的萌态加深了大熊猫的粉丝基础。

作为我国西部内陆地区的经济中心和交通枢纽，成都通过一系列文化活动不断强化大熊猫IP建设。2011年成都在纽约时代广场播放“大熊猫故乡”城市宣传片，为成都国际形象的对外传播作出了生动诠释；2014年成都举办创意设计产业展览会，创意活动“成都彩绘大熊猫”面向全球征集大熊猫主题作品，大熊猫作为对外交流的“成都礼物”加强着成都的城市文化符号标识；2015年米兰世博会成都周开幕，成都万科馆一楼广场设置的大熊猫邮筒成为众多游客的打卡地标，大熊猫明信片寄写活动在传受互动中突出了成都“大熊猫之城”的城市印象；2018年中国大熊猫国际文化周计划在五年内招募全球大熊猫文化推广使者，并通过大熊猫摄影作品展览、影片展映、书籍分享会等活动积极传播大熊猫文化，通过多元化的大熊猫元素让世界更了解成都。近年来，成都大熊猫亚洲美食节、成都国际大熊猫音乐节等活动也不断彰显着成都大熊猫文化的独特魅力与文化价值，为成都文化的国际传播发挥着积极作用。

大熊猫作为成都城市国际化的最佳形象担当，已经持续推广宣传了几十年，对成都大熊猫这一特色文化元素进行IP开发，全方位配合构建大熊猫IP的运营模式，是成都大熊猫IP得以成功发展的根本逻辑。成都大熊猫IP需要创造出独有的IP价值，在完整的产业生态中不断丰富品牌形象，通过场景叙事、整合传播等增加其在受众心中的印象，从而在整个产业链中发挥更大效益，持续形成正向循环。在文化产业市场日益广阔与IP多领域互通互融的大环境下，大熊猫IP在持续吸引国内外注意力的同时，成都城市形象的国际传播也会取得倍增效益。大熊猫IP的发展是讲好成都故事、展现成都活力的生动体现，是成都城市国际化水平与影响力提升的关键环节。

二、成都熊猫IP在国际传播中的不足

成都在熊猫IP的打造、发力与助推等方面做出了许多努力，获得了较为显著的成绩。但在大熊猫IP的国际传播中，也存在着传播话题散乱、集中度较低等问题，同时，成都作为熊猫故乡的认知度不高，地域印象及城市标志不够突出。众所周知，成都文化资源丰富，不仅是时尚之都、美食之都，而且拥有历史悠久的非遗传承与茶馆文化等，但成都未能针对大熊猫这一文化元素进行深入重点传播，使得熊猫IP与成都尚未建立紧密连接，呈现出“泛文化”现象，在打造标志性超级IP形象上有一定的缺失。

（一）成都熊猫IP国际显示度不足

截至2023年3月，央视网官方媒体熊猫频道（www.iPanda.com）在国际

社交平台累计粉丝超3000万，形成了包括脸书（Facebook）、优兔（Youtube）、照片墙（Instagram）、抖音（TikTok）、推特（Twitter）、何也（Quora）等在内的全媒体社交矩阵，熊猫幼崽、熊猫日常生活萌态、熊猫基地等内容持续吸引着众多粉丝的关注度。但成都在国际社交平台的总粉丝数不足100万，国际传播渠道尚未打通，关于大熊猫的专题活动较少，活动方式不够丰富，熊猫IP相关社群搭建缺乏系统性，品牌建设不足。

（二）成都熊猫IP产业化发展不充分

作为中西部经济中心城市，成都在大熊猫的保护、繁育、研究上布局不够清晰，熊猫IP产业链待完善，熊猫IP产业布局较为分散，文化产业专业运营能力不够强。相关企业欠缺国际竞争力优势，IP国际传播内容同质化明显，创新性不足，一些相似甚至重复的营销内容易导致熊猫IP过度商业化，引发受众审美疲劳，难以实现经济效益与文化效益的均衡，IP价值转化效率不高。

（三）成都熊猫IP国际传播方式与效果待提升

面对复杂传播生态，成都国际化议程设置能力弱，IP传播渗透度不够强，针对成都熊猫IP进行国际传播的表达效率不高。成都国际化传播队伍专业化不足，职责分工不够明确，工作质量不够高，传播效果评估机制有待健全。应进一步加强对外联系，在外来游客的亲身了解、体验中增加成都对外城市形象在受众眼中的印象，促进成都国际传播主体多元化，实现多领域共生。成都应走自己的IP建造之路，提升跨媒介适应能力，以城市品牌彰显城市文化，积极促进传播能力构建。

三、成都熊猫IP国际传播提升策略

文化是一个城市最活跃、最难以替代的竞争优势，IP作为城市文化载体高度凝练了该区域的文化特征，与城市的关系越来越紧密，成为城市文化价值信息的高度浓缩。成都熊猫IP以地域性、识别性的符号作为感知节点，通过系统营销等环节实现IP与受众的联结和交互。在创造关联中激发受众感知，引发消费行为，培育文化资本，带动地方产业融合发展。成都大熊猫的“泛文化”现象体现了成都在打造标志性超级IP形象上的缺失，未来，可以通过城市承载具有延展传播力的IP形象，以较高的起点为城市跨越式发展提供契机。

（一）彰显IP价值，深化文化内涵

要将大熊猫打造为成都超级IP进行国际化传播，首先应明确大熊猫IP的主题与定位，充分挖掘大熊猫历史文化资源，对熊猫IP进行内容整合，建立熊猫IP信息库，全面展现大熊猫文化内涵；将“熊猫文化”与城市形象紧密结合，以大熊猫为载体，进一步提炼IP核心价值，注入成都天府文化基因，深化、强化成都城市形象与大熊猫的绑定与融合，增强IP辨识度。其次，树立全球视野，将成都大熊猫IP对标国际先进IP水平，参照国际知名IP构建标准发展熊猫IP，以打造世界级超级IP为目标，塑造熊猫IP成为国际知名品牌。

在IP的塑造与传播中，首先应注重“用一个声音说话”，设计统一的宣传标语和IP原创Logo，强化成都大熊猫IP的品牌凝聚力，进行有效传播；注重战略方向上的内容创新，以优质内容打造大熊猫IP文化符号并注意对优质原创作品、商标、专利等知识产权进行保护。其次，利用更富价值内涵的本土IP叙事传达城市文化理念，以故事驱动提升受众共情能力，夯实熊猫IP粉丝基础。搭建大熊猫与人们的情感联结，书写大熊猫视域下独特的成都叙事，在体验式互动中增强成都“熊猫故乡”在受众心中的印象。最后，要建构一套完整的大熊猫超级IP的符号体系，从理论与策略上形成熊猫形象IP化的全民共识，运用整合营销的传播手段建立一个符号、一个声音、一套系统的传播体系。只有这样，才能为今后的熊猫形象超级IP塑造与传播活动打下坚实的基础。

（二）打造IP产业链，完善产业机制

打造IP产业链，形成具备产业化、文艺化、数字化、国际化的发展路径。以授权企业为主体，发展具有高附加值的相关支柱企业，构建大熊猫文化产业品牌影响力。

首先，对整个大熊猫IP产业进行战略布局与规划，在资源打通的基础上把握整个IP产业链的发展脉络，充分挖掘和释放IP运营的潜质，推动产业多元化发展，提升产业能级。在形成“开发—生产—营销—保障”这一完整产业链条的基础上，对产业链进行长期维护，根据IP生命周期各阶段的特点及时作出动态化调整，注重成都大熊猫IP的可持续运营，最终形成上中下游协调发展的良性生态圈。

其次，以大熊猫文创产品和衍生文艺作品为核心，通过自主开发与品牌授权等运营形式推动熊猫IP产业化发展，将优质IP有效转化为文化生产力。统筹协调成都文化产业发展，推进商业效能的实现；对优势企业进行规模化管理，避免出现片面追求商业利益而忽视内容制作的现象；系统规划大熊猫文化资源的保护与开发环节，加强文化产业专业运营能力；充分利用社会资源，推广成都文化旅游项目，促进文旅融合发展，助力成都世界文化名城建设。

再次，积极落实文化数字化战略，注重创新型数字产品的研发与推广对IP产业链的推动与助益。利用图片、影像、VR等多种表达形式及3D打印技术、元宇宙等新兴科技架构沉浸体验场景，提供更丰富的叙事内容，更好地实现传受交互，以鲜活立体的感官体验拉近受众与大熊猫IP的距离，提高大熊猫IP的感染力与传播效率，助推熊猫IP商业价值实现。

最后，加强与国际营销渠道的合作，面向世界文化市场，实现标志性产品海外发售。推动企业集聚，通过组合推广营销模式打造具有国际竞争力的产业集群；强化成都会展和会议配套设施的设计与建设，借助成都举办高端会展与顶级会议的契机彰显成都区域特色；利用成都在文创、旅游、赛事、会展等方面的产业优势，增强熊猫IP的国际辐射力与影响力。[①]

（三）把握IP共情特质，开展全媒体传播

要让大熊猫IP有效地国际化传播，就必须建立全媒体传播体系、多领域

① 吴敬忠：《熊猫符号作为成都国际化城市IP形象建构的策略分析》，《明日风尚》，2022年第8期，第181–186页。

传播，加以文化亲和叙事与个体反馈和改进，使传播链条得以稳固和完善。

首先，健全传播体系矩阵，促进成都大熊猫IP全方位、多平台传播。完善顶层设计，强调多媒互动，深度参与传统媒体与新兴媒体的融合发展，打通出版、会展、演出、电影、动漫、广告等传播渠道，构建现代传播体系；打造成都外宣媒体，创建专业化、复合性的采编团队，提升成都形象在国际传播中的客观性与准确性；注重团队建设，加强各宣传部门的统一协调，提高立体传播效率；勇于和国内外主流媒体进行合作，优化微博、微信公众号、推特、脸书等社交媒体账号管理，建立熊猫IP媒体矩阵，积极推进熊猫IP在海外的曝光度，扩大传播半径，推动熊猫IP走出去。

其次，注重熊猫IP内容挖掘，突出成都大熊猫IP的“可爱叙事”。以深度报道、特色专题等文化栏目为引领，形成全方位、有重点的传播格局。奥地利动物学家康拉德·洛伦兹研究发现，婴儿可以引发人类强烈的积极反应，让人自发产生微笑、想要拥抱等行为或心理变化，那些与婴儿具有相似面孔和触感的动物同样可以激发人们的呵护之情。作为国际传播媒介，大熊猫的形象具有“可爱”“呆萌”的特点，可以唤起受众的认同感，增加国际社会对成都的兴趣与了解，展现成都和谐、积极的城市国际面貌。共情传播即通过把握人类共通情感实现传播效果的提升，可爱传播即属于共情传播中的一种。可爱传播已经被证实在公共关系、战略营销以及意见树立方面是一种有效的工具，可以促进销售、建立品牌为客户提供友好的环境，可以通过可爱信息这种通用语言影响全球。①

再次，开展全媒体传播，形成立体传播格局。全媒体传播，本质上是数智化赋能下全媒体与媒介融合的思想结晶。其中，媒介融合可以被理解为实现全媒体的过程手段，而全媒体才是媒介融合的最终目标。全媒体传播不是单纯地将多种媒介形式集合在一起，而是强调在此基础上全面推进多个方面的智能协调参与以及高效资源配置，从而形成一个完整的生态系统。②全媒体

① 赵新利：《共情传播视角下可爱中国形象塑造的路径探析》，《现代传播：中国传媒大学学报》，2021年第9期，第70页。

② 唐润华：《国际传播中IP运营的效能提升价值及实现路径》，《现代传播：中国传媒大学学报》，2022年第7期，第56页。

传播是IP运营的基本特征和核心要素，成都应完善顶层设计，以深度报道、特色专题等创意性文化栏目为引领，建立熊猫IP媒体矩阵，形成全方位、有重点的立体传播格局。发挥多元主体传播力量，积极吸纳平台用户的参与势能，通过外国相关领域知名博主真实的个体化视角加强熊猫IP在国际传播中的共识。强调多媒互动，深度参与传统媒体与新兴媒体的融合发展，打通出版、会展、演出、电影、动漫、广告等传播渠道，构建现代传播体系。开拓创新型数字产品的研发与推广，利用图片、影像、VR等多种表达形式及3D打印技术、元宇宙等新兴科技架构沉浸体验场景，提供更丰富的叙事内容，以鲜活立体的感官体验拉近受众与IP的距离，提高IP的感染力与传播效率。

最后，建立传播者与受众的互动和信息反馈机制，实时调整与改进传播内容及方式。国际传播面向的是不同国家和区域的受众和群体，要采用贴近不同区域、不同国家、不同受众的精准传播方式，要研究海外用户需求，科学设置议题与议程，创新内容呈现、创新表达方式，努力让海外受众看得懂、听得见，不断提升对外传播效果。[①]成都应积极探索信息可视化手段，开拓与相关数字平台的联络，借助其平台资源与经验把握用户画像与行为习惯，了解传播受众的需求。开拓与相关数字平台的联络，借助其平台资源与经验把握用户画像与行为习惯，了解传播受众的需求，实现精准传播。在外传播中以受众导向的视角聚焦叙述角度，关注受众的印象与感知，通过具有吸引力、感染力的方式与内容提高表达效率，以成都熊猫IP作为对外交流的窗口，提升天府文化国际传播竞争力。

（四）积极融入国家战略，落实各方要素保障

城市IP形象的打造并非一朝一夕可以完成，需要持久连贯的长期投入，对超级IP孵化、建构、运营、营销、推广的每一个环节都要有清醒的认识和明确的工作计划。

在官方引导和助力方面，建立省一级的官方推广平台，使各级职能部门

① 刘会敏，戴晓翔，李蕙君：《地方媒体加强国际传播能力建设的意义及路径探析》，《新闻爱好者》，2022年第12期，第81页。

形成共识，同时带动企业公司、基层文化机构积极参与城市品牌的营造构建，做到顶层设计和基层设计相互配合，共同发力，协同工作。从而实现持续性、连贯性、统一性的运行机制，练好扎实的内功，营建有国际水准的熊猫城市IP形象与环境。①

在地方实施与协作方面，在国家政策指导下，实施地方专项法规支持，市级文化部门可成立职责明确的专业化工作小组，完善营销工作制度与IP传播标准流程，积极推动熊猫IP运营项目落地。同时注重与民营机构、社会团体的协作，既要紧跟国际视野，也要合理吸收民间倡议。

在财政保障与资源整合方面，重视财政支持对熊猫IP发展规模与速度的影响，设立成都熊猫IP发展基金，引导专业投资向相关企业倾斜，出台具体办法扶持重点大熊猫文化产业。政府可通过申报、评审等方式促进金融部门与大熊猫文化企业的长期战略合作。在国际市场机遇下整合好国内外资源和市场，提升熊猫IP国际竞争力与影响力。

在人才培养与吸纳方面，加强人才队伍建设，根据国际传播的具体需求建立完善人才培养体系。培养在翻译、营销、管理、技术等方面的优秀人才，熟识成都地方情感文化、热爱大熊猫族群的人才等；注重创新型、跨学科人才的吸纳与鼓励，打造专业全面的人才队伍，为成都对外宣传提供切实保障。

① 刘会敏，戴晓翔，李蕙君：《地方媒体加强国际传播能力建设的意义及路径探析》，《新闻爱好者》，2022年第12期，第81页。

成都“世界美食之都”城市国际形象推广策略研究

吴若山　赵利圆　叶　林*

成都自古以来就是西南地区经济中心，旅游资源丰富，拥有青城山—都江堰、西岭雪山等国内知名、世界有影响力的旅游吸引物，在西部素有美食之都的称誉。2022年，成都全市餐饮行业实现餐饮收入1444.6亿元，19家餐厅上榜“2023年黑珍珠餐厅指南”，成为榜单Top5城市中新上榜餐厅增速最快的城市，成都的城市活力在舌尖体现得淋漓尽致。①《2023年成都市政府工作报告》明确指出：建好建强“三城三都”，其中对建设国际美食之都倾注了高度的重视，并将其作为推动与促进世界文化名城建设的重要载体。“世界美食之都”这一世界级荣誉的获得，是成都城市发展历程中的一张闪亮名片，有助于促动成都以美食文化为核心内涵和优势资源，聚力打造美食品牌，以美食文化赋能并助推成都城市综合实力的全面提升。以“世界美食之都”建设为切口做好城市国际形象推广，有助于拓展与塑造世界级的旅游资源与产品供给，在更广意义上推动成都向建设世界级旅游目的地更进一步。

* 吴若山，新时代文化旅游研究院院长、中国劳动关系学院文旅政策研究中心副主任、北京旅游学会理事；赵利圆，新时代文化旅游研究院研究员；叶林，南昌师范学院副教授。

① 孟浩．成都今年力争餐饮收入突破1600亿元［EB/OL］.（2023-02-12）．https://baijiahao.baidu.com/s?id=1757582872167134921&wfr=spider&for=pc.

一、成都“世界美食之都”城市国际形象建设基础与现状

（一）成都“世界美食之都”的建设基础

联合国教科文组织在2004年发起建立了创意城市网络，是世界创意产业领域级别最高的非政府组织。该创意城市网络涵盖“媒体艺术之都”“美食之都”等七大组成部分，主要目的是通过严格的准入程序促进城市全面发展。成都美食行业基础禀赋好，传统美食文化保护较好，产业培育及人才孵化体系较为成熟，同时还有着专业的会展、赛事活动等一系列平台来对美食行业加以推广。因此，2010年2月，成都作为四川的美食代表，获评“世界美食之都”称号，这也是亚洲第一个获此称号的城市。这一殊荣的获得，对于强化成都城市品牌的建设，彰显成都世界意义上的休闲、宜居、宜业的城市品牌具有重要意义。

“食在中国，味在四川，吃在成都”，川菜文化源远流长，成都经过上千年的沉淀，诞生了众多美食，尤其以成都本土为代表的上河帮官府菜更是集百家之所长，美食已然成为锦官城亮眼的城市名片。6万多家美食商户，超50余万从业人员，2568家首店，59家中华、四川餐饮老字号企业，超6000个成熟菜品，餐饮同业公会、美食之都促进会、美食作家协会、烹饪协会等众多行业协会，都为成都高度发达的美食行业奠定了坚实基础，也是成都“世界美食之都”世界级荣誉的底气所在。为进一步擦亮这一金字招牌，2019年2月，成都市政府发布了《成都市建设国际美食之都三年行动计划（2018—2020）》，擦亮舌尖上的名片。在此之后，成都再次发布《成都市建设国际美食之都五年行动计划（2021—2025）》，进一步明确发展方向。横贯八年的两个计划，系统性地指出了成都建设世界美食之都的目标。

（二）成都“世界美食之都”城市国际形象推广现状

近年来，成都市高度重视“世界美食之都”城市国际形象的推广，积极参与举办各种美食文化国际交流活动，创新创立了联合国城市协调员制度，被认定为亚洲首个“慢食之都”，持续推进全球美食文化交流与合作。

特色做法一：美食+非遗。成都市以“文化和自然遗产日”等重要节点为依托，运用“非遗展览+美食节+非遗集市”方式将美食文化与非遗文化有机结合起来，并通过线上线下宣传方式加以推广，讲好美食文化与非遗文化的成都故事，让世界美食之都的立体形象在厚重的历史中彰显“诗意栖居 蜀风雅韵”的独特人文魅力。此外，成都市积极支持美食申报非物质文化遗产，促进老字号品牌的保护与传承，郫县豆瓣、肥肠粉、韩包子、成都火锅、六婆辣椒面等为大众喜闻乐见的传统制作技艺上榜非物质文化遗产代表性项目，舌尖上的非遗让“世界美食之都”的成都形象在街头巷陌的烟火气中更加立体、多元与饱满。为促进美食非遗的更好传承与发展，成都还依托烹饪学校、传习基地等渠道广泛推广关于传统烹饪技艺，促进非遗文化更好地传承。

特色做法二：美食+会展。豆瓣博览会、美食展览会、天府火锅节、中国（成都）国际美食旅游节、川菜美食文化节、成都糖酒会等美食会展，让世界美食之都的城市名片有了更多被海内外人士认知与熟悉的渠道。总领事推荐餐厅之“一馆一地一年一餐厅”、国家主题日、环球打卡等板块活动，都让成都将自身打造成为川菜全球总部和国际美食区域性中心，也成为舌尖成都走向世界的形象窗口。除此之外，成都还成功举办了“中国成都国际美食旅游节”等国际性美食节会活动，并在海外建立基地推广川菜文化。

特色做法三：美食+交流。美食与文化交流历来密不可分，作为全世界的共同语言，美食富有的独特文化融合密码，往往让一座城市因美食超越地域局限，成为全人类共同的财富。成都始终将“世界美食之都”金字招牌的获得看作在全球化环境下倡导和维护文化多样性、促进地区经济活跃发展，不断提升成都国际竞争力的一个重要契机。在成都美食文化的发展过程中，成都官方和民间行业协会等都非常重视和周边地区、其他菜系、海外餐饮、世界美食知名行业组织的合作交流，并注重鼓励与选拔美食行业青年标杆人物赴外学习，为餐饮行业不断引入全新血液与动能。

二、当前世界美食之都城市形象推广经验

“世界美食之都”荣誉称号是全球城市饮食文化最权威的认定称号，涵盖

对城市美食评判等一系列指标，能够获此殊荣的城市，都是饮食文化内涵独特的美食名城。全球已有波帕扬为代表的9座城市被联合国教科文组织授予了“美食之都”称号。在城市国际形象塑造推广方面，部分城市探索出了一些可供成都参考的经验。

（一）哥伦比亚波帕扬：创造会展标记城市

2005年8月11日，拥有近500年历史的文化城市波帕扬成为世界上第一个“美食之都”，哥伦比亚饮食的发源地。自2003年开始，波帕扬开始举办国际美食节，来自哥伦比亚全国34个省的代表团和全国各地的美食代表团齐聚一堂，为世界各地的游客呈现一场视觉、嗅觉和味觉的盛宴。美食节从一个地方旅游文化活动开始，已经发展成为颇具影响力的世界盛会。波帕扬通过美食资源、文化、节庆活动等，将美食产业作为城市的核心突破点，让一座城市在世界范围内具有了独特的标签，也让更多世界城市发现了美食对于城市的意义。

（二）瑞典厄斯特松德：社交网络推广城市

作为瑞典著名的美食城市，“世界美食之都”的重磅荣誉更让厄斯特松德拥有了更为广泛的国际知名度，并成为助推其成长为国际化旅游城市的有效推动器。厄斯特松德有着历史悠久的烹饪传统，加之特殊的制作技艺与雪地食材，形成了别具一格的美食文化。积极适应全球新媒体传播环境需求，在获得美食之都的世界级荣誉之后，该市不仅通过官方积极运用Facebook国际性社交网络渠道推广城市形象，还积极发动市民加入其中，在增进市民城市认同感的同时，以个体带动整体扩大城市知名度。

（三）黎巴嫩扎赫勒：多元活动激活城市

黎巴嫩扎赫勒因美食、诗人和作家而蜚声中外，被称为“酒与诗的城市”，是世界有名的葡萄产区，酿制葡萄酒的历史已经长达5000多年。一年中，扎赫勒最主要的文化节日是葡萄节，每到9月，各种形式的文化文艺活动就会轮番上演，如音乐会、戏剧表演、诗歌朗诵会和艺术展等。这些活动在增进城市活力、吸引四面八方来客的同时，也促进了城市美食文化在世界范围内的进一步传播。

（四）韩国全州：城市漫画塑造形象

全州是韩国具有悠久历史的区域经济文化中心，作为重要的稻米粮食生产基地在韩国占据重要地位，独特的文化与传承赋予其“饮食到全州”的盛誉。韩国全州把自身的美食旅游看点以漫画的形式呈现出来，如漫画《全州李家民宿》通过漫画中愉快有趣的故事介绍有关韩国全州的一切，漫画主角一边游览全州景点，一边品尝全州当地美食，以更潜移默化的形式推广“世界美食之都”的城市形象。

（五）中国潮州、顺德：系统布局建强根基

广东省潮州市、顺德区则从非遗传承、创意驱动、产业布局与发展等方面入手，着手抓好“世界美食之都”建设。潮州市在传承美食非遗技艺的基础上十分注重非遗传承人的梯队建设，并注重美食与产业、教育等社会经济发展不同领域的合作，形成创造力促进社会更快发展。[①]顺德区在国内美食餐饮界占有重要地位，是粤菜最经典的代表，在老字号品牌保护与继承、提升顺德美食的国际影响力、推动美食产业与相关产业的融合，积极运用“互联网+”等方面促进美食之都建设。[②]

三、成都城市国际形象推广提升短板

（一）美食资源储备量大，媒介整合力有待提升

成都自古便有“天府之国”“蜀中江南”的美誉，美食资源储备丰富、种类多样。但成都在如何运用媒介传播策略开展总体规划、传递信息、推介文

① 罗兰帆，黄俊生．潮州创建“世界美食之都”的路径分析［J］．中国集体经济，2022（05），141–142。

② 綦恩周，陈健．顺德“世界美食之都”品牌推广策略研究［J］．市场论坛，2018（02），37。

化、展现城市等方面还欠缺深层思考与举措。[①]且宣传主体的国际传播媒介视野还需要开阔，当前成都美食的媒体宣传仍然多选择国内甚至本地媒体进行推介，少有运用华人社团、孔子学院、华文媒体、驻外使领馆等对外传播渠道，媒介传播的国际整合力还有待提升。

（二）美食发展业态丰富，产业间协作急需增进

成都作为最令世界游客向往的中国城市之一，已经汇聚了超过15种包括法餐、泰餐、日料在内的世界主流菜系，业态丰富的美食发展造就了多元的美食体验。世界化的同时，成都也没有忘记回归本土，成都市注重发掘本土美食文化，并以产业化为杠杆撬动美食行业发展，不断促进成都餐饮品牌化的发展，并促进成都城市竞争的软实力不断提升。[②]但目前主要限于美食产业单向联动，美食与其他产业的互动协作上，还有相当的改进空间。

（三）美食文化体验多元，文化融入上深度不足

丰富的文化内涵是美食旅游活动顺利开展的坚实基础，当前成都虽然努力打造出“成都熊猫国际美食节”“成都国际美食旅游节”“成都国际慢食大会”等国际性美食节活动，打造了网红建设巷、祥和里、魁星楼、海椒市、玉林路等地标性美食体验街区，极大地丰富了美食文化的体验性。但在美食和关联业态的深度融入上、特色餐饮品牌出海融入异国他乡上还有进一步拓展的空间。

（四）美食产品深度开发，纵向延伸上仍有空间

美食产品直接影响着味觉上的美食之都的体验，其重要性不言而喻。“一菜一格，百菜百味”是以成都美食为突出代表的川菜的最大特色，此前的发展过程中，美食产品在质量上和感观体验上都进行了深度发掘，形成了具备

① 李萍．成都“美食之都”国际传播媒介策略现状与对策——基于川菜文化国际传播的调查分析［J］．西南民族大学学报（人文社会科学版），2012（06），146-149。

② 周睿．关于提升成都国际“美食之都”城市形象的思考——基于设计策略的角度［J］．西部经济管理论坛，2013（04），23-31。

多元创意的丰富美食产品门类，美食市场呈现百花齐放的良好发展态势。但相较于拥有4500多年悠久历史的城市与厚重悠久的美食文化，成都美食产品在讲述区域美食文化，透视美食哲学等纵向深度改进，以产品创新传递国际态度上仍有很长的道路要走。

四、针对性提升建议

（一）整合各类资源，立体塑造国际形象

可整合运用现有的国际国内传媒资源，依托CGTN、《纽约时报》、BBC、ABC、Facebook等国际传统媒介和新兴媒介投放成都“世界美食之都”营销广告或宣传广告，可在纽约时报广场、上海虹桥机场、首都国际机场等国际人流密集的场所开展城市营销，对世界美食之都形象进行全方位的媒体塑造与媒体传播。同时，亦可借助海外文化名人、海外大V、驻外使领馆等阵地载体开展好海外宣传。同时，还可根据成都市以及四川省入境游游客的来源地，针对性地在来源国投放成都“世界美食之都”的营销广告，提炼深入人心的成都美食对外宣传主题语，提升城市营销的针对性。成都国际美食之都形象的认同，也不应仅仅停留在政府推进、企业参与的层面，还需要吸引更多的蓉城市民参与到树立形象的过程中来，这也是塑造与推广“世界美食之都”城市形象的根本。

（二）增强产业协作，构建多元产业链条

作为一种综合的社会性活动，美食旅游覆盖了多个社会环节，涵盖饮食、住宿、出行、游玩、购物、娱乐等诸多环节，美食文化与一、二、三产业的联动是成都“世界美食之都”城市国际形象塑造的产业根基所在。目前的美食旅游还停留在简单的食用和购买等浅层概念，深度极致的沉浸式美食体验仍然欠缺，类似成都川菜博物馆一样的美食旅游深度开发体验区还较少，在这一方面，成都美食产业还有很长的路要走。要建设世界级的美食文化之都，有必要在摸清美食资源存量的基础上，以集群集约管理的视角将美食文化产

业嵌套融入旅游体验、会展、文博等产业之中，健全成都美食文化的体系，向“微笑曲线”两端延伸，与文化产业、旅游产业等不断互动，创新美食供给、营销与创新体系。

（三）深挖文化富矿，融入美食借船出海

美食文化是展示一地一域国际形象的特色窗口所在，也是推动文明交流互鉴的重要载体。成都的三国文化、金沙文化等源远流长，钵钵鸡、担担面、三大炮、老妈蹄花、双流兔头、夫妻肺片等成都传统名吃还停留在大众认知的初步阶段，深度性的特色文化植入还相对较少，与成都发达的文化创意产业相融合，将这些文化素材融入美食之中，在丰富美食之都内涵的同时，也有助于让人产生共鸣，在保有自身特色的基础上，促进成都的美食文化走向世界、走向国际化。在对外整合营销推广上，可依托“欢乐中国节”“糖酒会”等渠道载体借船出海，拓展成都美食的国际知名度。视觉感观上的冲击力也有助于在更广层面上推广城市形象，可对成都“世界美食之都”形象进行整体的视觉设计，通过文创小礼品、官方纪念物等持续塑造并传达这一形象。此外，还可出台激励性政策措施，促进成都餐饮品牌向海外拓展延伸。

（四）发掘文化内涵，点亮文旅发现征途

美食旅游是旅游活动的重要组成部分，美食作为一种文旅资源禀赋，正在走向向休闲体验的广度延伸、向文化深度拓展的双头并进的路上，具有值得深挖的丰厚内涵。成都“世界美食之都”城市国际形象的塑造，离不开世界游客对特色旅游线路的深度感知。可将美食文化与文旅进行深度融合，针对成都市的区域文化特点，定制化设置区域重点推介美食体验及巡游环线，融入特色美食品尝体验等环节，分享受众设计制作的特色美食打卡餐厅，满足游客在体验美食时的享受与感受需要，[①]在追求美食美味美景的同时，点亮全新的文旅发现征途。同时，还可细分美食制作环节，设置沉浸式传统蓉城美食制作体验流

① 李婷．美食为媒，发掘美食文旅发展之路［EB/OL］．（2019-05-16）．https://travel.southcn.com/node_10cfa02e6a/262da7fd22.shtml.

程，促进海内外游客在切身体验中感受蓉城世界美食之都的饮食文化魅力。

参考文献

［1］孟浩．成都今年力争餐饮收入突破1600亿元［EB/OL］.（2023-02-12）．https://baijiahao.baidu.com/s?id=1757582872167134921&wfr=spider&for=pc.

［2］罗兰帆，黄俊生．潮州创建“世界美食之都”的路径分析［J］．中国集体经济，2022（05），141-142。

［3］綦恩周，陈健．顺德“世界美食之都”品牌推广策略研究［J］．市场论坛，2018（2），37。

［4］李萍．成都“美食之都”国际传播媒介策略现状与对策——基于川菜文化国际传播的调查分析［J］．西南民族大学学报（人文社会科学版），2012（06），146-149。

［5］周睿．关于提升成都国际“美食之都”城市形象的思考——基于设计策略的角度［J］．西部经济管理论坛，2013（04），23-31。

［6］吴华佳，陈剑，张翼．中外文化交流与“世界美食之都”的形成［J］．上海城市管理，2021（11），72-78。

［7］姚键．川菜与川菜文化翻译传播的现状与发展策略——“成都美食之都”的国际传播［J］．成都大学学报（社会科学版），2012（04），46-49。

［8］胡静，陈玉越，汤正，曾泊渊，张媛．“美食之都”建设背景下成都外国美食国际形象研究［J］．现代食品，2022（08），226-228。

［9］李丽，石自彬，马建林．重庆美食之都构建下渝菜产业可持续发展对策研究［J］．四川省干部函授学院（四川文化产业职业学院）学报．2019（01），9-13。

［10］匡翼云．餐饮旅游资源的开发路径研究——以成都市创建“美食之都”为例［J］．乐山师范学院学报．2010（06），88-90。

VI ▶▷

国际服务篇

国际化社区建设的成都实践与思考

姜 楠 尚 峰*

2023年7月28日，第31届世界大学生夏季运动会在四川成都开幕。国际性的大型综合赛事在一个城市的举办，是一个城市推动自身发展的重要契机。作为超大型城市和副省级城市，成都近年经济社会建设走在了全国城市前列，向着国际性大城市迈进，外籍人口必将随之大幅度增加，与之相伴的，外籍人士的非国民性、高流动性与高异质性，也将对公共行政管理和基层社会治理提出挑战。构建完善的社区涉外管理服务体系，将有助于提升社区治理能力，保障社区在稳定的前提下多元化发展，推动国际化社区适应未来城市国际化发展规模、发展能级以及发展形态的转变。

一、构建基层涉外管理服务体系的重大意义

（一）构建基层涉外管理服务体系是对国家和城市形象的重大考验。基层社区的涉外管理服务考验着一个国家的治理水平、行政制度的韧性、社会治理的灵活性乃至政治文明的包容度。①虽然国际化社区在整个社区中的比例不大，甚至可以说是绝对少数。但因为国际化社区居民中有一定比例的境外以及外籍人士，他们每天通过实际生活感知中国、认知中国。从某种意义上

* 姜楠，副教授，四川旅游学院马克思主义学院；尚峰，副教授，四川旅游学院马克思主义学院。

① 参见《超大城市国际化社区的发展演变与治理路径——以上海的国际化社区发展为例》，城市发展研究第29卷2022年第8期

来说，这种感知和认知最真实。如感知、认知好，则有助于中国对外形象的提升，如不好，则恰恰相反。在社会治理领域，中国是否具备开放、文明且与时俱进的治理理念，是否具备治理大型多元化社区的经验，是否具备国家、族群、文明融合一体形成和谐共处的能力，基层社区涉外治理和国际化社区建设将成为一块试验田，考验着政府社会治理能力与水平，深刻影响中国向世界发出的构建人类命运共同体和实现文明共存的庄严承诺。

（二）构建基层涉外管理服务体系是实现基层治理现代化的重要实践。党的二十大提出，要着力解决好人民群众急难愁盼问题，健全基本公共服务体系，提高公共服务水平。社会治理是国家治理的重要方面，必须加强和创新社会治理，完善党委领导、政府负责、民主协商、社会协同、公众参与、法治保障、科技支撑的社会治理体系。[①]早期来华人员主要是外交人员及其家属或高级专家，他们居住相对集中于政府指定地区或高端物业小区，实际上是游离于社区管理之外的。新时代以来，由于境外来华人员大量增加，其中绝大部分是普通人。他们主要是居住在社区之内的，并形成小聚居、大杂居的特点，这对基层社区治理能力提出了更高的要求。因此，必须坚持中国道路、党建引领，尊重世界文明，鼓励社区多元参与，倡导“稳定的多元化”“和谐的多样性”，形成党委统一领导、基层组织引领、社会各方协同、群众广泛参与、自治法治德治结合的社区治理新格局。

（三）构建基层涉外管理服务体系是打造开放包容世界城市的应有之义。国际化社区治理不仅考验一个国家的治理水平，也考验着这个国家行政制度的韧性、社会治理的灵活性乃至政治文明的包容度。中国的国际化社区治理绝不走西方国家所谓自由、多元、放任的老路，这是由我国社会主义制度的根本性质决定的。我国的国际化社区治理将以包容、开放、平等为理念，充分利用党群资源，完善社区各项软硬件设施，有效服务社区内中外居民，同时增强中外居民文化交流、沟通理解，建设有中国特色的国际化社区文化，增强社区对中外居民的向心力。成都建设践行新发展理念的公园城市示范区，将以建设开放包容的世界城市为目标，构建基层涉外管理服务体系，将国际

① 参见中国共产党第二十次全国代表大会上的报告，http://news.sohu.com/a/603410897_121106854.

化社区打造成为治理理念充分创新、多元主体充分协调、社区资源充分开放、中外居民充分共享的治理典范，为世界城市可持续发展提供“成都方案”。

二、国内外城市经验对成都的启示

成都的国际社区虽然在近几年迅速发展起来，但仍然处于一个初级阶段。他山之石，可以攻玉，学习和借鉴国内外其他国际社区治理建设的经验对于自身的发展很有必要。

（一）国内城市经验。针对社区涉外管理服务，目前国内多个外籍人士聚集较多的城市在机制建设、政策制定、平台打造等方面已形成较为成熟的经验做法。北京市致力打造融入式国际化社区，设立社会安全体系保障社区安居环境，通过语言培训和交流活动促进文化融合，开展外籍人士分类管理和工作人员能力培训实行精细化服务管理。上海市建设复合型社区服务管理平台，上海古北社区建立“融”工作法，形成“一核心两平台三干事站一中心”组织构架，推动古北市民中心成为集为民服务、文化交流、社区共治、基层立法和市民议事等服务功能为一体的市民之家。①南京大学城国际化社区试点建设通过开展“英语角”“唐诗宋词悦读会”等方式，增强了社区中外居民对于中华文化的认知度与认同感。深圳市以“国际化街区”引领社会治理，建立国际化街区规则与标准，打造对标国际标准的境外人员管理服务中心，引入社会组织与专业机构参与国际社区建设。②

（二）国外城市经验。纵观世界主要移民城市，普遍采取多种方式加强社区治理。由于欧洲发达国家的环境和外籍人士迁移背景和我国差异较大，可以聚焦日本和新加坡这两个亚洲发达国家，研究分析他们在社区建设和治理方面探索出来的制度体系和实践机制。日本的国际社区是兼具政府、居民自治和市场等多个力量参与的混合型治理模式。日本国际社区内部自治组织的

① 罗翔，曹慧霆，赖志勇．全球城市视角下的国际社区规划建设指标体系探索——以上海市为例［J］．城乡规划，2020（02）：102-107+124.

② 赵聚军，齐媛．我国国际社区治理中的外籍居民参与——基于京津三个国际社区的观察［J］．南开学报（哲学社会科学版），2020（03）：27-36.

负责人票高得选、轮流上任，使得社区居民参与自治的积极性普遍较高，负责人主要负责召集和主持会议、自治会费用把控和整理，其中自治会经费主要来自会费和社会捐赠，政府部门给予的补贴只占据不到一成。新加坡的国际社区治理以集体主义为主，坚持“民族至上、社会第一；家庭为根、社会为基；在求同存异中寻求协商共同点；种族和谐与宗教宽容”的价值观。新加坡的国际社区中政府下设和外派了各类机构和组织来进行全方位的干预和管理，呈现自上而下的官僚制的治理结构。

国内外城市经过长期探索实践积累下丰富的社区涉外服务管理经验，对成都构建完善社区涉外管理服务体系具有重要借鉴意义。一是完善顶层设计和管理服务组织构架。二是提升管理服务实效，开展精细化管理服务，打造复合功能服务站点，引入专业机构参与治理。三是通过政策引导鼓励多元参与，增进融合发展，加强共治共建。

三、成都国际化社区建设的路径思考

2021年7月，中共中央、国务院印发《关于加强基层治理体系和治理能力现代化建设的意见》，就加强基层治理体系和治理能力现代化建设的各项工作进行布局谋划，为加快推进基层治理现代化提供根本遵循和行动指南。作为基层治理的重要主体，城市社区肩负着保障人民对美好生活的向往、追求和社会长治久安的使命任务。而对情况更为复杂多样和具有特殊意义的国际化社区治理的研究有利于为我国纷繁复杂（未来）的社区治理提供有益借鉴，为我国加强基层治理现代化发挥重要的前瞻性作用。近年来，为推动城市治理能力和治理体系现代化，成都通过外籍人士“家在成都”工程形成多部门参与、多层级联动的涉外管理服务体系，通过建立国际化社区对标打造具备国际一流的公共服务和治理水平的中外居民共享社区，通过建设“外籍人士社区服务中心”为基层涉外服务提供重要载体。但与国内外先进城市比较，仍存在认知上缺少对涉外管理服务的重视、体系上缺少对涉外管理服务的设计、实践上缺少对涉外管理服务经验等问题短板。今后，应探索构建适应新时代中国特色社会主义发展要求的基层涉外管理服务体系，通过加强顶层设计、完善机制配套、促进资源融合、强化能力提升，促进城市高水平营城、高效能治理和高质量发展，实现以社区国际化推动城市现代化。

（一）加强总体设计，将国际化社区建成巩固社会稳定、建设平安城市的重要载体。坚持党建引领组织社区建设，领导居民自治。充分发挥党的思想、政治和组织优势，聚焦社区治理、制度规则和组织形式创新，切实发挥党委社治部门在社区管理服务工作中的牵头作用，组织动员广大中外居民形成扁平化社会组织，推动社会专业治理力量深入社区服务基层。社区党委通过探索大社区体制改革，把原有分散的基层党组织、社区居委会和专业社工力量加以统筹管理，形成服务中外社区居民的崭新而富有活力的治理体系。坚持科学研判，注重统筹国内外大局。紧密关注国际政治经济变革，准确把握举办大运会、中日示范园区建设以及成渝地区双城经济圈、国际门户枢纽城市对远期外来人口和外籍人员数量结构的影响，针对国际形势、国家发展战略、人口结构、中心重点工作、服务诉求重点以及管理规模的演变，顺应时势、科学谋划基层社区涉外管理服务体系。坚持动态管控，建立常态化与非常态化的涉外管理服务思维。在经济全球化时代，各种传统和非传统安全问题不断给基层社区治理带来新的考验，同时主场外交活动、国际赛事也对基层社区治理提出特殊要求，涉外管理服务的顶层设计应兼具常态与非常态认知模式，提前研究分析常态与非常态中不同场景的基础性差异与特殊情况，在社区层面建立相应配套的涉外管理服务工作机制与政策措施，运用制度优势应对风险挑战冲击。坚持查漏补缺，完善相关涉外管理办法及政策措施。结合实际工作需求，以强化外籍人士停居留为抓手，进一步完善事关外籍人士就业、生活、医疗保障、子女入学等事项的涉外管理服务规章制度。

（二）完善机制配套，将国际化社区建成提升城市治理能力和治理水平的试验田。打破常规思维、避免一刀切，针对不同社区基本情况配套不同管理标准和服务项目。根据外籍人士居住数量、人口结构、基本情况，设置不同的人员、资金、场地等涉外服务配套。率先在外籍人士流动性较大的社区，配备必要住宿登记便民服务、涉外服务指南和城市宣传资料。在社区涉外管理服务中构建多部门协同和上下联动的政策决策机制、服务保障机制、绩效评价与监督问责、应急管理与响应机制。将建立基层涉外管理服务联动协作机制纳入城乡发展治理工作领导小组全体会议议事日程，定期研究解决突出涉外问题，促进部门与区（市）县沟通协作和信息共享；按照政府牵头、社会参与等原则完善制度、人才、资金、服务、设施等方面保障机制；将社区涉外管理服务工作开展情况纳入区（市）县目标考核体系，由职能部门及第三方机构进行不定期抽查、统计监测和服务评估；建立社区涉外应急管理与响应机制，推动应急响应体系的扁平化建设，建立市、区（市）县、街道的涉外突发事件直报机制，实现三级同步联动，压缩预警响应处置流程与时间。通过引入具备中外沟通协调能力的社会组织和专业机构及人员参与管理服务，推动社区管理服务进入小区，使社区回归为中外居民自下而上需求的发现者和信息传递者，街道成为购买社会服务项目的监督者和评估者，党政决策和资源分配的"参谋"，推动形成党建引领下的专业化涉外公共服务体系。推动中外居民参与社区治理，建立和完善中外机构和人员参与社区管理服务的流程、项目、平台，鼓励外籍人士参与国际化社区服务和社会建设，定期召开中外居民座谈会，听取社区涉外管理服务的意见建议，真正实现广泛的社会协同治理和专业治理。

（三）促进资源融合，将国际化社区建成促进开放发展的平台。将招引服务送到家门口。鼓励政府职能部门、企业、社会组织、人力资源服务机构、投资促进机构靠前服务，贴近中外居民主动送政策、送服务，在社区中心开展投资促进、人才招引、商务洽谈活动，在国际化社区实现招商、引资和引智。建立基层涉外大数据平台，促进社区治理智慧化发展。以天府市民云等城市网络平台为载体，作为涉外服务窗口，提供多语种信息发布、政务办理、便民服务、生活咨询、问题反馈等服务，实现政务、生活服务一网通办。将涉外资源落地基层。将重要外事接待、外商投资公益项目、对外文化交流活动引入社区，营造社区开放包容的文化氛围。通过牵线搭桥，与海外社区结为友好合作关系，学习借鉴外国地方政府在促进外来人员融入和多元文化发展等方面的先进做法，探索国际化社区在制度、机制、流程等方面的创新举措。

（四）强化能力提升，将国际化社区建成中外和谐共存的典范。加强基层涉外管理服务能力培训。举办外事、社治、法律等专项培训，加强社区、社工、社会组织的语言能力和涉外管理法律法规知识储备，提升基层涉外管理服务认识、思维和工作能力。探寻中外矛盾调处新方式。鼓励居民自治组织发展外籍志愿者和协调员，作为中间协调人，加强政府的政策解释说明，准确传递中外居民的诉求与问题，妥善化解中外矛盾纠纷，避免因小纠纷引起大舆情。提升中外友好交流的实效性。根据中外居民实际需求，举办类型丰富、形式多样、主题多元的交流活动，社区联合小区，在居民小区中积极宣传推广，让中外居民走出家门聚在一起，用共同爱好、志愿服务、生活乐趣打破中外隔阂，让外籍人士融入中国邻里，营造和谐社区氛围。强化舆论引导，讲好中外友好和谐的成都故事。树立社区典型，持续挖掘和讲好外籍人士投身城市和社区建设、促进中外文化交流、发展公益事业的先进事迹，在社区以及全市范围内正面宣传外籍人士对城市的归属融入，推动政府和市民关注外籍人士的意见建议、贡献付出。加大国际化社区建设在全社会阶段性成果宣传，激发中外居民荣誉感、自豪感和参与感。以大运会为契机，广泛发动中外居民参与社区共建共治共享。发动社会组织、社会企业、志愿组织及中外居民参与国际化社区环境提升、社区国际交往能力培训；以大运会、世运会等相关活动为主题，开展中外居民系列文化交流活动，邀请外籍居民向中国居民讲解交流不同国家风俗文化，扩展中国居民视野，加强中国居民外语交流能力；吸引安排社区居民作为志愿者参与重大国际赛事志愿服务，邀请外国运动员赴社区参观访问，展示开放包容的城市文化。

地方政府的领事保护机制建设探析
——以四川省为例

魏　冉*

随着中国对外开放持续深化和世界经济全球化加速，地方政府在中央领导下发挥主动性和创造性服务国家总体外交成为外交转型的趋势所向。2018年5月，习近平总书记在中央外事工作委员会第一次会议的讲话中指出，“地方外事工作是党和国家对外工作的重要组成部分，对推动对外交往合作、促进地方改革发展具有重要意义。要在中央外事工作委员会集中统一领导下，统筹做好地方外事工作，从全局高度集中调度、合理配置各地资源，有目标、有步骤推进相关工作”①。值得关注的是，近年来，中国外交部着力加强中央、地方、驻外使领馆、企业和公民“五位一体”领事保护体系，将领事保护机制下沉到全国各个地方政府。②地方政府外事办在减轻中央政府负担的同时，对于有效维护海外中国公民和企业安全发挥了重要作用。

四川作为我国西部经济中心，在服务于国家总体外交中扮演着重要角色。截至2022年，四川与220多个国家和地区建立经贸关系，来川落户世界500强企

* 魏冉，河北工程大学马克思主义学院讲师，北京中坤鼎昊国际安全科学技术研究特约青年研究员、中金鹰和平发展基金会高级研究员，主要研究领域为当代中国外交、领事保护。本文为国家社科基金重大项目“完善我国领事保护制度研究”（项目编号：20&ZD206）的阶段性成果。

① 《习近平主持召开中央外事工作委员会第一次会议》，中华人民共和国中央人民政府网站，http://www.gov.cn/xinwen/2018-05/15/content_5291161.htm，2018年5月15日。

② 《中国领事保护彰显外交为民（砥砺奋进的5年）》，人民网，http://world.people.com.cn/n1/2017/1014/c1002-29586855.html，2017年10月14日。

业377家；成都双流国际机场已开通国际（地区）航线131条，天府国际机场正式投运，成都成为全国第三个拥有双国际机场的城市；中欧班列（成都）累计开行超过8000列，稳居全国首位。[①]截至2023年2月，23个国家获批在川设立领事机构，国际友城和友好合作关系增至440对，[②]四川对外交往“朋友圈”越来越大。与此同时，海外川籍人员和企业数量不断扩增。在如何答好有效维护海外川籍人员和企业安全与合法权益这个考卷上，四川省、市外事办交出了令人民满意的答卷。2017年，全国首届领保工作培训会在成都举行。会议向近年来海外领保工作表现突出的地方外事部门颁发奖状，四川省外事侨务办获优秀奖。[③]2020年，成都市外事办涉外领事处荣获首届“全国地方外事工作优秀集体”称号。[④]

一、地方政府参与对外事务研究综述

从外交实践来看，国际关系行为主体日益呈现出多元化趋势。一些学者基于西方国家的政治实践，开始关注地方政府参与对外事务的外交功能。詹姆斯·罗西瑙（James N.Rosenau）将国际关系的行为主体逐渐呈现出两个中心的现象，表述为“两枝世界”理论（Bifurcated World）。其一是主权国家的中央政府，其二是多元化的次国家行为体，两者兼具共存与竞合关系。[⑤]基于地方政府在对外事务中不断与联邦政府产生权力较量的政治现实，美国学者伊夫·杜恰切克（Ivo D.Duchacek）和加拿大学者帕纳奥蒂斯·索尔达托

① 《全省外事（港澳）工作会议在成都召开进一步推进对外开放合作》，四川省人民政府网站，https://www.sc.gov.cn/10462/14721/14730/14751/2022/2/22/001af13007cd4d76a2478691324d49fa.shtml，2022年2月22日。

② 《四川省委外办主任张涛会见国际在线董事长藏具林一行》，国际在线网，https://sc.cri.cn/n/20230322/6daac44f-b415-e44b-b3cf-abc79c907ad2.html，2023年3月22日。

③ 《全国首届领保工作培训会在蓉举行》，四川省人民政府网站，https://www.sc.gov.cn/10462/10464/10465/10574/2017/2/27/10415293.shtml，2017年2月27日。

④ 《中共四川省委外事工作委员会办公室机关2020年单位决算编制的说明》，四川省外事办公室网站，http://www.scwsb.gov.cn/xxgk/czxx/202109/t20210915_15461.html，2023年5月30日。

⑤ James N. Rosenau, *Turbulence in World Politics: A Theory of Change and Continuity*, Princeton University Press, 1990.

斯（Panayotis Soldatos）提出了“平行外交”理论。杜恰切克最初用“小外交”概念表述地方政府的对外行为。他认为，次国家政府在外交事务中拥有自主性，其作用与中央政府平行。[①]具体来说，地方政府的对外行为基本无异于中央政府，都具备外交目标、外交策略、外交决策等构成要素。[②]索尔达托斯则指出，地方政府在对外交往中发挥的作用并不能与主权国家同日而语，亦不能取代中央政府独立开展外交事务。[③]英国学者白里安·豪京（Brain Hocking）提出的“多层外交理论”平衡了中央与地方政府外交的作用。一国的对外政策要想实现其目标，就必须协调好主权国家与地方政府的多层博弈关系。[④]应该清晰看到，西方学者提出的相关理论过度强调了地方政府参与外交事务的自主性，暗含着央地竞争甚至是冲突关系。

国内关于地方政府参与对外事务的研究大致可以分为四类。一是围绕中国地方政府参与对外事务的历史沿革、动力、特点以及存在的问题展开研究。陈志敏探讨了次国家政府参与对外事务的动力和路径，并提出次国家政府和中央政府在外交领域可能出现的代理、协作、互补、冲突四种关系。[⑤]苏长和认为，地方省份参与国际合作是全球化时代国际关系以及中国对外关系中出现的一个新现象，尤其在东亚甚至更广泛的亚洲区域合作过程中，中国地方省份发挥的作用不可忽视。[⑥]张鹏从地方参与对外关系的政治社会学角度解释了地方参与对外关系，认为全球化使得地方单位可以用一种类似于国内社会

① Ivo D.Duchacek, *The Territorial Dimension Of Politics: With-in, Among, and Across Nations,* Westview Press, 1986; Ivo D.Duchacek, The International Dimension of Subnational Self-Government, *Publius The Journal of Federalism*, Vol. 14, No. 4, 1984.

② Panayotis Soldatos, An Explanatory Framework for the Study of Federated States as A Foreign-policy Actors, in Hans J.Michelmann, Panayotis Soldatos, *Federalism and International Relations: the Role of Subnational Units,* Clarendon Press, 1990.

③ Hans J.Michelmann and Panayotis Soldatos, *Federalism and International Relations: The Role of Subnational Units,* Clarendon Press, 1990.

④ Brain Hocking, *Localizing Foreign Policy: Non-central Governments and Multilayered Diplomacy*, St.Martin's Press, 1993.

⑤ 陈志敏：《次国家政府与对外事务》，长征出版社，2001年版。

⑥ 苏长和：《中国地方政府与次区域合作：动力、行为及机制》，《世界经济与政治》，2010年第5期。

集团的身份，作为现当代国家建设的伴随物参与到国家对外关系发展中来。[①]陈翔、韦红认为，在推进“一带一路”建设进程中，地方外交面临多重问题，包括地方政府内生性外交治理能力不足、中央政府与地方政府之间的博弈困境、地方政府间竞争以及国家间关系波动。[②]二是城市外交的理论和实践研究。[③]三是地方政府的外事管理体制研究。[④]四是关于地方政府参与领事保护研究。[⑤]夏莉萍指出，海外中国公民因地缘联系而聚集分布的特点使得地方政府在处理一些领事保护案件时不可或缺，地方政府本身具有某些中央政府所不具备的优势。[⑥]

综上，地方政府参与对外事务是外交转型中单一制国家参与主体多元化以及推动城市国际化进程的必然趋势。中国地方政府参与对外事务是在中央授权领导下而为，其目的是服务国家总体外交和地方经济社会发展。虽然既有研究从不同视角形成了较为丰富的研究，但具体到某一地方政府参与领事保护的研究较少。

有鉴于此，本文以四川省的领事保护机制建设为例，探讨四川省市州在海外川籍人员和企业安全保护机制建设方面取得的成效与不足之处，进一步

---

① 张鹏：《中国对外关系展开中的地方参与研究》，上海外国语大学2013届博士学位论文。

② 陈翔，韦红：《“一带一路”建设视野下的中国地方外交》，《国际观察》，2016年第6期。

③ 参见赵可金《非传统外交导论》，北京大学出版社，2015年版；高尚涛《国际关系中的城市行为体》，世界知识出版社，2010年版；龚铁鹰《国际关系视野中的城市——地位、功能及政治走向》，《世界经济与政治》，2004年第8期；熊炜、王婕《城市外交：理论争辩与实践特点》，《公共外交季刊》2013年春季号；陈楠《城市外交与中国特色大国外交——思想契合、战略对接与机制创新》，《国际展望》，2018年第1期；刘波、杨鸿柳《2019年中国城市外交报告：全方位、多层次、宽领域的新格局》，《公共外交季刊》，2020年第1期；武绍忠《助力山西开放发展的城市外交实践》，《当代世界》，2020年第7期；韩笑《全球治理视域下的城市群外交——动力机制、功能分析与路径探索》，《国际展望》，2022年第4期。

④ 参见杨洋《当前我国外事管理体制现状、存在问题及对策建议》，佳木斯教育学院学报，2012年第8期；赵玉瑶《湖北省政府外事管理职能转变研究》，华中师范大学2019届硕士毕业论文；周杨栋《“一带一路”背景下兰州市政府外事管理创新路径研究》，兰州大学2019届硕士毕业论文。

⑤ 参见夏莉萍《中国地方政府参与领事保护探析》，《外交评论》，2017年第4期；杨帅《地方政府参与领事保护工作的问题研究》，山东大学2020届硕士毕业论文；王峥《四川省完善公民海外安全保护工作的对策分析》，西南财经大学2012届硕士毕业论文。

⑥ 夏莉萍：《中国地方政府参与领事保护探析》，《外交评论》，2017年第4期，第59页。

提出如何提高海外川籍人员和企业的安全对策。

二、四川省海外川籍人员和企业安全概况

共建“一带一路”倡议提出以来，四川立足于连通国际国内两个市场、融通境内外两种资源，发挥地处共建“一带一路”和长江经济带核心腹地优势，以积极打造内陆开放新高地为目标，不断推动省外事工作取得新发展成效，主动服务国家发展大局和总体外交全局。与此同时，川籍人员和企业“走出去”步伐加快。

（一）海外川籍人员和企业安全情况

随着共建“一带一路”的深入推进，四川省越来越多民营企业在“走出去”过程中不断转变发展模式，由原来主要以承包工程的方式转变为直接进行境外投资。如表1所示，2013年至2022年，四川省新增境外投资企业数量虽有起伏，但总体发展趋势较好。截至2022年，四川省境外投资企业累计1379家，累计备案境外投资企业共782家。[①]2023年1—3月，四川省新增境外投资企业25家，对外直接投资60.5亿元人民币，同比增长59%，总量位列全国第8位。全省共向境外派出各类劳务人员1843人，同比增长24%，期末在外人数11615人。[②]

表1　2013—2022年四川省境外投资企业情况

年份	新增境外投资企业（家）	境外投资企业累计（家）
2013	—	387
2014	—	524
2015	145	537

① 《2022年四川省国民经济和社会发展统计公报》，四川省人民政府网站，https://www.sc.gov.cn/10462/c108715/2023/3/22/5d2ee2bb1c0c45088d011638934d0cfa.shtml，2023年3月22日。

② 《2023年1-3月四川对外经济合作情况》，四川省商务厅网站，http://swt.sc.gov.cn/sccom/swdt/2023/4/23/8ed612c8c88a4addbd197d81362a666b.shtml，2023年4月23日。

续表

年份	新增境外投资企业（家）	境外投资企业累计（家）
2016	196	845
2017	95	961
2018	104	1065
2019	90	1155
2020	64	1219
2021	80	1299
2022	80	1379

数据来源：四川省统计局网站，http://tjj.sc.gov.cn

根据2013—2022年度《四川省国民经济和社会发展统计公报》整理，2013—2020年，四川省出境游人数累计达到一千万人次（见表2）。其中，2014年，四川出境游突破百万人次，省42家经营出境业务的旅行社共组织123.79万居民出境旅游，同比增长66.8%。[①]虽然无法确认当中多少游客属于川籍公民，但可以肯定的是，川籍游客的数量较为可观。以深受川籍游客喜爱的出境游目的地泰国为例，2013年四川赴泰游客人数超过20万人次；2016年川籍游客赴泰人数已增至50人次以上；2017年，平均每月就有近6万人次川籍游客前往泰国。[②]

表2　2013—2020年四川省游客出境游情况

年份	出境游人数（万人次）	同比增减（%）
2013	74.2	10.4
2014	123.8	66.8
2015	195.8	58.2
2016	183.6	−6.2

① 《2014年各省旅游收入数据统计》，海森旅游规划设计研究院，http://www.haisan.cn/archives/view-4931-1.html，2017年6月13日。

② 《泰国连续5年位居四川民众出境游榜首》，泰国头条新闻网，https://www.thaiheadlines.com/13807/，2018年8月9日。

续表

年份	出境游人数（万人次）	同比增减（%）
2017	167.1	–9.0
2018	170.5	2.1
2019	184.4	9.5
2020	8.9	–95.2
总计	1108.3	—

数据来源：四川省统计局网站，http://tjj.sc.gov.cn

（二）海外川籍人员领事保护案（事）件情况

根据四川省外事办网站和相关网站信息可以大致了解近年来境外川籍人员安全风险情况。2015年至2019年6月，四川省外事办牵头或协助处理海外领事保护案（事）件约500起，平均每年100起，发生在美国、德国、俄罗斯、安哥拉、叙利亚、利比亚、索马里、土耳其、泰国、老挝、柬埔寨等40多个国家，涉及企业、务工人员、游客和留学生等群体，其中遇袭、溺水、交通、安全事故等造成各类死亡100余人。[①]2020年新冠肺炎疫情暴发至2021年8月，四川省外事办会同省直相关部门和市（州），妥善处置境外川籍人员领事保护与协助案件200余起。[②]仅2021年12月上旬，该办通过接听电话和受理上门求助等方式，处置海外领事保护与协助案（事）件13起，涉及在境外因交通事故、生病、跳楼、被枪击死亡和受骗从事网络赌博、劳资纠纷等。[③]2022年1—8月，四川省外事办会同市（州）和有关部门，受理和解决各类海外领事保护与协助案（事）件77起，涉及在境外因交通事故、生病、故意伤害和受骗从事网络电信诈骗、劳资纠纷等，其中，受骗从事网络电信诈骗案件数量居高

① 《太重要！留学英国要注意什么？这堂行前准备课不可少》，四川在线网，https://cbgc.scol.com.cn/news/147533?app_id=cbgc，2019年6月12日。

② 《跨国救助引关注海外安全重预防——“四川省外事办短时间内实现跨国救助”话题引发广泛关注》，四川省外事办公室网站，https://www.scwsb.gov.cn/xwzx/yw/202109/t20210915_15448.html，2021年8月10日。

③ 《岁末年初，四川省外事办特别提醒：境外川籍人员和机构做好安全防护》，人民资讯，https://baijiahao.baidu.com/s?id=1719657998970124663&wfr=spider&for=pc，2021年12月20日。

不下。[①]

根据媒体公开报道，2019年涉及海外川籍人员的安全事件包括：2019年3月，成都市3公民在新西兰自驾时遭遇严重交通事故，造成1人死亡，2人受伤；[②]同一时间，巴中市1公民在老挝因交通肇事案被当地警方拘捕；4月，绵阳市1公民在俄罗斯因精神疾病滞留；5月，广元市1公民在柬埔寨因病死亡；同一时间，一艘渔船在印度尼西亚海域触礁搁浅，泸州市1公民为其中涉事船员；9月，24名成都游客在新西兰遭遇严重车祸，其中5人死亡，19人受伤；[③]12月，成都市21个旅游团队、701名游客和20名领队因台风在菲律宾卡利博市暂时通信失联或滞留。[④]

三、海外川籍人员和企业安全保护机制建设

四川省市州外事部门注重境内外安全和发展利益的联动，通过推进海外川籍人员和企业安全保护的预防机制和应急机制建设构建了一个日趋完善的四川海外领事保护工作体系。

（一）海外川籍人员和企业安全保护机制建设

1.运用现代科技完善领保预防机制

通过官方网站、微信公众号等发布预警信息。四川省海外川籍人员领事保护主页中突出位置设置“海外预警”和“海外安全周报”。[⑤]省、市外办建立“四川外事”“成都领事服务”等公众号，及时发布安全提醒。

① 《“一个想回家的孩子”平安回川海外领事保护永远在路上》，人民号网站，https://mp.pdnews.cn/Pc/ArtInfoApi/article?id=30922909，2022年8月30日。

② 《成都市民新西兰遭遇车祸 成都市外事办提醒：境外自驾安全第一》，川观新闻网站，https://cbgc.scol.com.cn/city/123614，2019年3月11日。

③ 《出国注意安全！四川省外事办每年处理海外领事保护案100起》，封面新闻网站，https://baijiahao.baidu.com/s?id=1636140105405937919&wfr=spider&for=pc，2019年6月12日。

④ 《去年我省妥善解决109起海外领事保护与协助案（事）件》，四川省人民政府网站，https://www.sc.gov.cn/10462/12771/2020/1/5/d28f2b0980194e289d5a5a622acd960b.shtml，2020年1月5日。

⑤ 四川省外事办网站，https://www.scwsb.gov.cn/jwcjry/，2023年3月26日。

建立四川省海外川籍人员海外领事保护服务系统。为了更好地保障四川省企业、项目和人员“走出去”，四川省外事办借助现代信息技术，建立四川省海外川籍人员海外领事保护服务系统。[①]2022年10月，四川省海外川籍人员海外领事保护服务系统开始试运营。通过该系统，可实时查看海外预警、境外安全风险国家和地区、境外安全周报、中国驻外使领馆联系方式、领事保护常识等信息。境外川籍人员如遇困难，还可通过该系统“我要求助”功能进行求助。四川省海外川籍人员海外领事保护服务系统不仅重在预防，而且通过海外川籍人员自主填报信息或求助记录，有助于全面了解海外川籍人员整体安全形势，合理安排领事资源。

2. 开展多元化预防性领事保护宣传活动

针对个体市民的预防性领事保护宣传。以全民国家安全教育日为契机，针对市民围绕海外安全主题开展活动。2022年，四川天府新区、成都高新区、金牛区、成华区、都江堰市、彭州市、崇州市、金堂县等区（市）县外事部门通过发放资料、讲解答疑、视频宣传等形式，向市民讲解领事保护知识和海外安全常识，介绍海外安全风险应对。

针对学生的预防性领事保护宣传。成立领事保护基地，在大中小学举办“领事保护”宣传研学系列活动。2022年6月，首批10个成都市青（少）年领事保护教育基地正式授牌。该基地包括西南交大、西南财大、成都理工大学、四川师范大学4所高校，成都石室中学、成都树德中学等5所高中以及成都市青少年宫，将主要承担任务包括开展“出国第一课”实体公益课堂等领保宣传活动，组织学生制作领保宣传电台节目和短视频，并实施媒体宣传和推广。[②]

针对企业的预防性领事保护。2013年，四川省外办国际处派员参加“境外四川省属国有企业境外安全保护工作座谈会在成都举行中资企业安全生产质量大检查专项行动”，对五家企业的境外安全生产情况进行专项检查、督导

① 参见四川省海外川籍人员海外领事保护服务系统，https://www.scwsb.gov.cn/jwcjry/，2023年3月26日。

② 《梦想在前方，祖国在心中 | 成都市开展2022年领事保护宣传活动》，中国领事服务网，http://cs.mfa.gov.cn/lgk1/202206/t20220624_10709618.shtml，2022年6月24日。

和调研。[①]同时，组建海外安全工作调研小组，赴海外领保案件多发地区开展海外安全保护调研巡查工作，及时了解走出去企业的海外安全。2019年，四川省属国有企业境外安全保护工作座谈会在成都举行，强调对外派人员进行安全教育和应急培训。[②]

此外，还开展了领事保护“进基层”活动。例如，2023年3月，乐山市经济合作外事局赴高新区安谷镇烽火村开展领事保护工作进基层活动，面向烽火村全体党员以及村民代表开展领事保护宣讲活动。[③]

3.成立领事服务培训中心

成立“成都领事服务培训中心”和培训基地。2012年，成都市人民政府外事办联合成都市行政学院成立了“成都领事服务培训中心”，旨在为即将走出国门的成都市民、企业人员免费提供领事保护培训。2017年2月，成立成都市领事服务中心（新都）培训基地。2015年4月，成都市外事侨务办与彭州市联合成立成都市领事服务中心（彭州）培训基地，委托有海遣资质的公司向有出境需求的市民开展培训，为他们提供出国劳务安全信息、法律、劳务合同签订、签证、出行安全事项、领事保护知识等咨询服务和培训，这是领事服务触角延伸至区（县）的首家培训基地。[④]

4.开展领事保护宣传周、宣传月活动

2018年9月，成都领事保护宣传周启动，成都全市22个区（市）县开展了涵盖社区、学校、街道、广场以及网络平台上近60场活动，[⑤]旨在提高成都

① 《省外办派员参加“境外中资企业安全生产质量大检查专项行动”》，四川省人民政府网站，https://www.sc.gov.cn/10462/10464/10465/10574/2013/3/12/10250938.shtml，2013年3月12日。

② 《省国资委召开四川省属国有企业境外安全保护工作座谈会》，四川省政府国有资产监督管理委员会网站，http://gzw.sc.gov.cn/scsgzw/c100112/2019/12/26/3d657c378b43484caef4dff06d54c308.shtml，2019年12月26日。

③ 《市经济合作外事局赴安古镇烽火村开展领事保护进基层活动》，乐山市人民政府网站，https://www.leshan.gov.cn/lsswszf/tzdt/202303/07dc9e833c3142758b36399a7b96a7ac.shtml，2023年3月15日。

④ 《成都市领事服务中心培训基地昨日揭牌》，央广网，http://sc.cnr.cn/sc/2014cd/20150730/t20150730_519359743.shtml，2023年6月1日。

⑤ 《2018成都领事保护宣传周启动 教你如何规避海外风险》，川观新闻网，https://cbgc.scol.com.cn/news/96405，2018年9月28日。

市民海外出行的自我保护意识和应对海外风险的能力，为安全出行海外保驾护航。2019年9月，四川省领事保护宣传月暨成都市领事保护宣传周在成都双流国际机场举行启动仪式，有关部门负责人、部分旅行社负责人和出境游旅客等约100余人参加。[①]

（二）海外川籍人员和企业安全保护应急机制建设

1.制定涉外应急预案

为了明确各相关部门在处理涉外突发事件时的工作职责，自2012年以来，四川省部分市、县政府及高校制定并开始实施涉外事件应急预案。如2012年开始实施的《遂宁市处置外派劳务纠纷应急预案》《射洪县处置外派劳务纠纷应急预案》；2014年颁布的《遂宁市涉外突发事件应急预案》；2015年实施的《理县涉外（港澳）、涉台、涉侨突发事件应急预案》，四川农业大学制定的《四川农业大学常驻境外人员突发事件应急预案》；2016年《内江市东兴区涉外突发事件应急预案》；2021年《珙县涉外突发事件应急预案》等。

2.针对具体领保事件成立应急小组

在接到涉及海外川籍人员安全事件消息后，即刻启动应急机制，视情况成立应急小组。例如，2019年9月，成都中国青年旅行社组织的23名游客在新西兰罗托鲁瓦市遭遇严重交通事故，其中5人死亡，[②]19人受伤。事故发生后，四川省外事办第一时间启动应急机制，会同省文化和旅游厅、成都市等成立应急小组，主动对接外交部和中国驻新西兰使领馆，派出数批工作组赴新西兰协助安排伤者救治及回国，妥善做好遇难者家属善后处置。

四、海外川籍人员和企业安全保护机制建设存在的问题

四川省各市州外事部门在维护海外川籍人员和企业安全方面采取了有效

---

① 《2019四川省领事保护宣传月暨成都市领事保护宣传周在蓉启动》，中国新闻网，https://www.chinanews.com.cn/gn/2019/09-10/8952993.shtml，2019年9月10日。

② 《确认！四川团队游客在新西兰遇交通事故 5人死亡》，川观新闻网，https://cbgc.scol.com.cn/news/173318，2019年9月4日。

措施，海外川籍人员和企业安全机制建设取得了一定成效，但也存在领事保护宣传普及范围有待拓宽、领事保护宣传活动针对性不强、领事保护相关信息不够全面、领事保护应急体系亟待完善等问题。

（一）领事保护宣传普及范围有待拓宽

四川省现辖18个地级市、3个自治州。在实践中，攀枝花市、内江市、宜宾市、达州市等4个地级市以及甘孜藏族自治州的领事保护宣传活动力度不够，通过公开渠道无法查询曾开展领事保护宣传相关活动。例如，虽然甘孜县经济信息和商务合作局的职能包括“参与处理我县公民在国（境）外的领事保护事宜及外国人在县涉案事宜，参与处理全县重大涉外案件和涉外应急事件”[①]，且甘孜州外事侨台办部门预算包含领事保护和涉外安全经费，但笔者没有查询到当地开展领事保护宣传活动的信息。

（二）领事保护宣传活动针对性不强

领事保护宣传活动针对性不强主要体现在两个方面。其一，领事保护宣传的受众可进一步拓宽。当前领事保护宣传主要是针对个体市民、大中小学生和中资企业员工。对于出境游客和其他劳务人员进行分众化的预防性领事保护宣传不够。以庞大的游客群体为例，2018年四川省出境游团队中共有215人受伤、17人死亡；截至6月30日，2019年四川省出境游团队共有92人受伤、4人死亡。[②]当前，出境游呈快速复苏态势，面对严峻复杂的国际形势，加强对出境游的从业人员、旅行社以及游客的领事保护安全宣传教育兼具必要性和紧迫性。其二，领事保护宣传的内容有待细化。既往领事保护“进校园”“进企业”“进社区”“进基层”等宣传活动的内容较为宏观，对于遇到不同的安全风险类型该如何防范缺乏细致化讲解。

① 《甘孜县经济信息和商务合作局职能配置》，甘孜县人民政府网站，http://www.ganzi.gov.cn/xfbm/article/239116，2021年5月21日。

② 《出境游高峰即将来袭 四川发出安全文明出行新倡议》，川观新闻网，https://cbgc.scol.com.cn/home/160326，2019年7月24日。

（三）领事保护相关信息不够全面

领事保护相关信息不够全面主要体现在两个方面。其一是四川省相关部门对于海外川籍人员的相关信息，如数量和分布情况无法全面掌握。虽然省政府、统计局、文化和旅游厅每年发布四川对外劳务合作派出人数和出境游人数，但对于川籍人员的比例没有详细说明。在涉川籍人员安全事件发生后，仅是摸清情况就需要花费一定时间，容易造成处置延误。①其二是网站信息不全。例如，四川省外事办在“信息公开”栏目的资料库里，虽设有“海外领保”栏目，但该栏目内容处于空白状态。②

（四）领事保护应急体系亟待完善

截至目前，四川省仅遂宁市及射洪县、内江市东江区、宜宾市的珙县、阿坝藏族羌族自治州的理县以及四川农业大学针对本市、县、区以及本校境外人员和机构制定了应急预案。值得注意的是，领事保护宣传资源丰富的成都市还未查询到相关应急预案，仅在《四川省突发事件总体应急预案（试行）》的“先期处置”中提及“在境外发生涉及我省公民和机构的突发事件，省人民政府及其有关部门和有关地方应第一时间启动应急机制，协助国家有关部门和我驻外使领馆采取措施控制事态发展，保护我省公民和机构生命财产安全、正当权益。必要时，按照国家和省级层面要求，统一组建工作组或救援队伍赴境外开展应急处置工作。”③2021年3月，四川省政府印发《四川省突发事件总体应急预案（试行）》附则中提出，省委外办要按预案的规定制定、完善

---

① 夏莉萍：《地方政府在海外公共安全治理中的作用——以北京市为例》，载张蕴岭主编《海外公共安全与合作评估报告》（2020），社会科学文献出版社，2021年版，第173页。

② 《信息公开》，四川省外事办公室网站，https://www.scwsb.gov.cn/xxgk/zlk/hwlbqk/，2023年3月26日。

③ 《四川省突发事件总体应急预案》（试行），四川省人民政府网站，https://www.sc.gov.cn/10462/zfwjts/2021/4/1/fcf6366bd3094dbc82a5bd479bee6594/files/6e2fe2c7bc3c4f309ecf36755755f7f2.PDF，2023年9月26日。

四川省涉外突发事件应急预案及其支撑性文件。[①]

五、提高海外川籍人员和企业安全保护的建议

针对上述问题，四川省各市州外事部门在坚持中央外事工作的统一领导下，统筹外事部门，实现领保宣传活动辖区全覆盖、提高领事保护工作的针对性，实现精准领保。同时，借鉴国际国内有益经验，不断完善海外川籍人员和企业安全保护机制。

（一）统筹外事部门，实现领保宣传活动辖区全覆盖

在坚持中央外事工作的集中统一领导下，四川省委、省政府、省外事办要统筹规划全省范围内的领事保护宣传工作，增强外事归口管理效力，实行分级负责。攀枝花市、内江市、宜宾市、达州市以及甘孜藏族自治州外事部门要着重加强领事保护宣传的力度。通过邀请省外办涉外安全处负责人在领事保护宣传活动前讲解海外领事保护经典案例和安全风险防范知识，在活动中与参与群众进行领保问答互动，在活动后通过组织社区有关负责人、青年志愿者等发放领事保护宣传手册、各类领保宣传品，实现领保宣传全区域、全覆盖。

此外，在开展领事保护宣传活动中，要充分利用宣传阵地，强化宣传效果。例如，在宣传栏张贴外交部全球领事保护与服务应急呼叫中心12308热线；利用户外LED屏滚动播放领事保护宣传标语，循环播放外交部领事保护公益宣传短片、《海外安全六大注意事项》等系列视频，提高海外领事保护宣传的社会认知度。

（二）提高领事保护工作的针对性，实现精准领保

首先，需要建立境外川籍人员信息管理机制。借此摸清海外川籍公民的

① 《四川省人民政府关于印发四川省突发事件总体应急预案（试行）的通知》，四川省人民政府网站，https://www.sc.gov.cn/10462/zfwjts/2021/4/1/fcf6366bd3094dbc82a5bd479bee6594.shtml，2021年3月30日。

数量和分布情况。例如，2022年，南充市在全省率先建立了境外南充籍人员信息管理工作机制，实行人员信息台账管理，动态更新。[①]省外办应依照“谁派出谁负责”，组建省、市外办、省统计局、旅游发展委员会、旅行社等相关部门在内的协调联动机制，对川籍公民出境前做好信息统计工作，完善数据共享机制。

其次，由省、市外办梳理涉及不同群体的川籍公民的海外安全事件和风险类型，在预防性领事保护宣传活动中着重针对中资企业员工、游客、留学生、船员以及其他劳务人员等不同群体的川籍公民“量身定制”宣传和教育内容，重点讲清楚引发某类安全事件的原因以及如何应对。

（三）借鉴有益经验，强化预防性领事保护工作

借鉴国际经验，细化预防性海外领事保护工作。2019年4月，美国国务院在“旅行公告”中引入新的风险指标“K”（Kidnapping），旨在向美国公民提供更清晰直观的风险信息。这意味着全球任何存在绑架风险的国家，都会被标记为“K”。[②]四川省海外川籍人员领事保护系统虽有“海外预警”栏目，但都是文字表述的海外安全提醒。为了使安全预警更加有效，可以考虑制作安全风险地图，将近期全球安全风险用不同颜色区分，或引入图案、字母类风险标识，使得安全预警信息更加清晰明确。

借鉴国内经验，制定完备的涉外应急预案。参照北京市经验，制定四川省、市、区、县、自治州境外领事保护应急预案。根据海外川籍公民频繁面临的交通安全事故、劳务纠纷等安全风险，分门别类地制定应急预案。同时，推动构建由省、市、区、县、自治州的政府、文旅部门、统计部门等涉外应急预案、高校联合涉外应急预案组成的应急预案体系。截至目前，山东省、江苏省、福建省、上海市等部分高校已经制定了维护本校境外师生的应急预案。

① 《市经济合作和外事局关于2022年度法治政府建设情况的报告》，南充市人民政府网站，https://www.nanchong.gov.cn/xwdt/ztzl/fzzf/ndbg/202302/t20230223_1784370.html，2023年2月23日。

② 魏冉：《2019年中国公民海外安全现状与发展趋势》，载张蕴岭主编《海外公共安全与合作评估报告》（2020），社会科学文献出版社，2021年版，第145页。

六、结语

当前，复杂的外部环境给海外川籍人员和企业安全保护工作带来了挑战。省市州外事部门协同发力的同时，还需各司其职，观照四川省海外川籍人员和企业“走出去”过程中面临的现实问题和潜在风险，通过覆盖领事保护宣传范围、提高领事保护工作的针对性、制定完备的涉外应急预案等措施完善海外川籍人员和企业的安全保护机制，为川籍人员和企业高质量参与共建“一带一路”筑牢安全屏障，为服务国家总体外交和全省经济社会发展大局做出新的更大贡献。

参考文献

[1] James N. Rosenau, *Turbulence in World Politics: A Theory of Change and Continuity*, Princeton University Press, 1990.

[2] 陈志敏:《次国家政府与对外事务》，长征出版社2001年版。

[3] 陈翔，韦红:《“一带一路”建设视野下的中国地方外交》，《国际观察》2016年第6期。

[4] 苏长和:《中国地方政府与次区域合作：动力、行为及机制》，《世界经济与政治》2010年第5期。

[5] 张鹏:《中国对外关系展开中的地方参与研究》，上海外国语大学2013届博士学位论文。

[6] 夏莉萍:《中国地方政府参与领事保护探析》，《外交评论》2017年第4期。

Ⅶ ▶▷ 成都大运会篇

浅析成都世界大学生运动会场馆的会后运作方式

赵苏阳*

2022年，中国先后举办了2022年北京冬奥会、冬残奥会。2023年又成功举办了成都世界大学生运动会和杭州亚运会、亚残运会三项大型赛会制赛事。虽然影响力不同，但2023年这三项赛事都为其举办城市带来新的场馆并进一步提升了城市基础设施建设。成都世界大学生运动会的49座场馆除东安湖“一场三馆”、凤凰山体育公园“一场一馆”、成都高新区体育中心与新都香城体育中心是新建设施，其余基本是对成都本地高校及中学的体育场馆的改造与翻新。虽然新建场馆相对较少，但四大场馆区的赛后持续利用依旧是个需要考虑的问题。除最直观的场馆问题，高昂的承办费用如何为城市带来新的价值，如何利用大型赛事的赛后遗产实现城市的进一步发展或转型也是每一个举办城市必须考虑的问题。本文将介绍部分海外举办过赛会类赛事的城市的经验，结合国内部分体育行业发展现状及世界大学生运动会的场馆，为成都世界大学生运动会的赛后场馆利用提出建议。

一、大型赛事活动对举办城市的影响

举办大型国际体育赛事活动是世界各国大城市的重要发展目标，这些赛事活动对举办城市的发展具有催化作用。尽管大型国际体育赛事活动的经济影响是最被关注的问题，但对城市发展的其他因素还包括提高国际旅游的吸

* 赵苏阳，北京市社会科学院国际问题研究所助理研究员。

引力、重新定位一个地方的形象、促进城市更新和改造、提高游客和市民的生活质量等。

根据学者对各类大型活动影响的研究总结，意大利的扎诺尼和瑞德奇得出了一个相对完整的大型活动对举办城市影响模型（图 1）。①

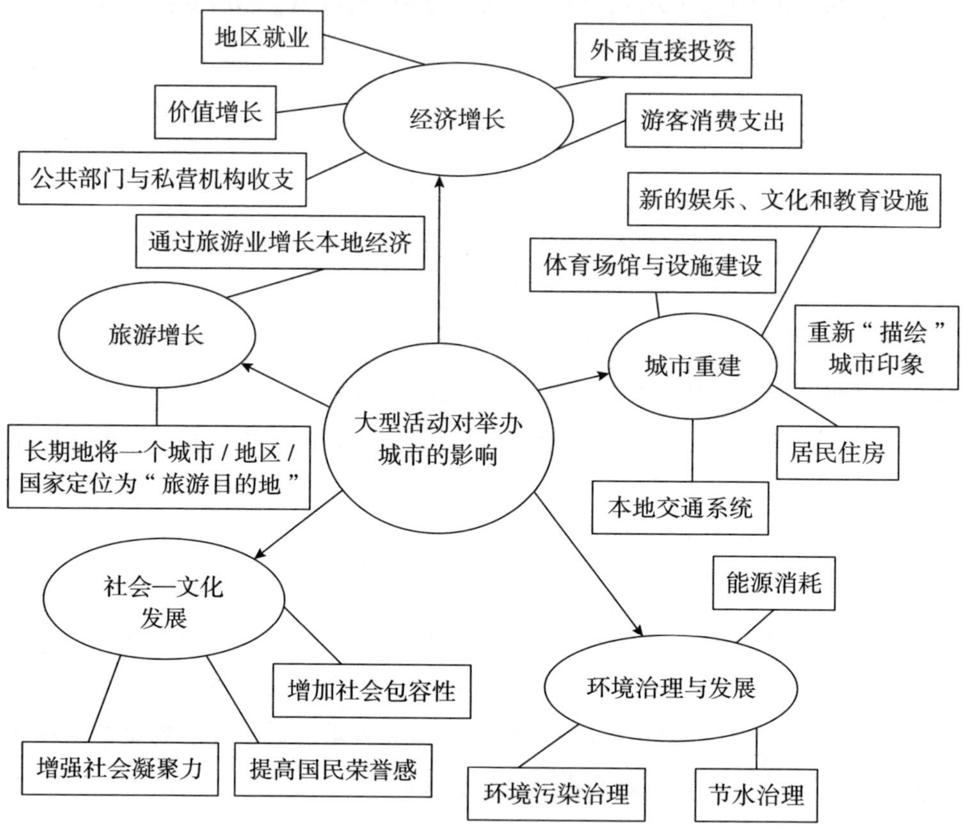

图 1　大型活动对举办城市的影响模型

影响归纳为五大类：经济增长、城市重建、旅游增长、社会—文化发展、环境治理与发展。本文将就经济增长、城市重建以及社会—文化发展三点做详细介绍。

① Zagnoli, P. and Radicchi, E., 2009. Do Major Sports Events Enhance Tourism Destinations?. Physical Culture and Sport. Studies and Research, 47(01), pp.44–63.

（一）经济增长

大型国际体育赛事活动的经济效益，包括举办活动所带来的收入的增加。收入的增加通常是与公共行政部门和/或私营部门的投资相关的，不仅是体育场馆，还有城市地区的改造升级（如地铁、道路；铁路、机场升级改造、停车场、城市改造等）和加强旅游设施（酒店、餐厅、休闲和娱乐服务等）。另一个重要的经济指标是游客在住宿、饮食、当地交通、租车、购物和娱乐等项目这些方面的额外消费。①

（二）城市重建

举办大型国际体育赛事活动往往被视为城市重建的一个重要方式。它通过改善举办城市的基础设施和市容来实现这一目标（有形的层面），同时也提供了“重塑城市面貌”的机会（无形的层面）。从有形的层面来说，申办重大赛事意味着要投入大量的基础设施项目资金，不仅是体育设施和场馆，还包括市政和交通的改造；在无形的层面上，城市重建一词指的是“目的地重新配置其概念的尝试”②。这种努力能刺激许多后工业化城市从单一的工业功能向提供文化与金融服务过渡。

（三）社会—文化发展

大型国际体育赛事活动的影响不能只从经济、基础设施和旅游发展的角度来看待，而应在更大程度上看其对社会进程和社会关系的影响。在社会层面，体育行业可以为培养社会和青少年、发展个人技能和创造就业机会做出贡献。从长远来看，一项重大的体育赛事可以通过共同的归属感或共同的目的，在举办地的公众群体中增强“社会黏性”③。要实现社会的发展，需要很强

---

① UnioneIndustriale Torino (2005), Valutazionedeglieffetti economici deiGiochiOlimpiciInvernali di Torino 2006, November.

② Smith, A. (2005). Reimaging the city. The value of sport initiatives. Annals of Tourism Research, Vol. 32, No 1, pp. 217–236.

③ Coalter, F., Allison, M. and Taylor, J. (2000). The role of sport in regenerating deprived areas. Scottish Executive Central Research Unit.

的社会凝聚力以及更多的包容性。为了实现这一目标，公众需要有促进社会交往和娱乐的设施。为重大活动而建的体育设施，如果能成为多用途的、所有人都能使用的体育设施，可以促进社会凝聚力。大型国际体育赛事活动也提供了发展新技术的机会与职业资格。通过参与组织体育活动，个人参与者可以提高个人和社交技能、自尊心和自信心，提高他们的个人能力，使他们在未来有胜任各类领域工作的素质。

二、大型运动会为举办城市留下的遗产以及影响

在承办世界大学生运动会前，成都并没有得到像北京和杭州通过举办大型国际赛事或高级别国际峰会对城市进行全面的升级以及拓展的机会。比较适合成都的参考案例分别是举办1991年世界大学生运动会的谢菲尔德和举办2002年英联邦运动会的曼彻斯特，这两个城市举办的活动规模相似，同样新建了许多新的场馆，拓展了城市的区域，并为城市的发展方向做出了相近的选择，而两者在最终的收益上却呈现出明显的区别，因此可以作为较为有效的对照案例。

（一）谢菲尔德：大运会促进城市转型“大户外”深入人心

谢菲尔德举办第16届世界大学生运动会至今已有30年。在当时，这是自1948年以来英国举办的最大的体育赛事。当时的谢菲尔德正陷于经济复兴的迷茫之中：钢铁之城的辉煌已经消逝，20世纪70年代，这里有45000人主要受雇于钢铁行业，但到80年代末，谢菲尔德钢铁行业90%的工人都失业了。① 在1984年洛杉矶奥运会盈利与英国城市格拉斯哥通过欧洲文化之城活动重振自己的城市的背景下，谢菲尔德市议会领导人将1991年的世界大学生运动会视为领导城市复兴的一个绝好机会：这可以使谢菲尔德成为全世界家喻户晓的城市，同时也让谢菲尔德拥有先进的设施，有能力举办其他顶级赛事，并

① Lawless, P. and Ramsden, P. (1990). Land Use Planning and the Inner Cities. The Case of the Lower Don Valley, Sheffield. Local Government Studies.16(01), 33–47.

获得经济上的反弹。据当时的议会领袖、现在的谢菲尔德东南区议员克莱夫-贝茨说："人们希望大型活动能够帮助这个城市在20世纪80年代的苦难之后实现复兴。"人们认为运动会将迎来一个积极向上的新时代。随后，谢菲尔德击败了爱丁堡，成为英国的正式候选城市，最后成为主办该赛事的最终赢家。1991年7月14日至25日，运动会吸引了来自100多个国家和地区的3000多名运动员参加。

然而，当比赛结束，留给谢菲尔德的却是巨额的债务与日渐无力维护的场馆。谢菲尔德举行的世界大学生运动会，总债务高达6.58亿英镑[①]。至2011年，谢菲尔德市议会已经偿还了2.97亿英镑，在每年还款2500万英镑的前提下，预计将于2024年偿还完举办1991年世界大学生运动会的债务。不仅如此，谢菲尔德世界大学生运动会的主场馆，Don Valley体育场因为市议会无法支付场馆的维护费用而进行拆除。市议会表示，由于英冠球队罗瑟汉姆联在2012年将主场从Don Valley体育场迁走，市议会需要开始支付场馆的维护费用，仅2012年到2013年花在该场馆上的费用就有70万英镑。这种花费对于本就处于高额赤字的市议会来说是无法接受的，所以，在2013年11月21日，Demex公司开始了对Don Valley体育场的拆除工作。

谢菲尔德议会的双方一直在争论背负巨额债务举办一届世界大学生运动会是否有价值，而谢菲尔德哈勒姆大学体育经济学名誉教授彼得·泰勒（Peter Taylor）则直接给出了结论：大学生运动会这项赛事不能吸引主流观众。虽然它规模很大，仅次于当时的奥运会，但它对普通公众没有吸引力。因为参赛的选手都是新兴的明星，而不是现在的超级明星。[②]

但是，举办世界大学生运动会所产生的债务必须与积极的经济和社会影响相比较。泰勒认为，虽然巨额的债务使得谢菲尔德财政捉襟见肘，但谢菲尔德通过世界大学生运动会所得到的是举办赛事全部开销的等价回报。

虽然谢菲尔德因为举办世界大学生运动会背上了巨额债务，但谢菲尔德得

---

① Sheffield's World Student Games £658m debt 'disaster' https://www.bbc.com/news/uk-england-south-yorkshire-14134973.

② World Student Games: Sheffield's forgotten sporting spectaclehttps://www.bbc.com/news/uk-england-south-yorkshire-57837682.

以借此实现城市的转型，并进一步开拓城市的体育产业。特别是在Don Valley体育场拆除后，在原址上由政府、企业、高校、俱乐部联合建立的谢菲尔德奥林匹克遗产公园中的谢菲尔德英国体育学院（EISS）成为全英最大的综合体育训练中心，该场馆是许多地方俱乐部和英国国家队和管理机构的所在地，包括拳击、轮椅篮球、残疾人乒乓球、羽毛球和滑冰等英国国家队均在此训练。①

除专业体育行业，谢菲尔德还借城市转型抛弃旧有重污染工业后开始发展更加全民性的户外体育行业。谢菲尔德拥有基于自然地形的独特优势，它是英格兰绿化度最高的城市，大约有200万棵树，也是唯一在其辖区内有国家公园（Peak District）部分的核心城市。谢菲尔德的地形提供了比竞争城市更多的竞争优势。同时，谢菲尔德人民的户外娱乐活动的参与率高于全国平均水平，“大户外”这一概念受到居民的高度重视②。

（二）曼彻斯特：英联邦运动会带来的机遇

英联邦运动会，顾名思义，是英联邦的国家参与的运动会，会制和会期与奥运会一致。21世纪以来，英国已举办过三届英联邦运动会，分别是2002年的曼彻斯特、2014年的格拉斯哥以及2022年的伯明翰。曼彻斯特成为英超两家俱乐部的所在地与国际顶级的室内自行车项目训练地，格拉斯哥则开创性地在2018年与德国柏林一起举办了首届欧洲锦标赛（european championships）③。

和谢菲尔德一样，曼彻斯特在20世纪70年代和80年代也遭受了去工业化和与之而来的衰退。1972年至1984年期间，大曼彻斯特地区失去了20多万个制造业岗位，1986年失业率达到16%。作为努力复兴的一部分，曼彻斯特申

① English Institute of Sport Sheffieldhttps://sheffieldolympiclegacypark.co.uk/sport/english-institute-of-sport-sheffield/.

② Gregory, M., Davies, L., Kokolakakis, T. and Barrett, D. (2014). Everything Grows Outside-Including Jobs and the Economy. Valuing the Contribution of the Outdoor Economy in Sheffield: Summary Report. Sheffield: Sheffield Hallam University.

③ Misener, L. and Mason, D. (2008). Urban Regimes and the Sporting Events Agenda: A Cross-National Comparison of Civic Development Strategies. Journal of Sport Management, 22, 603-627.

请承办1996年和2000年的奥运会，虽然失败了，但建成于1995年的自行车及室内体育馆等设施让曼彻斯特赢得了2002年英联邦运动会的举办权。①英联邦运动会被认为没有奥运会那么有名，但曼彻斯特认为它提供了一个很好的机会来领导城市东部边缘的去工业化复兴。这符合曼彻斯特市对城市发展的方向：寻求将曼彻斯特重新塑造为一个欧洲城市，即与巴塞罗那等欧洲城市竞争，而不是与利物浦和利兹竞争（图2）。

英联邦运动会的场地建设被纳入东曼彻斯特更广泛的重建计划中。东曼彻斯特地区在20世纪曾是工业聚集区，在制造业遭受重创后该地区被废弃，而工厂拆除后，由于土地被污染，没有开发商愿意在此进行地产开发，导致这一区域被一直废弃。东曼彻斯特的重建计划旨在将人口增加一倍，达到6万人，建造12500个新住宅，创建一个160公顷的商业园区，并建立起一个新的城镇中心。②同时，通过地面轻轨铁路将该地区与曼彻斯特中心市区连接，将该地区并入大曼彻斯特的交通网络。

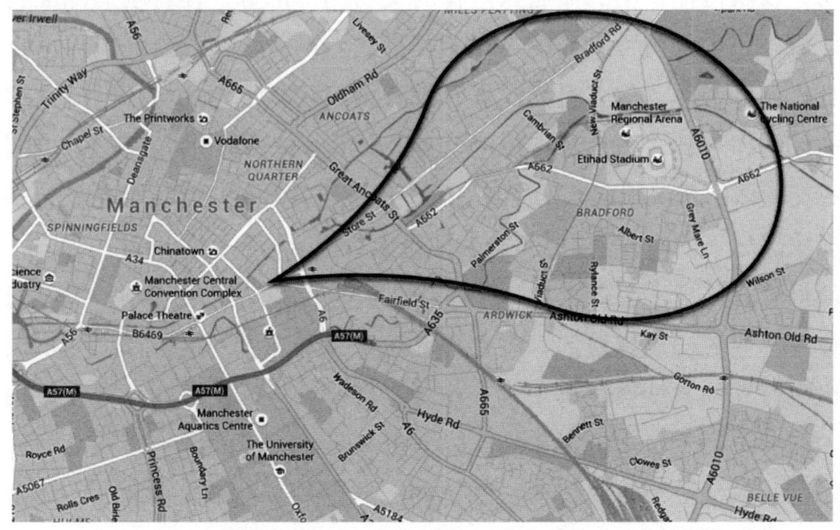

图2　2002年曼彻斯特英联邦运动会举办区域——东曼彻斯特地区

① Cochrane, A., Peck, J. and Tickell, A. (1996). Manchester Plays Games: Exploring the Local Politics of Globalisation. Urban Studies, 33(08), 1319–1336.

② Greenhalgh, P. and Gudgeon, C. (2004). Mechanisms of Urban Change: Regeneration Companies or Development Corporations. Northern Economic Review, 35, 53–72.

在1991年谢菲尔德大学生运动会的前车之鉴下，曼彻斯特市议会在筹建场馆时就在寻找运动会主场馆的后续用户。市议会说服了当地的足球俱乐部曼彻斯特城（简称“曼城”）从他们的传统场地搬到新体育场，成为新体育场的主要租户。然而，作为英超俱乐部的曼城无法接受将一整座体育场作为主场使用。最终，场馆暂时预留出足球场地，待运动会后将场地再次改建成专业的足球场。曼城俱乐部在支付了3500万英镑的改造费后，2003年正式启用该场馆为其主场，每年向曼城市议会交付400万英镑的租金。此外，俱乐部与曼彻斯特市议会达成一项协议以确保市议会的利益，因为市议会出资建造的体育场比俱乐部以前的主场大得多，因此提供了更多的创收潜力。协议中曼城俱乐部获得了场馆250年的租约，条件是保证市议会对场馆的使用权，并在观众人数超过俱乐部以前的场地时进行补偿。①到2005年，通过这一协议产生了190万英镑收入，这笔钱被用于投资当地的体育发展计划。

2011年7月，曼城足球俱乐部的新拥有者向曼彻斯特市议会支付了2000万英镑，以获得体育场的命名权。作为交易的一部分，体育场周围配套的小场馆区将以俱乐部的赞助商的名字重新命名。同时，市议会与俱乐部宣布了新的合作伙伴关系，双方将共同提供教育设施和其他增加曼彻斯特东部体育设施的计划。②相比之下，2012年伦敦奥运会后，伦敦奥林匹克球场“伦敦碗”改造成英超球队西汉姆联队的主场耗资7亿英镑并耗时四年，而伦敦市却仅仅得到俱乐部每年200万英镑的租金，使伦敦市遭受了巨大的财政损失。

值得注意的是，在申办1995年和2000年奥运会时，曼彻斯特就已经开始进行体育产业的初期规划了。在1995年国家自行车馆落成之前，曼彻斯特就与英国自行车国家队商议将主场迁至这一新场馆，该举动与曼城俱乐部如出一辙。而后续的发展也近乎相同，随着世界最高水平的室内自行车训练基地的使用，该场馆成为全球专业运动员的训练场与业余爱好者的体验场所。而包含这一切的东曼彻斯特地区，则成为一个体育城，吸引着全球的专业运动

① Manchester City Council (2005). Manchester City Council Announces Unique Funding Success. http://www.manchester.gov.uk/news/article/758/manchester_city_council_announces_unique_funding_success.

② Smith, A., Stevenson, N. and Edmundson, T., 2011. The 2012 Games: the regeneration legacy.

员、业余体育爱好者和游客。

三、成都世界大学生运动会后的发展展望

谢菲尔德与曼彻斯特的案例说明了大型赛事在与更广泛的城市发展计划相结合时会有很好的效果。同时也说明了城市有必要为“后赛事时代”的场馆提供一个清晰的发展愿景以便这些设施能够持续地发挥其作用——作为大型赛事的遗产与大型赛事本身遗留的影响配合，继续为城市未来的发展做出贡献。正如前文提到的，世界大学生运动会是未来的体育明星们相聚角逐的平台，本文认为，成都要结合世界大学生运动会的特点着重发展青少年体育产业。

目前，部分为成都世界大学生运动会建造的场馆已经开始承办专业赛事，比如2022年1月9日在凤凰山体育公园专业足球场举办的足协杯总决赛，以及2023年亚洲杯部分比赛。随着国内的专业足球场承办的足球赛事级别越来越高，在未来中国申办世界杯的时候，成都的足球场及相关团队将成为具有说服力的软硬件实力的一部分。而成都也将在举办专业足球赛事的同时为青少年足球提供专业的训练场地并逐步培养优质的培训团队。

成都，作为国家“三亿人参与冰雪运动”的有力践行城市，克服了南方城市缺少天然降雪的困难，制作出了可以远销海外的旱雪毯，为国家滑雪队建造了可以反季节训练的标准旱雪跳台及雪场，而在北京冬奥会夺金的苏翊鸣选手正是在成都完成了自己的高中学业。可以说，成都已经拥有了国内冬季雪上项目“专业场地—专业团队—顶级选手”的豪华配置，除了举办冬季雪上项目赛事较难外，完全可以作为“专业—大众雪上项目训练基地”继续为职业运动员提供训练场地，同时继续推广雪上运动，让更多的人体验到雪上运动的乐趣。

随着国内青少年棒球的兴起，各种业余与半职业的青少年棒球俱乐部在国内迅速崛起。《2019中国棒球人口白皮书》数据显示：截至2019年，中国的棒球活跃人群达2100万人，其中有六成是在最近三年才成为棒球粉丝。在职业棒球联盟与各地的合作下，已经有200多万名青少年参与到棒球这一需要

高度团队配合、讲究即时策略、规则复杂的运动中。在2021年，全国有14个城市230支青少年棒球队参加了国内的青少年棒球联赛。与规模日益庞大的青少年棒球形成鲜明对比的是，国内的棒球场地数量却不够了，目前拥有的小型棒球场仅能满足俱乐部的训练以及小型的比赛，而且，国内目前还没有专业的棒球场，这是国内体育场馆的一大空白。如果可以将本届世界大学生运动会的大型场馆在会后改造成符合正规赛事的专业棒球场，同时将一些新建的小型体育场馆作为棒球训练基地，毫无疑问成都将成为国内青少年棒球领域的领头羊。此外，参照日本的“全国高等学校野球选手权大会”（俗称的“甲子园”赛事），将此专业棒球场作为全国青少年棒球大赛的正赛场馆，让国内的青少年棒球选手和棒球爱好者能够在专业球场比赛和观赛，这将极大推动中国棒球事业的发展，同时成都也将成为中国棒球产业的核心城市。此外，充分利用成都国际门户枢纽的身份，与周边国家及地区共同举办东亚青少年棒球邀请赛，通过赛事推动民间交流。

以上是基于发展青少年体育产业为成都提供的赛后场馆利用方式。之所以选择青少年体育产业，除了世界大学生运动会的比赛和场馆外，成都市为承办该赛事而进行的城市基础服务设施建设以及服务业的进一步升级也是重要的原因。2021年6月27日，成都成为继北京、上海后国内第三座同时运营双国际枢纽机场的城市，这是成都能够迎接全国乃至世界各地青少年选手来训练、参赛的最基础也是最重要的理由之一。而世界大学生运动会的成功举办以及场馆的亮相，则是对训练硬件质量的保证。后世界大学生运动会时代的成都需要做的，则是为国内青少年体育团体和个人项目营造良好的训练环境及赛事体系，让成都成为中国体育健儿明日之星的摇篮以及各地乃至各国青少年交流的平台。

参考文献

[1] Zagnoli, P. and Radicchi, E., 2009. Do Major Sports Events Enhance Tourism Destinations?. Physical Culture and Sport. Studies and Research, 47(01), pp.44–63.

[2] UnioneIndustriale Torino (2005), Valutazionedeglieffetti economici deiGiochiOlimpiciInvernali di Torino 2006, November.

[3] Smith, A. (2005). Reimaging the city. The value of sport initiatives. Annals of Tourism

Research, Vol. 32, No 1, pp. 217–236.

[4] Coalter, F., Allison, M. and Taylor, J. (2000). The role of sport in regenerating deprived areas. Scottish Executive Central Research Unit.

[5] Lawless, P. and Ramsden, P. (1990). Land Use Planning and the Inner Cities. The Case of the Lower Don Valley, Sheffield. Local Government Studies.16(01), 33–47.

[6] Sheffield's World Student Games £658m debt 'disaster' https://www.bbc.com/news/uk–england–south–yorkshire–14134973.

[7] World Student Games: Sheffield's forgotten sporting spectaclehttps://www.bbc.com/news/uk–england–south–yorkshire–57837682.

[8] English Institute of Sport Sheffieldhttps://sheffieldolympiclegacypark.co.uk/sport/english–institute–of–sport–sheffield/.

[9] Gregory, M., Davies, L., Kokolakakis, T. and Barrett, D. (2014). Everything Grows Outside–Including Jobs and the Economy. Valuing the Contribution of the Outdoor Economy in Sheffield: Summary Report. Sheffield: Sheffield Hallam University.

[10] Misener, L. and Mason, D. (2008). Urban Regimes and the Sporting Events Agenda: A Cross–National Comparison of Civic Development Strategies. Journal of Sport Management, 22, 603–627.

[11] Cochrane, A., Peck, J. and Tickell, A. (1996). Manchester Plays Games: Exploring the Local Politics of Globalisation. Urban Studies, 33(08), 1319–1336.

[12] Greenhalgh, P. and Gudgeon, C. (2004). Mechanisms of Urban Change: Regeneration Companies or Development Corporations. Northern Economic Review, 35, 53–72.

[13] Manchester City Council (2005). Manchester City Council Announces Unique Funding Success. http://www.manchester.gov.uk/news/article/758/manchester_city_council_announces_unique_funding_success.

[14] Smith, A., Stevenson, N. and Edmundson, T., 2011. The 2012 Games: the regeneration legacy.

大运会对推动成都国际对外交往中心建设的作用与启示

马　鑫*

2023年7月28日至8月8日，成都成功举办第31届世界大学生夏季运动会（简称成都大运会），吸引了来自113个国家和地区的6500名运动员参赛。这是中国西部地区首次成功申办的世界级大型综合性体育赛事，为成都打造国际化体育名城迈出重要一步。成都大运会的成功举办，不仅为成都建设国际对外交往中心提供了重要契机，也为成都实现以赛谋城，打造世界级赛事名城提供了坚实的基础，更是中国城市走向世界开放之路的强大助推器。

一、成都举办大运会的条件得天独厚

世界大学生运动会举办至今已有60年历史，分为夏季大运会和冬季大运会。成都大运会是中国第三次举办大运会，也是西部地区第一次举办国际性体育比赛。鉴于大运会的比赛项目均为奥运会的比赛项目，并且由国际体育组织按奥运标准负责管理。历届大运会都得到了各国政府的大力支持和关注。

作为大运会承办地的成都具备逾4500年的深厚文化底蕴及2300多年的城市历程，自古人们颂扬其为“天府之国”。成都是中国最早的历史文化名城

* 马鑫，北京市社会科学院国际问题研究所助理研究员、博士。

以及全国文明城市之一，而且深受游客喜爱，也是全球美食之都以及大熊猫的故乡。如今，成都正在全球范围内提升其知名度。根据全球化和世界城市研究网络（GaWC）发布的世界城市排名，成都排名已经攀升至全球第59名，在中国内地城市中排名第五，仅落后于北京、上海、广州和深圳。迄今为止，已有超过300家世界顶级企业在成都设立办公室；23个国家在此开设领事馆，全国排名第三，仅次于上海和广州。现在，成都已经开通了140个国际（地区）航线，是继北京和上海之后，第三个拥有双机场国际枢纽的城市。近年来，成都发展迅猛，荣获中国最具经济活力城市、中国内陆投资环境最佳城市、中国大陆最具软实力城市、中国国际化营商环境优秀城市等称号；还被评为国际田园城市、音乐之都、国家中心城市等。另外，成都也是中国首批实行144小时过境免签政策的城市之一。

成都亦拥有引人注目的赛事组织力。自2019年起，成都在全球赛事的影响力已排名第28位，并成功举办诸如成都国际马拉松、ATP250成都网球公开赛、“熊猫杯”国际青年足球锦标赛、世界警察和消防员运动会、国际乒联男子乒乓球世界杯和女子乒乓球世界杯等上百个国际级体育赛事。在2022年，紧跟北京冬奥会后，成都组织了首个国内顶级的国际赛事——第56届国际乒乓联世界乒乓球团体锦标赛，并在2023年举办了亚洲足球联合会男子足球亚洲杯赛。

借助其国际化的优势，成都成功获得了第31届世界大学生夏季运动会的主办权。

二、大运会的筹办与举办展现“成都能力”

对成都而言，承办大运会不只是重要的政治任务，更是一次重大的发展机遇。在筹备大运会的期间，成都坚定贯彻习近平总书记提出的“办好一次会，搞活一座城”的重要指示精神。省委省政府坚持把“谋赛”与“谋城”相结合，秉承“办出一届精彩、圆满，充分展现国际标准、中国风格、巴蜀特色和青春风采的国际体育盛会”的理念，致力于在世界范围内全面呈现新时代中国城市风采。

（一）完善国际一流水平的赛事设施

为办好本次大运会，成都新建改建大运场馆49座，其中改造36座，在其中22个场馆打造智慧场馆运行管理平台，成功入选国家智能社会治理实验体育特色基地，全市大型体育场馆设施综合水平进入全国前五。2022年，这些场馆就面向社会免费或者低收费开放近8万个小时，服务民众超过509万人次，举办各级各类赛事730余项，未来也将继续服务大众。

（二）积累举办世界水准体育盛会的能力和经验

成都举办的本届大运会有113个国家和地区的代表团、9000多名代表团成员、6000多名运动员参加，注册报名的媒体机构超过178家、注册报名的媒体记者人数超过2000人。成都努力提供全面的赛事服务保障，涵盖外事、医疗、安保、注册、接待、交通、信息技术、志愿服务等多个领域，不断改进和完善相关方案，加强人员培训，以确保大运会的顺利进行，确保大运会安全、城市安全和人民安全。参赛运动员及参会相关人员对成都的赛事组织给出积极评价和充分的肯定。

（三）打造高水平的志愿服务队伍

志愿者是大型体育赛事成功举办的重要支柱。成都大运会共招募了两万名赛会志愿者，以及超过130万名城市注册志愿者，为赛事提供志愿服务。除了招募传统的赛事志愿者、城市志愿者和开闭幕式志愿者外，成都大运会还设置专业型志愿者岗位，与众多行业的商家和公司形成了合作伙伴关系，齐心协力为大运会的圆满成功提供强大支持。

（四）实践“以赛谋城”的新城市发展理念

成都大运会的筹办代表了一种全新的城市发展路径——“以赛谋城”的城市发展新理念的形成。成都坚持办赛与营城统筹兼顾、结合并举，通过大运会推动城市有机更新，向世界呈现一个更美丽的城市，同时提升城市宜居宜业品质，满足人民对幸福美好生活的向往，让新发展理念福泽市民、惠及社会。

三、成都大运会对推动国际对外交往中心建设的重要作用

成都大运会是我国西部首次举办的世界综合性运动会，也是新冠疫情后全球首个青年交流盛会，更是一场重要的主场外交活动。当前国际形势日趋复杂，中国借助本次成都大运会的时机，充分展示出其自信、亲和、和平、包容的软实力，并将“中国倡议”的理念融入其中，为构建人类命运共同体提供了强有力的支撑，也为成都打造国际对外交往中心提供了重要的机遇。

（一）提升成都国际化环境和服务

成都大运会的筹办进一步推动成都城市现代文明水平提高。东安湖体育公园、凤凰山体育公园等一批能够承接国际体育赛事场馆设施的建成，让成都举办世界级体育赛事成为可能。这为成都充分发挥“赛事名城”的优势，引进更多顶级国际体育赛事奠定基础。在大运会筹备期间，成都大力改善外语标识系统，增设无障碍设施，完善城市的国际语言、消费和服务环境，以期进一步提高城市的现代文明水准。

（二）提升成都城市综合竞争能力

成都秉承“办赛、营城、兴业、惠民”的理念，全面实施“爱成都·迎大运”城市共建共治共享“七大行动”，优化关键基础设施，提升城市的综合竞争力，改善人民的生活环境，更让市民增强了对于城市的归属感和认同感，有效推动旅游、服务、信息、金融等行业的繁荣发展。例如，位于新都区的香城体育中心通过场馆合建，不仅为当地居民提供了一个放松身心的运动公园，还成为富有时代感的城市地标。

（三）树立成都川蜀文化品牌、传播中国文化

成都大运会留下的文化遗产同样珍贵。成都大运会成为宣传展示川蜀文化形象的重要平台。大运会的元素设计融入了天府文化的象征元素，例如“太

阳鸟”“凤凰”，而大运会吉祥物“蓉宝”大熊猫，它不仅是成都的象征，更是中国范、四川范的象征，是具有天府之国独特魅力的名片，在国内外都备受关注。成都大运会期间，太阳神鸟、川剧变脸、中医药、太极等中国传统文化元素随处可见，成都大运会博物馆也落成开放，实现了赛事与文化的有效结合，有助于提升城市软实力，而来自世界各地的代表团成员就是这种软实力最好的宣传使者。

（四）提升成都的知名度和美誉度

举办大运会是成都进入世界城市体系坐标后，面临的一次新发展机遇。成都大运会的筹办不仅将全民建设、全民参与的体育热潮推向高点，也助力成都城市知名度、美誉度和全球影响力的能级跃升。自承办大运会以来，抖音标签数据表明，成都民众对“体育”的兴趣已经超过了对“火锅”的热情，而对“篮球”的关注度更超过了“麻将”。成都将举办比赛与推动高品质的经济增长，改善人民的生活条件，增强城市软实力有效结合，打造国际知名体育城市，将成都推向世界。

（五）宣传成都旅游特色资源

成都作为中国首批国家历史文化名城、中国最佳旅游城市、世界美食之都，在大运会筹备和举办之际，充分利用四川的文化和旅游资源，打造出独具特色的文化和旅游名片。从金沙遗址、武侯祠、大熊猫、都江堰水利工程，到太古里、宽窄巷子，再到一流的城市音乐厅和博物馆，都为游客带来更多的惊喜，让更多的人体验到成都的独特魅力。天府文化的独特魅力也为全球的大学生运动员带来前所未有的文化体验，令他们对这里留下难忘的回忆。

（六）助力成都城市经济发展

乘大运会东风，成都体育产业发展势头渐旺。近三年来，该市累计签约重大体育产业项目115个，签约金额超870亿元。2022年，成都市体育消费总规模达578.6亿元、体育产业总产值达1005亿元。相比2018年分别增长59%、

79%。成都大运会期间，除了运动员外，还有来自世界各地的游客，有力地带动了城市旅游消费，拉动了经济发展。数据显示，在成都大运会加持下，成都旅游住宿业快速恢复，个人旅游市场显著回暖。该市酒店在OTA上的个人游客销售量直线上升，较2019年同期增长达105%。

（七）进一步助推成都“世界赛事名城”的建设

根据规划目标，成都将在2025年建成赛事体系完备的世界赛事名城，每年举办国际级和国家级赛事50项以上。自提出打造世界赛事名城的城市品牌目标以来，成都在全球体育城市发展排行榜中脱颖而出，成绩斐然，已经转变为一个国际赛场。大运会不仅进一步夯实成都世界赛事名城的国际化品牌，更是一次全面考验成都办赛能力的盛会，它向世界充分展示出新时代中国城市的崭新面貌和风采。继大运会之后，成都还将举行包括世界运动会等多项国际性大型赛事。

（八）推动构建人类命运共同体

体育与“构建人类命运共同体”相辅相成。体育作为一种重要的文化交流纽带，为全球大学生提供了一个展示他们才华的舞台。通过参加体育比赛，他们可以消除彼此之间的隔阂，促进彼此的友谊。大运会的举办为推动人类命运共同体提供桥梁。成都大运会“全球性、国际化、绿色发展”的发展理念，以“为人类服务”作为起点，通过大运会的平台，向世界展示中国的体育成就，讲述中国故事，诉说人类命运共同体的美好愿景。

四、成都大运会的启示

成都大运会不仅体现了成都筹备国际大型体育赛事的能力，充分彰显了成都“世界赛事名城”的精彩魅力，也是促进国际交往的宽广舞台。系统梳理、深入总结、积极拓展成都大运会筹备的重要经验，持续推动成都国际对外交往合作走深走实具有重要意义。

（一）积极引进和培育国际品牌赛事，构建具有成都特色的体育赛事体系

成都大运会的举办不仅为“世界赛事名城”的发展带来了巨大助力，也为今后的大型体育赛事举办积累了宝贵的经验，促进了成都体育事业的全面发展。为此，成都积极投入资源，完善城市基础设施。主场馆被打造成为国际一流体育文化综合体，除承办国际国内大型体育赛事外，还可以满足大型演艺、综合展会、群众健身、体育培训、旅游观光等多种功能要求。鉴于国际体育赛事之都都是以丰富多类别的国际赛事集群为核心，形成包括旅游、休闲、娱乐、度假、生产、设计、制造、创意等多元产业城市共生体为特征。未来，成都仍需积极引进和培训各类品牌赛事：一是积极引进国际影响力大、群众基础好并与成都建设国家中心城市、美丽宜居公园城市、国际门户枢纽城市定位相匹配的顶级单项国际体育赛事；二是引入国际上时尚、旅游、娱乐、科技类的赛事或评比类项目类型，逐步形成全方位国家赛事布局；三是积极对接国际体育组织、体育运营机构在成都落地；四是要建立具有特色的体育赛事体系，结合成都的自然资源、人文资源、产业特点，积极打造展现成都韵味、凸显生态优势、融合数字技术的自主品牌赛事。

（二）立足天府文化特色，持续打造成都国际城市品牌

随着成都大运会的举办，以文化为跳板，成都与世界的沟通更加深入。据报道，在大运会场馆外，参加成都大运会的外国友人迅速融入成都生活，比如，跟着成都“孃孃”跳广场舞，做中医按摩推拿，凌晨吃串串香，甚至会去批发市场“扫货”。在大众点评上，在成都吃喝玩乐的外国运动员们也开始用英文写起了评价。近年来，成都始终把重大节会活动作为文化交流互鉴的重要平台。成都以其独特的文化底蕴，在成都国际马拉松、ATP250成都网球公开赛、“熊猫杯”国际青年足球锦标赛、世界警察和消防员运动会等重要国际活动中，以文化姿态拥抱世界，形成“成都经验”。未来，成都将秉承历史文化的精髓，以独特的城市风貌，不断拓展文化交流，提升中华文明的影响力，努力实现与城市文化发展战略的有效对接，以多方面视角展示成都的

特色，打造一座彰显中华文明魅力的国际对外交往中心。

（三）进一步探索和完善海外高端体育人才引进模式

成都大运会作为国际性的体育盛会，是一次难得的机遇，它不仅为成都市带来了璀璨的体育盛事，更重要的是带来吸引世界青年人才的契机。借助这一盛会，成都可以展示自身魅力，吸引全球年轻人才的目光，从而成为世界知名城市。在北京冬奥会和残奥会的总结表彰大会上，成都以其出色的服务保障能力，成为“上榜”的唯一南方城市单位，其中谷爱凌、苏翊鸣等杰出的运动员，都在成都接受过短期或长期的训练和准备。成都可以充分利用良好的体育培养及中国基础教育优势，吸引国内甚至国际上优秀运动员归蓉，探索一条独特的人才引进之路。

（四）大运会赋能成都国际形象传播

成都大运会不仅可以在赛事举办期间带来国际客流和消费，还可以通过赛事对举办城市在形象传播和品牌影响上的赋能。可以借助于赛事期间短时间大量“高能”媒体的聚焦报道所产生的媒体杠杆作用，在赛后长期发挥影响作用。大运会期间，大量海外自媒体人士客观友善报道成都大运会，在第二舆论战场展现成都的良好风采。未来，成都应该着力打造挖掘更多便于传播的打卡点，要有意识设计并推动社交媒体的传播。要想让别人为成都叫好、为成都宣传，成都要高度重视权威媒体叙事之外的大众叙事传播，甚至可以考虑发动市民来一场“全民拍成都”“老外拍成都”“全球大学生拍成都”之类的活动，用百姓视角来发现成都之美。

（五）借成都大运会扩大国际影响力

成都作为“丝绸之路经济带”的核心城市，是中国中部地区对外交往的首要舞台，是国际科技文化和交流合作的中心枢纽，是展现中国文化自信与多元包容魅力的重要窗口。当前，成都“朋友圈”已遍布全球，其影响力不断扩散至全球各地。随着新机场的建成并投入使用，成都将成为面向欧洲、中东、中亚及东南亚的重要空中门户。未来，成都还将通过承办大型体育赛事，对标纽约、伦敦、巴黎、东京等全球顶级城市，结合川菜、火锅、熊猫、变脸等地方文化，以体育为纽带传播文化理念，传递成都蜀风雅韵、包容友善的开放城市形象，推动多元文明的融合膨胀，增强城市影响力，提升成都城市的国际形象，持续扩大国际“朋友圈”“交往圈”，推动对外开放水平整体跃升。

参考文献

［1］于思源，刘桂海．体育与构建人类命运共同体：机理与路径［J］．体育科学，2019，39（09）：82–88.

［2］董传升．走向人类命运共同体：中国体育“强起来”的发展战略与治理方式［A］．中国体育科学学会．第十一届全国体育科学大会论文摘要汇编［C］．中国体育科学学会，2019：2.

［3］陈飞，蔡建靖，谭楠，刘悦．新型冠状病毒疫情下对第十四届全运会之思考［J］．南京体育学院学报，2020，19（05）：7–12.

［4］李欣，易贤文，欧繁荣．成都世界大学生运动会助力“健康龙泉”体系建设研究［J］．体育科技，2020，41（01）：48–50.

［5］傅梦婷．疫情影响下中国体育赛事发展困境与升级路径分析［J］．辽宁体育科技，2020，42（05）：11–15.

［6］新华社．“办好大运会，激活一座城”——2021成都大运会倒计时一周年记，https://www.toutiao.com/i6862976269445759495/。

［7］成都市人民政府信息网站．成都市人民政府办公厅关于印发成都创建国际赛事名城行动计划的通知，http://gk.chengdu.gov.cn/govInfoPub/detail.action?id=96759&tn=6。

Ⅶ ▶▷ 经验借鉴篇

发达国家韧性城市建设经验及对成都的启示

倪维秋[*]

一、韧性城市的概念

韧性（resilience）的词源是拉丁语“resilio”，原意为“回弹至初始状态”，后来法语和英语先后引入了这个词语。最初，在物理学和机械学领域中将物体受到外力发生变形后的恢复能力称为“韧性”。后来，韧性的概念在心理学领域、生物学领域、工程学领域和社会学领域的研究中被不断推广。随着系统理论的发展，人们对韧性的看法也在不停地丰富和完善，对其内涵的理解也在不断地加深。

城市韧性（urban resilience）是在2002年由倡导地区可持续发展国际理事会（ICLEI）首次提出，并将其引入城市与防灾研究中心，开启了针对城市灾害风险治理的韧性城市研究热潮。比如在2013年，洛克菲勒基金会（Rockefeller Foundation）宣布启动“全球100韧性城市”项目。与此同时，韧性联盟（Resilience Alliance）、联合国人居署（UN-Habitat）、联合国防灾减灾署（UNDRR）、经济合作与发展组织（OECD）等学术组织及国际机构也纷纷展开城市韧性的研究与实践推广。至此，城市韧性已经成为城市生态、社会、经济和文化可持续发展方面的前沿领域和研究热点。

关于城市韧性的概念内涵，不同学科背景的学者或机构给出的界定有不同的侧重。本文认为城市韧性是指一个城市在可预见或不可预见的风险和灾

* 倪维秋，北京市社会科学院城市问题研究所研究员、博士。

害冲击下所具备的抵御风险，减轻灾害损失并且能够合理地调配资源以从灾害中快速恢复、重建和发展的能力。

二、发达国家韧性城市建设的典型经验

国外韧性城市建设起步较早，美国、英国、日本等发达国家的城市韧性建设已经逐步成熟、成效显著。

（一）政策层面：国家层面的顶层设计

纽约、伦敦、东京等超大城市从体制、机制、法制、预案四方面建立城市韧性框架（见表1）。尤其东京明确以“国土强韧化”为主题的顶层设计，从宏观层面提出韧性城市建设的举措。为了确保“国土强韧化”的严肃性，日本在国家层面颁布了《国土强韧化基本法》和《国土强韧化基本规划》，保障相关政策和行政手段能够有效实施落地，加快日本政府、社会和民众形成应对灾害和灾后恢复生产生活的能力。

表1　城市韧性体制机制建设汇总表①

城市	体制	机制	法制	预案
纽约	市民防御办公室、纽约市紧急事故处理办公室、美国联邦紧急事务管理署（FEMA）	监测预警、决策响应、动员协调	《灾后重建开发计划》	社区应急响应队项目、减灾型社区活动
伦敦	伦敦应急服务联合会（LESLP）、伦敦消防应急规划署和地方卫生署、伦敦应急小组	长期性、制度性的论坛机制，建立应急反应的三级联动机制，地方政府横向之间的合作机制	《管理风险和增强韧性》	《社区应急规划工具》《社区应急准备指南》

① 田丽，张云颖．城市韧性理论与实践进展研究［C］．中国城市规划学会，成都市人民政府，面向高质量发展的空间治理——2021中国城市规划年会论文集．

续表

城市	体制	机制	法制	预案
东京	知事直管型违纪管理体制、东京都防灾会议、内阁官方国土强韧性化推进办公室	社区风险评估、全民安全风险教育、多元主体参与合作、风险信息公开、跨区域合作、"官学民"三方合作的防灾减灾机制、防灾福利社区事业计划	《国土强韧化基本法》《灾害对策基本法》	风险应对指南、手册、规划地图

（二）理念层面：从"被动防灾"向"主动应灾"的转变

英国、日本、美国等国家的超大城市针对自然灾害和不确定风险，从"防灾思维"转向采用"社区共同参与"和"空间设计"结合的"减灾规划"方法，不断提升社区的空间韧性。比如美国"旧金山湾区韧性设计"中通过建造池塘、重塑地貌空间设计方法丰富空间多样性，以适应当地极端的天气变化，提高社区空间环境的承载力。澳大利亚社区（Lane Cove社区）通过提升社区公共空间韧性，解决了"气候变化、能源危机、邻里关系淡薄"等社区脆弱性问题。哥本哈根在提升社区生活品质的同时，为社区空间环境提供了更多可渗透表面和雨水消化与利用的途径，从而降低了社区生态环境的脆弱性，形成集游憩、生态与防灾作用于一体的社区绿色韧性网络。

（三）响应层面：制订韧性城市规划

2005年联合国《2005—2015年兵库行动框架》中提出，要推动全球各级政府和地方社区将减轻灾害风险和建设韧性作为优先考虑的事项，让原本只存在于很多研究中的韧性概念真正走入公众视野。从此之后，在2015年的世界减灾大会、2016年联合国提出的可持续发展目标、2016年10月召开的联合国第三次住房和城市可持续发展大会《新城市议程》中均强调了建设韧性城市和韧性社区的重要性，以此来适应灾害风险带来的干扰。西方发达国家为了将韧性理念尽快应用于实践，众多城市开始制订了实操性很强的韧性城市规划（见表2）。

表2　发达国家韧性城市规划实践[①]

韧性规划实践	目标及重点领域
2008年9月，芝加哥 《芝加哥气候行动计划》	目标：减缓并适应气候变化冲击 应对策略：节能建筑、清洁与可再生能源、改良的交通方式、减少废物和工业污染、气候适应策略
2008年12月，鹿特丹 《鹿特丹气候防护计划》	重点领域：洪水管理，船舶和乘客的可达性，适应性建筑，城市水系统，城市生活质量
2009年10月，厄瓜多尔基多市 《基多气候变化策略》	重点领域：生态系统和生物多样性、饮用水供给、公共健康、基础设施和电力生产、气候风险管理
2011年10月，伦敦 《管理风险和增强韧性》	出台《英国气候影响计划》，成立气候变化和能源部管理洪水风险，增加公园和绿化
2013年6月，纽约 《一个更强大，更韧性的纽约》	提出《气候防护标准》《气候风险信息》和《韧性评估指南》等修复桑迪飓风影响，改造基础设施，改进沿海防洪设施等
2013年12月 日本《国土强韧化基本法》 2014年6月 日本《国土强韧化基本规划》	目标：建设防灾大国，保护民众，维护国家和社会机能，保障国民财产 措施：将应急管理体系建设纳入城市建设和日常社会管理中、加强防灾减灾应急管理体系、整修交通
2019年6月，新加坡 《总体规划草案（2019）》	目标：创造面向未来的能力，发展可持续和未来的韧性 重点：适应气候变化，改善资源利用，创造增长空间

三、对成都的启示

（一）空间维度：推进韧性理念融入国土空间规划体系

成都市韧性城市规划还处于起步阶段，同时当前我国正处在国土空间规

① 李其妍．纽约2050城市总体规划中的韧性理念及对我国的启示［C］．中国城市规划学会，成都市人民政府，面向高质量发展的空间治理——2020中国城市规划年会论文集．

划体系的重构期，在国土空间规划“五级三类四体系”的总体框架下，通过将韧性规划与国土空间规划体系进行有效融合，从源头上实现将韧性理念体现在国土空间规划中，落实在国土空间规划运行中，不断提高城市对于风险和灾害的适应能力，推进城市可持续发展。

一是融入“五级”国土空间规划。根据国家级、省级、市级、县级、乡镇级“五级”国土空间规划结构。首先，在成都市级国土空间规划中，要根据国家制定的韧性发展理念和目标，明确成都市韧性城市建设的具体目标和原则，整体谋划韧性国土空间开发保护格局；其次，在区级国土空间规划中，明确韧性城市建设的要点与抓手，提出韧性建设的强制性和指导性指标，为韧性城市建设提供更有空间效率的供给体系；最后，在乡镇级国土空间规划中，从实践性角度出发，制订更为具体和可操作性强的韧性建设方案。

二是融入“三类”国土空间规划。成都国土空间规划分为总体规划、详细规划、相关专项规划三类。在总体规划层面，根据成都城市战略定位，将城市经济社会韧性、空间结构韧性、生态环境韧性和组织管理韧性的理念融入国土空间规划全域全要素，将韧性城市建设作为国土空间发展的长期战略目标；在专项规划层面，在原有综合防灾专项规划的基础上，对海绵城市规划，抗震防灾规划、防洪排涝规划、消防工程规划、人防工程规划、城市防疫规划、地质灾害防护规划等各类安全韧性规划进行统筹和耦合，形成综合性更强的韧性城市专项规划。

三是融入国土空间规划“四体系”。成都市国土空间规划包括编制审批体系、实施监督体系、法规政策体系和技术标准体系。首先，在编制审批体系层面，加快编制韧性城市规划、明确韧性城市建设的具体目标、原则、重点任务、具体抓手和经费保障等；其次，在实施监督体系层面，将韧性城市规划纳入国土空间基础信息平台，定期开展韧性城市体检评估；再次，在法规政策体系层面，尽快制定与韧性城市建设相关的综合性法律法规，明确韧性城市规划在国土空间规划体系的法律地位；最后，在技术标准层面，研究制定韧性城市专项规划相关技术标准体系，为韧性城市的建设提供更好的指导。

（二）过程维度：构建贯穿城市全生命周期的管理体制

一是进一步完善灾前监测预警机制。首先，不断完善成都应急预案体系，尤其是加强容易发生灾害的重点领域的专项或者重大活动的应急预案的制定；其次，构筑具有成都特色的多元避难体系，优化全市应急避难场所，确保能够及时、有效应对重大突发事件或巨灾造成的危害；再次，进一步提升灾害监测预警服务能力，运用大数据、云计算，强化科技创新、重点提升城市灾害多发区、脆弱区、敏感区的监测预警服务能力；最后，建立完善的安全知识教育机制，增加公众在灾害来临前对灾害的明辨能力和应对能力。

二是进一步完善灾中应急处置机制。首先，在灾中决策指挥方面，建立统一领导、反应迅速、通力配合、联动处置等的应急管理体制，对灾害进行准确研判，并进行持续实时预警；其次，在社会动员层面，辅以非政府组织等社会力量参与应急处置与救援，构建多元主体良性互动的复合型应急救援体系；再次，在处置救援层面，建立"社区—组团—城市—区域"全空间维度应急联动机制，及时开展救援，最大限度减轻灾害后果；最后，在信息与报告层面，依托一体化城市运行管理平台，运用大数据、元宇宙等技术手段保障应急救援信息向决策者和公众及时发布。

三是进一步完善灾后恢复与重建机制。以政府为主体，充分动员社会力量参与房屋重建、基础设施修复、产业恢复等；开展灾害影响评估，提升对灾害的适应能力和再学习能力，确定灾后城市韧性发展模式；开展灾区恢复重建动态监测与后效评价，及时了解灾区恢复重建的进程与成效。

（三）主体维度：构建联防联控联治的协同治理机制

一是加强跨行政区的协同。成都韧性城市治理要着眼于成渝区域，在"联"上下足功夫，针对突发重大应急事件始终坚持统一、联通与互通。首先，理念统一，成渝地区下好"一盘棋"，确保区域安全稳定；其次，机制联通，建立成渝政府部门协调、专业部门对接、全方位配合的协同机制；最后，资源互通，统筹考虑成渝区域内重大应急设施配置、应急物资储备及重要保障空间的布局，统一调配应急保障资源。

二是加强区域内多元主体协同。完善“政府+市场+社会”韧性协同治理共同体。充分发挥政府职能，不断健全韧性城市建设的工作机制，形成“纵向到底、横向到边”的韧性治理格局，确保在应急突发事件中各部门无缝对接；有效利用市场机制，鼓励市场资本参与安全韧性城市建设，完善灾害保险体系，探索引入重大突发事件巨灾保险机制；广泛发动社会力量，加强社会组织能力和规范化建设，切实提高全社会协同应对突发事件能力，有序推进社会力量积极参与韧性城市建设。

（四）方式维度：打造适应数字化转型的超级智慧城市

一是强化智慧城市建设的韧性理念。智慧城市建设的目的是用科技化手段对城市加强精细化的治理，让城市在常态化运行中更为高效；而韧性城市建设的目标是提升城市灾前监测预警、灾中应急处置、灾后恢复重建的能力，让城市在受到干扰后迅速恢复到正常状态。因此，智慧城市和韧性城市建设的出发点存在一定的差异，通过将智慧城市建设中已搭建的硬件和从各行各业收集到的海量信息共享作为韧性城市建设的基础，促进智慧城市和韧性城市建设有机融合。

二是提升智慧系统的韧性治理水平。继续提高对各类已知风险的数据采集能力，尽可能地实现对复合风险情境下各类突发事件的全面覆盖；加大研发和成果转化的力度，继续鼓励支持新产品和新技术的应用，有效提高对公共安全、公共卫生隐患的发现、研判、预警能力；树立“与风险共存”的自适应理念，提高对复杂风险的动态适应能力。

三是打造跨区域大数据平台。构筑成渝城市群区域性灾情防控大脑，全面负责成渝区域的灾情监测、预警与应急管理；制定和完善重大公共安全事件信息上网制度，及时将成渝区域突发重大公共安全事件，可能对成都城市安全有影响的信息第一时间共享；区域城市之间的协调合作，打通区域信息壁垒，实现数据共享，增强城市风险综合防控与协同处置能力。

参考文献

［1］徐江，邵亦文．韧性城市：应对城市危机的新思路［J］．国际城市规划，2015，

30（2）：1-3.

［2］赵瑞东，方创琳，刘海猛．城市韧性研究进展与展望［J］．地理科学进展，2020，39（10）：1717-1731.

［3］田丽，张云颖．城市韧性理论与实践进展研究［C］．中国城市规划学会，成都市人民政府．面向高质量发展的空间治理——2021中国城市规划年会论文集．

［4］美国旧金山湾区“韧性设计”重塑计划最终设计方案［J］．景观设计学，2018，6（04）：63-75.

［5］申佳可，王云才．基于韧性特征的城市社区规划与设计框架［J］．风景园林，2017（03）：98-106.

［6］师满江，曹琦．城乡规划视角下韧性理论研究进展及提升措施［J］．西部人居环境学刊，2019，34（06）：32-41.

国际大都市城市形象国际传播经验及对成都的启示

王 丽*

在中国共产党第二十次全国代表大会报告中，习近平总书记强调了“增强中华文明传播力影响力”的重要性，并提出了相关部署，其中包括“加强国际传播能力建设，全面提升国际传播效能，形成同我国综合国力和国际地位相匹配的国际话语权”。[①]为了实现这一目标，必须加强我国国际传播能力建设，传递真实、立体、全面的中国故事和中国声音。众所周知，城市形象是国家形象的重要组成部分，有效的城市形象国际传播可以实现国家城市形象动态多元的塑造，提高城市在国内外发展竞争中的话语能力和吸引力。

近年来，成都坚持以文化人、以文润城，着力建设体现中华文明魅力、天府文化建设特点的世界历史文化名城，积极争取打造我国西部地区拥有一定世界影响力和美誉度的现代化国际大都会。成都作为一座文化底蕴丰厚、多元化、高速发展的城市，其城市形象对于其他城市国际形象塑造有着不可或缺的借鉴价值。因此，对于成都来说，如何在新时代背景下，吸收借鉴纽约、伦敦等国际大都市国际传播经验，有效传播国外消费者喜闻乐见的形象，成为当前亟须研究的重大课题。

* 王丽，博士，北京市社会科学院传媒与舆情研究所副研究员，研究方向：国家形象与跨文化传播、文化传媒等。

① 习近平．高举中国特色社会主义伟大旗帜 为全面建设社会主义现代化国家而团结奋斗——在中国共产党第二十次全国代表大会上的报告［N］．光明日报．2022年10月16日。

一、新时代成都城市形象国际传播特征

（一）从传播主体看：政府主导力量强大，尚待充分发挥多元主体传播合力

城市形象传播渠道在互联网时代日益多样化，传播主体群体也更加多元化。成都市城市网络形象已经完成从政府主导向媒体、企业和公众多方参与的格局转变，但是政府主导的信息传播仍然是主流，而多元化的主体之间协同不足，缺乏整体统筹和规划。成都市在政务新媒体和市级新媒体的基础上，以全方位立体的传播展开了针对新一线新征程的宣传工作。然而，在成都城市网络形象的整体建设中多元社会主体在形象展示和传播中的参与不足，政府的战略规划与市民日常生活之间没有很好地结合在一起，官方和民间舆论场之间存在一定程度的隔阂。

在新媒体技术的驱动下，城市形象传播领域发生了深刻的变化，自发形成的分权规划机制逐渐满足城市品牌形象传播的需求。传媒技术的进步赋予了民众传播和建构城市品牌形象的权利，政府部门不再是传播的唯一主体。此外，话语权结构被打破，民众能够积极参与城市品牌形象传播的合作过程，使得政府与公众能够整体协作。在短视频平台上，许多普通用户通过拍摄记录城市元素、美食、景观等形式，进而介入城市形象视频生产和传播的过程中。在抖音平台，像“二十吃垮成都”（@20Chigaodachengdu）的粉丝数量超过了301万，而“秋圆圆带你吃成都”（@Qiuyuanyuandaichichengdu）的粉丝数量同样可观。这种现象说明优质的视频创作者已经成为构成成都“美食之都”城市品牌形象中不可或缺的组成部分。

成都的城市形象与声誉建立需要企业的参与和支持。然而，目前在其代表成都形象的企业中，能在国内外产生影响和传播力的数量和质量还不足。尤其在文化创意类企业中，生产和创新有高度创意性的产品相对较少，企业在参与塑造和传播成都形象方面的自觉意识还不足。随着自媒体时代的崛起，成都形象的传播已经体现了公众参与的特色，然而，由于自媒体的易接近和话语权分散，公众的参与度较高，传播内容也变得更加碎片化。自媒体上的话题更贴近

普通大众的生活，并具有更大的传播效果，但同时也有着较大的风险和难以掌控的多元内容。例如，在微拍客中，网友以平民化的视角展示成都的民俗和街景取得了良好的传播效果，但不良行为也会对城市的文明形象造成损害。

（二）从传播方式看：创新运用融媒体传播，尚需打造立体化传播矩阵

加强城市形象的国际传播，必须构建一个全面、多元化、立体化的融媒体传播矩阵。需要传统媒体与新兴媒体之间实现协同，推动传统媒体融入新媒体，充分利用多种渠道和平台，包括微信、微博、短视频、广播电视和报纸等不同类型传播媒介，打造互补优势的传播矩阵。更要在内容、渠道、平台、经营和管理等多个环节上实现无缝衔接，确保城市形象传播推广的长期效益。在此背景下，成都市借助抖音、快手等短视频平台，为建立城市形象，筛选出优质短视频作品，将其同步发布到相关微信公众号、微博平台、电视媒体和报纸杂志等不同传播渠道上，实现资源共享，扩大短视频影响范围，带来更广泛的口碑效应，从而提高成都市的知名度，增强其国际吸引力和影响力。

为了实现与中央、省市新媒体、商业网站和自媒体大号的联动，成都市采用政府宣传部门整合多种媒介形式，包括电视、广播、报纸和网络等。超过20种的新型传播形式，如专题、航拍、H5、MG、PUSH和定向推广等被创新使用。这些创新形式吸引了年轻人的关注，但过于炫目的传播形式可能会加重成都市的网红气质。同时，部分创新形式的成功效仿，导致个别传播形式之间出现了重复和雷同现象，例如熊猫、杜甫等符号反复应用。目前，成都已形成了多元聚合的传播方式，但在差异化配合和呼应方面还有所欠缺。在硬新闻和软信息之间，以及城市内外公众之间，如何有效实现区分和提高差异化，特别是充分发挥不同媒介的传播特性，并形成彼此之间的呼应和共鸣，是一个亟待解决的问题。

（三）从传播内容看：以文塑城，还需挖掘独特的城市精神

在城市品牌建设的过程中，成都注重打造城市文化品牌，通过精神内核的凝练吸引受众群体，引发受众共鸣，深度挖掘城市文化的内源动力，有序

推进“三城三都”战略（成都市的世界文化创意名城、世界旅游名城、世界赛事名城，以及国际美食之都、国际音乐之都和国际会展之都），促进成都成为享有国际知名度的文化名城。

目前，成都在古都城市国际融合度分项排名第二，仅次于北京。同时，在城市文化传播度分项中排名第四。成都的文博系统与国际社会保持着紧密的交流，对外推介程度相当高。举例来说，CNN评选武侯祠锦里为全球最美街道，成都的武侯祠博物馆还举办过规模最大的三国主题巡展，引起了国内外的热议。金沙遗址博物馆在全球范围内使用智慧博物馆的成果展示古蜀文明，让外国观众也能够了解到珍贵文物。成都博物馆还与来自中国和意大利的文保与考古专家进行了线上会议，探讨文化遗产数字化发展的方向及新兴遗产的持续发展，这些都为成都成为世界文化名城提供了一定的基础。①

理想的现代城市形象应包括很多特点，例如政府信息透明、服务亲民、开放性强、公共参与充分以及市民素质高等。成都市政府采用多种视听形式，如《成都印象》城市宣传片和*I Love This City*城市音乐等，为了将成都建设为国际知名的城市标识并推动其成为世界文化名城，采用了互动性强、生动活泼的网络传播形式，如H5、MV、MG动画和VR等技术手段。通过这些手段，不仅增强了成都品牌形象的好感度、吸引力和感召力，也得到了广大受众群体的高度认同，成功地强化和传播了成都城市的社会生活形象，提升了城市的文化软实力。通过赋予文化内生动力，该举措促进了旅游经济效益恢复增长以及国内外投资的吸纳。市民在互联网时代可以直接代表城市形象，成为其友善公益内涵的参与者和主人翁精神的代言人。成都具有较好的城市形象基础，但在网络形象传播中，存在符号惯性依赖的问题。因此，在符号上需要创新突破，赋予传统城市形象新的元素，以便为大众所广泛知晓和认同。

（四）从传播效果看：整合传播提升影响力，尚需深入了解受众接受心理

成都在扩大国际影响力方面借助国际传播发挥了关键作用。在2022年11

① 王嘉．成都有哪些加分项［N］．成都日报．2021年11月30日。

月26日发布的“中国城市品牌影响力指数（2022）”中，成都名列十强城市之一。2021年12月10日，成都被授予两项荣誉称号：中国国际传播综合影响力十大先锋城市和国际表达力领军城市。成都善于抓住海外受众的兴趣点，巧妙地运用它的城市文化符号，如金沙遗址等历史文化象征，向世界展示它历史文化名城的同时，展现着成都城市的魅力。

从成都市的城市品牌定位和形象建构历史经验来看，其策略不仅覆盖国内，也具有国际视野。成都市政府部门作为主体，结合熊猫、成都美食、旅游景区等城市文化元素符号，在国际舞台上展示并演绎形象，同时与国际媒体合作，进行多维度、多渠道的宣传推广。这些举措让成都在国际上获得巨大的成功和认可，成为新一线国家中心城市的稳固根基，也为冲刺世界城市提升国际影响力奠定了坚实的基础。为了使成都的国际形象得到有效传播，成都采用了多种方式，如通过重大会议、会展等举办活动，推广品牌形象，并建立国际合作平台，与国际媒体合作，开展多渠道、多维度的宣传。除此之外，成都还通过中外主流媒体报道、参与文化交流主题活动、在海外拓展传播平台等手段，积极邀请境外媒体报道或参与国家层面文化推广活动来开展国际传播。然而，如何在互联网上提炼成都的国际符号表达，以满足境外受众的传播需求，从而提高传播效果，这是需要进行深入研究的。

二、他山之石——国际经验借鉴

纽约、伦敦、东京等国际大都市，凭借其卓越的国际传播能力，打造了全球文化软实力，增强了国际影响力。成都若要增强其国际传播能力，可以借鉴这些国际大都市所取得的成熟经验和有益成果。

（一）多元整合推进国际传播渠道建设

在城市形象传播和城市品牌塑造领域，发达国家的城市具有较早的起步和成熟的发展经验，因此已经形成了独特的形象标签。例如，纽约展现开放与包容，伦敦融合时尚与古典，巴黎体现优雅与浪漫，在世界主要发达城市中已经拥有了较为稳定的城市形象。

纽约以政府、资本和公众力量为支撑，构建了三位一体的国际传播体系，巩固了其在全球传播中的主导地位，为增强纽约城市形象和提升文化软实力提供了重要渠道。政府部门采取“管理—保护—传播”策略，积极维护和宣传城市的国际形象。虽然新闻媒体间存在激烈的竞争，但在竞争中各种媒体因各自的特点而均衡发展。纽约报刊、广播、电视台、网络都为争夺读者进行激烈的争夺，而在国际竞争中，不同媒介扬长避短，平衡竞争。美国国际传播的重要策略和渠道是国际广播，由全球媒体署（USAGM）长期管理和监督的国际广播机构在文化软实力构建中扮演了重要的角色。以美国之音（VOA）为例，得益于美国政府的大力支持，现在已经成为使用53种语言的国际广播机构。每周向全球超过3.118亿人提供可信、客观的新闻和信息，向大约3000个附属机构进行广播和电视广播。纽约通过与跨国公司如苹果、微软和亚马逊等合作，扩大了其影响力；为积极促进文化传播，纽约市鼓励宗教界领袖、海外留学生、著名学者、民间知名人士以及民间新闻机构驻国外的记者参与其中。此外，纽约市还拥有全球最大的社交媒体品牌系统，谷歌、脸书、推特以及优兔等都起源于美国，成为纽约市文化传播的重要工具与场所。

伦敦为了维持其国际传播的领先地位，并更好地传播英国价值观，高度重视社交媒体的应用。一方面，主流媒体如BBC和路透社已在社交媒体平台上落户，并通过非正式、个人和互惠的方式与读者互动以增强自身的文化传播能力。BBC旗下的未来媒体与技术部专门从事向新媒体传播行业的推进和新媒介系统搭建，在社交网络的发展上取得显著成果。路透社也朝着社交媒体方向发展，特别是面向国内用户的移动应用端。同时，主流媒体记者也通过社交媒体平台以非正式、个人和互惠的方式与读者互动，增强了主流媒体的文化传播能力。另一方面，英国报纸也积极开拓社交媒体渠道，提高影响力。例如，《卫报》在多个社交媒体平台上拥有大量粉丝，是较早进驻社交媒体的英国报纸，在社交媒体平台上引起广泛关注。《经济学人》则重新布局社交媒体资源，整合整个编辑部在社交媒体平台上与粉丝互动，增强了吸引力和影响力。此外，外交部和文化教育协会等机构也进驻社交媒体平台，使其成为对外文化传播的重要途径。

（二）创新运用丰富的文化资源建设

伦敦着眼于大众文化产业创新，积极提升文化软实力。其一，伦敦致力于推进文化产品创新，成为英国文化吸引力的传统支柱。以出版业为例，伦敦拥有高度发展的出版行业，在数字出版方面尤为领先。2020年，英国的出版销售收入达到了67亿英镑，其中出口销售占据了总销售额的59%，数字出版产品销售也占据了46%的份额。同时，2021年发布的《全球出版业50强》报告显示，英国在全球出版业排名前五中占据了两席，实现了第一和第四名的成绩。其二，伦敦致力于推进文化服务创新。伦敦拥有庞大的设计产业，在国际同行中备受推崇并且成为模仿的榜样，建筑设计更是伦敦设计出口的重要领域。其三，伦敦积极推进艺术类文化产品的发展，以政府推动的英国文化为基础，例如舞蹈和歌剧等，已经在全球范围内享誉颇高，成为文化软实力的重要来源。此外，伦敦博物馆和体育业也与创意文化产业有着紧密的经济联系。比如英超联赛每年吸引了数百万全球观众，催生了备受欢迎的足球文化，成为展示伦敦软实力的重要方式。借助文化产业创新的支持，伦敦在国际上具有很强的吸引力和影响力。

东京立足于“酷日本”“酷东京”品牌效应，提升其在软实力方面的影响力。该品牌跨足游戏、漫画、动漫、时尚、饮食、商业产品、机器人、环保技术及其他高科技产业。动漫产业是“酷东京”娱乐领域核心，政府力促其成为全球最大、最佳、最多样化的动漫文化产业。这一政策使得日本动漫产业海外销售收入在2020年达到1.24万亿日元，占据全球动漫市场的44.9%份额，成为全球动漫市场的引领者。此外，东京专注于商业品牌的打造，创造了多个知名品牌及产品。2021年的财富世界500强企业中，日本共有53家企业入选，排名仅次于中国和美国。这些企业拥有全球领先的品牌，如丰田、佳能、松下、日立、三菱和索尼。东京独具特色的简洁、朴实、精致的生活方式，使其成为全球预期寿命最高的国家，打破了现代化必须全盘西化的观念，成为全球生活方式的典范。总之，“酷东京”的文化特色，使其充满吸引力，且提升了其文化软实力。

（三）注重搭建国际传播文化交流平台

伦敦作为“文化超级大城市”，在文学、戏剧、音乐、舞蹈、电影、博物馆、运动等方面具有全球领先地位，拥有丰富的文化艺术资源。英国文化教育协会通过开展交流活动，在电影、文学、音乐等多个领域推广英国伦敦的文化艺术资源，激发了人们对该城市的兴趣，成为其提升城市文化软实力的重要途径。其中，文化艺术交流项目是主要内容之一，如艺术海外巡展和文学作品交流等，均可促进中英两国文化艺术领域的合作和交流。“未来总动员——英国文化协会当代艺术珍藏展”“2012艺术英国”“2021年中英当代文演展”在过去的几年中吸引了数百万观众参观。这三个展览向中国人民展示了英国艺术的卓越成就。此外，英国文化教育协会还资助艺术家们开展合作与交流。伦敦文化教育联合会也积极与政府部门合作，重点支持在伦敦和世界各地的文化和创意从业人员之间的交流。他们积极探索联合制作和其他领域的协作方式。其中，英国文化协会开展了一项完善的“通过文化建立联系”计划，至今已资助37批超过370名中英创意和文化专业人员之间的交流和合作。这些举措不仅有助于传播英国的文化价值观，更可以促进中英艺术和文化从业人员之间的交流合作。此外，英国文化教育协会通过艺术服务社会，在全球范围内为气候合作、对话和行动营造有利的交流氛围。2021年，英国主办了第26届联合国气候变化缔约方大会（COP26），英国文化教育协会通过艺术和科学展示，为全球气候合作、对话和行动营造了有利的交流氛围。在会议期间，英国文化教育协会开展了“创意委托”活动，以艺术方式展示独特和创新的应对气候变化的方式，为气候挑战提供了创造性的回应和解决方案。

东京主要通过日本基金会向全球介绍日本和东京文化的各个方面，包括艺术、音乐、戏剧、电影、时尚和设计等。在艺术交流方面，积极支持国内外博物馆合作的大型展览和小型巡回展览。同时向海外观众介绍各种日本表演艺术，致力于参与国际展览以及资助在国外举办的日本艺术展览，以推广日本艺术。为了促进日本艺术的传播和推广，还会支持海外电视台播放日本电影和电视节目，并与海外国际电影节合作组织日本电影回顾展的放映。与此同时，东京提供和发行日本故事片（外语版）和文化片（外语配音）以协助其海外办事处和日本大使馆的文化活动。此外，还和海外国际电影节合作，在与各国电影专业组织的联合赞助下组织日本电影回顾展的放映。日本动画片在全球的影响力已逐渐扩大，无论是在数量、品质、制作水准，还是在各国影展中的得奖数，均在全球领先，从而进一步提升了日本文化和东京城市的吸引力。除此之外，还积极寻求人文交流与合作，将东京文化各个领域的专家派往海外，为人们亲身体验植根于日常生活的东京文化习俗提供讲座、示范和工作坊等方式，以促进对日本文化的理解，同时增进与海外文化领域的人才合作。

三、成都城市形象国际传播的优化策略

成都国际传播能力建设需严格遵循本地实践，积极借鉴伦敦、纽约等国际大都市的国际传播能力建设经验，同时结合当前国际传播能力建设所面临的机遇和挑战，以寻找更为高效的建设途径。

（一）深入挖掘天府文化内涵，构建城市国际传播价值认同体系

成都拥有悠久的文化底蕴，这是其重要的优势之一。在历史和未来的发展中，成都应该充分依托自身文化本源，不断从市民多元化的生产和生活实践中获取营养，这有助于养育和提升城市的精神，促进城市从传统向现代的转型。在互联网时代，城市的内涵和特点不断演变。因此，一方面，需要培育现代市民社会，强化公共精神、契约意识和法治意识；另一方面，需要延续和创新其人文艺术伟大优势，不断实现公众参与、传播和建构城市公共生活，注重从公益、公共精神和文化创意三个方面入手，来进一步提升城市的现代精神。

网络自媒体涌现为市民参与城市公共生活提供了更加便捷的技术平台。要推动网络城市形象建设，需要增加公益活动的策划，激发城市公共文化生活的品牌化、系列化、可持续化，唤醒城市公共精神。同时，要加强政民沟通的制度设计和网络传播，使网络在政策议程和市民议程之间发挥平台作用，

实现二者的互动和转化。为了实现有持续、有重点的效果，需要制订计划，包括谁来传播、传播什么以及如何传播。同时，要加强对天府文化的研究和整理，在“三城三都”城市名片和“四大品牌”标识的基础上，加速文创产业的发展，制订天府文化传播行动计划，常规传播与重大节庆传播相得益彰。另外，要持续办好中国成都国际非物质文化遗产节、成都创意设计周等文化活动，并促使政府主导与社会组织、市民参与式传播相互协作。同时，要加强天府文化的保护利用传播，包括自然遗产和非物质文化遗产，并注重对成都文创产业实绩的展示和网络传播，以构建天府文化品牌。

（二）增强城市国际形象的评估性研究，加强全球文化传播

首先，需要加强对成都在国际城市体系中的形象定位的研究。建议组建由专家团队或购买咨询服务，明确了解当前国际社会对成都形象的认知及可能存在的偏差，采取有针对性的国际传播措施。其次，需要调整成都城市网络形象的对外传播方式，采用新媒体思维和跨文化心态，鼓励来蓉境外人员参与成都形象传播，并构建成都国际形象评估、反馈、推进的制度体系。在政府主导下，鼓励各传播主体的积极性和创意性，组建成都市城市形象传播小组，构建统筹协作机制，激励文化创意企业参与城市形象网络营造和文化传播。

此外，需要加强公众教育和引导，提高文化自觉程度。要增强大众对天府文化所具有的荣誉感和自豪感，鼓励公众成为形象代言人。同时应提高旅游服务行业人员对服务的意识，扩大成都在国际文化、教育交流和入境旅游份额上的影响力。此外，还需发展友好城市和友好合作城市，挖掘成都特色文化资源，培育外向型文化企业，加强物质及非物质文化遗产交流，举办国际文化活动。

（三）创新融媒体传播方式，增强城市形象国际传播影响力

首先，针对不同的目标受众和宣传主题，应采用综合运用新媒体和传统媒体等多元宣传方式，构建立体宣传阵地。城市产业发展所取得的成就和对民生带来的实际利益等硬性信息可以采用硬性宣传方式进行传播。而对于城

市多彩的文化和人文特色，则应该采用软性宣传方式进行宣传。针对政治和经济等硬性信息，应该适度运用软包装和新型传播技术，以吸引年轻受众的关注，但应避免过于炫目和频繁的节奏。

其次，国际宣传要注重落地实施，与城市文化交流和大型国际体育赛事相结合，以扩大成都在国际上的影响力。同时，应在建设成都城市品牌的过程中结合地域文化和历史元素，根据不同的传播目标和受众特征，精准制定内外宣传策略，以增强品牌的感染力和亲和力。在内宣方面，可以通过社交媒体、城市文化展览、主流媒体渠道和体育文化活动等方式进行全方位、多维度地展示成都的城市形象和品牌魅力；在外宣方面，则可借助国际重大体育赛事、媒体合作和高端商务活动等场合，推介成都的城市形象和产业资源，加强与国际社会的沟通与交流。这样才能更好地实现成都品牌的全球传播和国际化发展，快速提升城市的国际知名度和美誉度。

最后，宣传方式应守正创新，需要注重网络热度和注意力的监测。守正的同时，政府门户网站、政务微博、微信等政务宣传渠道应该建设专业可靠的平台，打造政务服务品牌，并向城市治理领域延伸。创新需要顺应互联网时代的传播规律，采用参与式传播和精准化定向传播的方式，吸引互联网群体和圈子参与到城市网络形象的传播中。

参考文献

[1] 夏志刚. 城市形象品牌传播的媒介演进及建构策略——以成都市为例 [J]. 西部广播电视. 2021年第18期。

[2] 刘仲华，李琰. 精准施策提升国际传播效能 [J]. 新闻战线. 2021年第17期。

[3] 常情. 新时代推进国际传播能力建设的路径及意义探析 [J]. 公关世界. 2022年第4期。

[4] 王向阳. 文化软实力视角下中国国际传播能力建设研究 [D]. 外交学院. 2022年5月。

[5] 陈叙. 新媒体时代成都城市形象传播的思考 [J]. 四川省干部函授学院学报. 2022年第4期。

[6] 王嘉，余力，刘鲁，吴雅婷，卢星宇. 打造“三城三都”品牌　推进世界文化名城建设 [N]. 成都日报. 2022年10月22日。

国内外大都市绿色社区推动低碳城市建设的经验及对成都的启示

胡天益*

一、引言

近百年来，受气候因素和人类活动的共同影响，世界正经历着以全球变暖为显著特征的气候变化。根据中国政府2022年发布的《国家适应气候变化战略2035》，20世纪中叶以来，全球平均温度增速达0.15℃/10年，而1953至2020年中国的升温速度达0.26℃/10年。在城市化进程中，人类活动的高度集中使城市成为温室气体排放的主要源头。与一般的废弃物不同，温室气体的影响不受空间限制，一个城市的碳排放会对周边城市产生负外部性，从而对整个区域造成消极影响。

面对日益严峻的气候危机，低碳与可持续发展正逐渐成为国际社会所追求的共同目标。国际社会在减排方面达成了一定的制度共识，通过《联合国气候变化框架公约》《京都议定书》《巴黎气候协定》等协议，世界各国广泛参与减少碳排放的合作当中，中国在其中发挥着重要作用。2020年9月，习近平主席在第七十五届联合国大会上提出，中国要力争在2030年前实现碳达峰，在2060年前实现碳中和。

在此背景下，“低碳城市”建设成为包含成都市在内的诸多城市的发展目

* 胡天益，四川大学国际关系学院学生，研究方向：跨国碳关税、全球气候治理与环境政治。

标。从低碳城市建设的发展进程和状态来看，生产与生活两个领域绿色转型呈现出不平衡的特征。当前学界对生产领域的绿色转型给予了较大关注，但对于生活领域的绿色转型研究相对较少。[①]然而，根据丁凡琳等学者的测算，由于城市化带来的人类活动日益密集集中，城市居民生活能耗已经成为当前碳排放的第二大来源。[②]并且，现代城市治理逐渐为个人赋权的趋势，以及对公众参与的越发重视，表明居民的生活方式和行为在低碳城市建设的过程中的重要性逐渐上升，居民越来越被视为减缓气候变化的主要推动者。因而，政府、学术界和环保实践群体对绿色生活的关注也持续上升。推动居民的生活方式绿色转型，在当下和未来低碳城市建设进程中具有重要的价值。

总而言之，以全球变暖为主要特点的气候变化已经成为人类的共同危机，低碳城市建设成为全球关注的热点之一。但是在低碳城市建设方面，当前的研究大多注重于对生产领域的减排，而对社会领域的减排关注不足。居民绿色生活作为低碳城市建设中不可或缺的要素，对于实现低碳城市目标具有重要意义。成都市如何引导居民生活实现绿色转型，进而推动成都整体低碳城市建设？这是当前需要考虑的重要问题。本文旨在研究英国伦敦市和中国深圳市在低碳城市建设和治理的过程中，在引导居民绿色生活方面有益的做法和经验，为成都更好普及绿色生活和低碳城市建设提供借鉴。

二、绿色生活的概念和转型困境

（一）绿色生活的概念梳理

绿色生活的概念在国外兴起较早，20世纪70年代以来伴随对物质主义和消费主义的反思逐渐兴起。初期的绿色生活主张简约的生活方式，反对不断扩张的物质消费。在随后的发展中，绿色生活的概念逐渐聚焦于环境问题，

① 曹翔，高瑀：《低碳城市试点政策推动了城市居民绿色生活方式形成吗？》，《中国人口·资源与环境》2021年第12期，第93–103页。

② 丁凡琳，陆军，赵文杰：《城市居民生活能耗碳排放测算及空间相关性研究——基于287个地级市的数据》，《经济问题探索》2019年第5期，第40–49页。

主张重新思考人类与自然的关系以实现二者之间的和谐。直到20世纪90年代，绿色生活的概念才在中国学界开始涉及，并在2012年纳入党的十八大报告，首次成为中国环境和气候治理的高级政策议程。此后，绿色生活的概念得到越来越多的重视和发展。例如，2020年《中共中央关于制定国民经济和社会发展第十四个五年规划和二〇三五年远景目标的建议》明确指出要开展绿色生活创建活动。2021年《国务院关于加快建立健全绿色低碳循环发展经济体系的指导意见》提出了倡导绿色低碳生活方式的要求。党的二十大也提出倡导绿色消费，推动形成绿色低碳的生产方式和生活方式。

绿色生活是一种旨在降低碳排放量、减少环境负面影响的生活方式，其核心目标是通过改变个人和社会的行为和生活方式，实现碳足迹和碳排放的减少。该概念强调节约能源、减少温室气体排放、优化资源利用以及选择可持续和环保产品等行为，以在个体和整体层面促进生活质量的改善并应对气候变化的挑战。具体而言，绿色生活的内涵包括以下几个方面。（一）碳排放削减。绿色生活通过减少对化石燃料的依赖，转向使用可再生能源等方式降低碳排放量。（二）资源节约。绿色生活追求资源的有效利用，包括减少能源消耗、降低水和材料的浪费，并推动循环经济的实施。（三）环境保护。绿色生活强调减少环境污染和生态破坏，通过减少碳排放和污染物释放，保护生态系统的健康和生物多样性。（四）可持续发展。绿色生活是可持续发展的一部分，旨在满足当前需求的同时不损害子孙后代满足其需求的能力。

绿色生活需要转变居民生活方式，这就需要从个人和社会两个层面上重新塑造人们的价值观和行为模式，并不断强调社会创新、合作和文化转变的重要性。在此背景下，政府层面的政策和引导是实现绿色生活的关键——需要在城市规划、能源转型和社区参与方面进行综合性的改革。除此之外，个人选择和行为对于绿色生活的实现也至关重要，需要采取行动来减少碳足迹，如改变出行方式、改变饮食和购物习惯等。

（二）中国绿色生活转型的探索与困境

中国在城市治理过程中对绿色生活转型的探索主要侧重于应对快速城市化进程带来的负面影响。自改革开放以来，中国的城市化水平不断提高，城乡一体化进程也不断加速。然而，与此同时，城市化进程所带来的资源消耗和废弃物排放迅速增长，给环境带来了巨大压力，二氧化碳等温室气体的排放问题尤为突出。学者魏后凯和张燕指出，我们需要反思传统的高污染和高排放的粗放型城市化，促进城市化过程向绿色转型。而要实现这一目标，推广和引导城市居民采取绿色生活方式，以在整个社会中形成节能节约的氛围至关重要。[①]学者孙晨光和张志强介绍了伦敦、哥本哈根和库里蒂巴的低碳城市建设经验，并着重强调社区低碳治理和环保教育在实现低碳城市过程中的重要性。[②]成都市政府也对绿色生活转型进行了探索，努力形成“青山绿道蓝网”相呼应的公园城市空间形态、“轨道公交慢行”相融合的公园城市运行动脉、“生产生活生态”相统筹的公园城市发展空间、“巴适安逸和美”为特征的公园城市社区场景、“开放创新文化”相协调的公园城市发展动能。[③]

然而，虽然已经在理论和实践层面进行了一定的探索，但要完全实现绿色生活方式的转型，我国总体还面临着较大困难。学者徐嘉祺和刘雯将主要困难归为四个方面：一是传统的供给侧结构惯性使绿色生活所需的绿色供给不足；二是绿色消费意识淡薄为转型带来巨大阻力；三是政府引导作用未能充分发挥，社会组织发育也不成熟，因而绿色生活方式转型主体培育面临困难；四是法律监管和补偿尚不成熟，绿色生活转型面临法律和机制困境。[④]就成都市而言，高碳生活已经有了较长时间，可能在居民中已经形成了相应的消费习惯。学者刘梅从衣食住行的生活具体领域入手，结合实际数据，分析了推动成都市居民的生活的绿色转型仍然有较大的实施空间，并建议低碳城

---

① 魏后凯，张燕：《全面推进中国城镇化绿色转型的思路与举措》，《经济纵横》2011年第9期，第15–19页。

② 孙晨光，张志强：《低碳城市社区参与的国际经验》，《重庆社会科学》2014年第1期，第53–59页。

③ 四川省人民政府：《成都建设公园城市：未来城市 成都之路》，2020年10月26日［2023年5月19日］，https://www.sc.gov.cn/10462/10464/10465/10595/2020/10/26/7fd6c153c9d442029a0c97b86fc72eb1.shtml.

④ 徐嘉祺，刘雯：《新时代绿色生活方式转型面临的困境与对策》，《理论探讨》2023年第3期，第169–174页。

市发展过程中应当加强市民参与，推动居民实现绿色生活。[①]郑桥桥、万亮等学者认为政府的环境规制对推动居民实现绿色生活转型具有较大意义，并对此提出了建议——要将更多的注意力放在个人层面，引导居民提高环境保护意识，优化生活的条件和质量，从而形成可持续发展的生活方式。[②]Zhang Jijian、Zheng Tianjiao讨论了低碳城市试点政策对促进居民绿色生活方式转型的有效性，结论是：政策的促进效应对北方城市和中东部城市显著，但对于西部城市则相对较弱。[③]

如上所述，在中国城市治理发展过程中已有学者较早关注到了城市化所带来的消极影响，成都市政府层面也制定了引导居民绿色生活转型的目标，并进行了一定探索尝试。然而，当前无论是从中国整体还是具体到成都市来看，引导居民生活绿色转型都面临了一定的困难。并且，相较于中国东部城市，地处西部的成都市存在更大的制度改进空间。因而成都市要更好提升低碳城市建设水平，增强引导居民生活绿色转型的治理效度，还需要吸收更多国内外城市的经验。

三、绿色转型过程中社区治理经验：以伦敦和深圳为例

居民的环保意识和社区参与对低碳城市建设起到关键作用，而现代城市人口众多，多元性和流动性显著，这增强了城市治理过程中的困难。[④]因而为了更好推进居民绿色生活转型，需要在社区层面上以共建共治共享的方式推动城市社区内部和社会共同体的构建。通过使居民积极参与社区倡议、环保活动和决策过程，推动可持续发展政策和环保行动在社区层面的落地。加强

① 刘梅：《论高碳生活方式向绿色生活方式的转变——以成都市为例》，《西南民族大学学报》（人文社会科学版）2012年第9期，第134–137页。

② 郑桥桥，万亮等：《环境规制能够诱发居民形成绿色生活方式吗？来自中国的证据》，《系统工程理论与实践》2023年1月5日。

③ Zhang Jijian、Zheng Tianjiao, “Can dual pilot policy of innovative city and low carbon city promote green lifestyle transformation of residents?” Journal of Cleaner Production. Vol. 405, 2023.

④ 曾水英，殷冬水：《当代中国城市社区共同体构建何以可能？——以基层协商治理实践为分析中心》，《长白学刊》2023年第3期，第34–42页。

公众意识的培养和教育，提高居民对低碳生活的认知和理解，有助于改变行为模式和消费习惯，促进绿色生活方式的普及和可持续城市发展的实现。

城市社区可以作为居民绿色生活转型的政策落实单位，但城市居民社区碳减排是一个复杂的系统工程，低碳社区规划设计既需要城市宏观空间的合理布局，也需要邻里中观尺度的综合规划，更需要建筑微观尺度的精心设计。[①]按照《国家发展改革委关于印发〈绿色生活创建行动总体方案〉的通知》（发改环资〔2019〕1696号）部署要求，住房和城乡建设部、国家发展改革委等6部门共同研究制定了《绿色社区创建行动方案》，其中明确表示“要将绿色发展理念贯穿社区设计、建设、管理和服务等活动的全过程，以简约适度、绿色低碳的方式，推进社区人居环境建设和整治，不断满足人民群众对美好环境与幸福生活的向往”。

成都市为绿色社区建设确定了行动目标和方案，但总体仍然处于起步阶段。2022年成都市发布《成都市近零碳排放区试点建设工作方案》，旨在于2025年建成不少于30个近零碳社区。在绿色社区建设方面，英国伦敦市和中国深圳市取得了显著的成果，并在此过程中提供了侧重有所不同的建设经验。

（一）伦敦市经验：社区参与引导居民绿色转型

作为全球最早设立碳排放管理规划的国家之一，英国于2003年发布了《我们能源的未来：创建低碳经济》白皮书，旨在于2050年实现低碳国家的目标。就伦敦市而言，2007年发布了《伦敦气候变化行动计划》，其中提出了一系列针对低碳城市建设和治理的目标和举措。2021年，伦敦又发布了《大伦敦规划2021》，再次呼应了2050年的低碳目标。在引导居民实现低碳生活方面，伦敦采取了多项措施，特别是通过绿色社区建设发挥了重要作用。

贝丁顿社区位于伦敦南部，是全球较早实现“零碳排放”的社区之一。该社区在设计初期就充分融入绿色环保的理念。社区建筑材料几乎全部来自附近地区，部分钢材、玻璃和木材则来自废弃建筑的回收利用。社区通过空

① 江海燕，肖荣波，吴婕：《城市家庭碳排放的影响模式及对低碳居住社区规划设计的启示——以广州为例》，《现代城市研究》2013年第2期，第100–106页。

间布局减少散热，并将办公和居住区域融合，以减少居住和交通能源消耗。大部分社区住宅配备太阳能光伏板、雨水贮备系统和循环装置，用于收集伦敦丰富的降水，用于冲洗马桶、灌溉景观植物等用途。①

除了注重社区住宅和基础设施等硬件建设，伦敦还强调社区对居民绿色生活的教育引导。加强公众意识的培养和教育，提高居民对低碳生活的认知和理解，有助于改变行为模式和消费习惯，促进低碳生活方式的普及和可持续城市发展的实现。首先，社区鼓励居民积极参与低碳生活的决策和实施过程。通过建立居民组织、环保志愿者团体和可持续发展委员会等形式，促进社区居民之间的合作和参与。这种参与形式通过社区会议、工作坊和咨询活动来实现，以确保居民的声音被充分听取，并与政府、组织和企业共同制订低碳生活计划。其次，开展社区教育和意识提升活动，向社区居民传播低碳生活的重要性和益处。社区组织各类绿色生活培训课程、工作坊和宣传活动，涵盖节能减排、垃圾分类、水资源节约等方面的知识。这有助于提高居民对低碳生活的认知，并鼓励他们采取积极的环保行动。此外，社区能够获得当地政府的支持和资源，以实施与低碳生活相关的项目。通过设立基金和补助计划，资助社区组织和居民开展绿色倡议，如能源效率改造、可再生能源安装、垃圾回收计划激励和激发社区居民的创新和参与，推动低碳生活的实践。

（二）深圳市经验：科技社区推动居民绿色转型

在2021年，深圳市发布了《深圳率先打造美丽中国典范规划纲要（2020—2035年）》，该规划明确提出了深圳市率先打造人与自然和谐共生的美丽中国典范的目标，并提出要建设一批环境优美、和谐包容、绿色精致、智慧共享的美丽社区。随后，深圳市发布了《深圳市近零碳排放区试点建设实施方案》，旨在2025年前在试点社区实现碳排放总量较2020年下降40%的目标，并将城市社区人均碳排放量减少至0.65吨CO_2/（人·年）以内。这些重要文

① 罗求生，曾文静：《低碳社区建设及其实践——以英国贝丁顿“零碳社区”为例》，《2018城市发展与规划论文集》，2018年8月。

件和方案的发布彰显了深圳市在可持续发展领域的引领地位和承诺。通过制定目标和具体措施，深圳市旨在成为一个充满活力、和谐共生、环境友好、智能共享的城市典范。通过减少碳排放、提高能源效率和促进绿色创新，深圳市致力于实现碳中和和可持续社区的构建。这些努力将为未来的城市发展提供范例，并推动更广泛的生态文明建设。

位于深圳市东部的大梅沙社区，拥有约2650户常住居民，人口超过6000人。基于“政府主导、企业积极行动和社会公众参与”的原则，当地政府与社会公益基金等各方联动，积极展开对社区建筑能耗和废弃物处理等项目的绿色改造。大梅沙社区以垃圾智能分类、厨余垃圾处理、绿色建筑、绿色能源和绿色交通等多个领域的创新为重点，致力于打造一个集有机循环、低碳发展、社区营造、生物多样性以及自然艺术于一体的综合性可持续社区样本。同时，该社区积极参与建设示范，引领整个城市乃至全省、全国范围内的近零碳排放典范工程。在2021年10月17日，大梅沙碳中和国际论坛在深圳万科国际会议中心成功举行，发布了《2021年中国城市社区碳中和大梅沙行动宣言》。该论坛的召开进一步展现了大梅沙社区在绿色社区建设方面的承诺，为城市社区可持续发展树立了榜样。

在大梅沙低碳社区的建设过程中，充分发挥科技创新在绿色转型中的作用。首先，为了解决厨余垃圾处理的难题，社区引入了“黑水虻”生物技术。黑水虻食量惊人，并能够以其超强的消化能力处理比自身重量高20万倍的厨余垃圾。大梅沙万科中心园区的黑水虻站平均每日可处理约200公斤厨余垃圾。通过采用“黑水虻+堆肥”的生态化处理技术，在社区内实现了厨余垃圾的就地处理和有机转化，有效降低了废弃物处理过程的碳排放，并显著降低了运输和终端处理的成本与压力。其次，大梅沙社区致力于发展绿色建筑和低碳建筑模式，将其与小区和城中村改造相结合，持续推广并利用光伏储能、智慧用能平台等技术。社区内万科中心大楼采用了自然技术和本地绿色建筑材料等低成本、低投入方式，旨在平衡和保护周边生态系统，节约能源。该项目荣获了全国唯一的“绿色建筑LEED铂金认证”，成为城市综合体项目中的典范。此外，社区深化了生活垃圾的智能分类工作，推动智能设备全覆盖，依靠技术和人员双重防范，促进可回收物的全面回收，实现垃圾减量和分类工作的常态化管理。社区内的心海伽蓝小区被指定为“生活垃圾集约化处置（国家重点研发计划项目）”的示范点。

四、结语

当前，世界正经历着以全球变暖为显著特征的气候变化，减少碳排放成为国际社会的共识，中国制定了“双碳”目标。城市化带来的生产和生活高度密集，使城市成为重要的碳排放源。因而，包括成都市在内的诸多城市都将“低碳城市”作为发展目标。但是，在低碳城市的建设过程中，理论和实践两个层面都出现重视生产领域和忽视生活领域的现象，但居民生活的碳排放已经成为低碳城市建设的重要阻碍。低碳城市建设过程中，应当给居民绿色生活予以更多关注。

从实际情况来看，成都市居民生活方式的绿色转型依然需要进一步的政策引导，而将社区作为治理单元，能够在很大程度上克服居民数量庞大和多元化带来的治理阻力。在绿色社区建设推动绿色生活转型方面，英国伦敦市和中国深圳市的经验值得借鉴。伦敦市贝丁顿社区的建筑和设计考虑到了减少居民碳排放的目的，并且在贝丁顿社区内部已经形成了绿色生活的风尚。伦敦的经验在引导居民参与绿色生活决策、培养绿色生活习惯、加强政府联系和社会支持方面有着重要的借鉴意义。深圳市为实现绿色生活转型发布了大量官方文件，大梅沙社区的绿色生活建设取得了显著成果。深圳的经验在于充分发挥科技创新的作用，利用科技手段减少居民生活能耗和碳排放。

居民绿色生活对低碳城市建设具有重要性，它通过居民的消费行为、能源使用效率、交通方式选择和社区参与意识水平等方面对城市产生深远影响。而增强居民的环保意识和社区参与能够促进低碳生活在社区层面的实施，培养居民的环保意识和改变消费习惯。同时，城市政策和措施的支持对于引导居民绿色生活至关重要，需要提供经济激励、加强城市规划和建设相应的基础设施。此外，居民绿色生活不仅对环境有益，还带来经济效益和社会福利，减少个人生活成本，提供就业机会，并促进经济增长和可持续发展。综上所述，居民绿色生活对低碳城市建设具有重要性，通过多个方面的影响，推动城市朝向可持续和低碳发展的目标迈进。

参考文献

[1] 赵燕:《低碳城市战略》，兰州：甘肃人民出版社，2018年10月。

[2] 陈璐，李会霞:《我国低碳城市建设模式研究》，石家庄：河北教育出版社，2016年3月。

[3] 陈鹤森:《绿色生活》，广州：羊城晚报出版社，2002年6月。

[4] 中华人民共和国生态环境部:《国家适应气候变化战略2035》，2022年5月。

[5] 中华人民共和国生态环境部:《中国应对气候变化的政策与行动2022年度报告》，2022年5月。

[6] 国家发展改革委:《绿色生活创建行动总体方案》，2019年11月5日。

[7] 住房和城乡建设部、国家发展改革委等:《绿色社区创建行动方案》，2020年7月22日。

[8] 成都市生态环境局、成都市发展改革委:《成都市近零碳排放区试点建设工作方案（试行）》，2022年3月10日。

[9] 深圳市推进中国特色社会主义先行示范区建设领导小组:《深圳率先打造美丽中国典范规划纲要（2020—2035年）》，2021年2月。

[10] 深圳市生态环境局、深圳市发展改革委:《深圳市近零碳排放区试点建设实施方案》，2021年11月。

[11]《2021中国城市社区碳中和大梅沙行动宣言》，2021年10月17日。

伦敦智慧城市建设实践及对成都的启示

武香君*

智慧城市（smart city）是指利用信息和通信技术（information and communication technology，ICT）提高城市运作效率，与公众分享信息并提供更高质量的政府服务和公民福利。智慧城市突出技术对城市各方面发展的支持作用，涉及各种类型的软件、用户界面、通信网络技术，以及物联网（the Internet of Things，IoT）。[①]随着科学技术的快速发展，智慧城市建设也进入快车道，许多世界知名大城市基于城市已经具有的各类优势提前谋划，在智慧城市发展进程中已经拔得头筹，其中伦敦市已经成为这一领域的佼佼者。伦敦在2013年3月发布了其第一个智慧城市建设规划——《智慧伦敦规划》（*Smart London Plan*）开启了智慧城市建设进程，之后几乎每年都在全球各类智慧城市评价榜单中名列前茅，自2018年以来多次在“IESE城市动态指数”（IESE's Cities in Motion Index）[②]排行榜中被评为“全球最智慧城市”。伦敦十年来的智慧城市建设成果斐然，有诸多值得借鉴的经验和启示。

一、智慧城市及其发展

智慧城市通过物联网实现通信和数据交换设备的连接，这种连接包括从

* 武香君，北京市社会科学院国际问题研究所博士后，助理研究员，博士，主要研究方向为东南亚地区国际关系，中国—东盟关系，城市外交等。

① “What is a Smart City?–Definition and Examples”, TWI Global, https://www.twi-global.com/technical-knowledge/faqs/what-is-a-smart-city#Examples.

② “IESE城市动态指数”是西班牙纳瓦拉大学（University of Navarra）IESE商学院编制。

机动车辆到家用电器、道路监控等各种类型设备的数据汇集，通过这类数据的云存储或服务器存储，能够服务公共和私人部门的相关需求，提高这些部门的运行效率，并且为市民带来经济福利和生活质量的提升。同时，为了确保使用前沿计算机技术的物联网安全，智慧城市建设中还注重高标准安全系统的打造，由这类安全系统对智慧城市网络中数据的传输进行保护、监测和控制。①

智慧城市的概念起源于20世纪60年代末的美国。当时美国加州洛杉矶一个名为“社区分析局”（Community Analysis Bureau）的部门，使用计算机数据库、群集分析（cluster analysis）、红外空中摄影（infrared aerial photography）来收集数据，形成关于街区人口统计和住房质量的报告，帮助指导资源再分配以应对土地荒废、贫困等问题。②这被认为是最早的智慧城市建设，也拉开了第一代智慧城市建设的序幕。第一代智慧城市建设主要集中于增进技术对日常生活作用的理解；第二代智慧城市建设则开始关注智能技术和其他创新科技如何协同促进市政建设；第三代的智慧城市建设的主体开始扩展到技术主体和城市政府之外，更多强调公众的参与。

智慧城市建设历经50多年的历史，已经发展到第三代，但是面对突如其来的新冠肺炎疫情，城市需要面对的挑战变得更加复杂。新冠疫情导致的商业和服务业关停以及医疗设施的超负荷已经成为城市的压力测试，暴露出现有智慧城市建设的弱点。但是疫情也是新一轮转变的催化剂。新冠疫情加速了对于科技、智能创新、电子商务的依赖，同时转变市民的行为与期望，重新定义人们的工作和生活。基于这一背景，美国智库ESI在2021年发布报告，基于对82个国家的167座城市智能技术和数据分析等智慧城市相关建设成果的研究，提出智慧与可持续相容的“城市4.0”（Cities 4.0）。根据ESI智库的研究，这类可以被誉为“城市4.0”的城市在使用智能技术和数据方面处于先

① “What is a Smart City?–Definition and Examples”, TWI Global, https://www.twi–global.com/technical–knowledge/faqs/what–is–a–smart–city#Examples.

② Mark Vallianatos, “Uncovering the Early History of ‘Big Data’ and the ‘Smart City’ in Los Angeles”, Boom California, June 16, 2015, https://boomcalifornia.org/2015/06/16/uncovering–the–early–history–of–big–data–and–the–smart–city–in–la/.

进水平，并且能够将上述技术应用到实现联合国颁布的17个可持续发展目标（Sustainable Development Goals，SDGs）中，它们在数字化改革、全面可持续性领域处于前列，并擅长使用新的商业经营方式。全球可以称为“城市4.0”的有丹麦的哥本哈根、奥尔胡斯，希腊的雅典，美国的纽约、巴尔的摩、洛杉矶、奥兰多、波士顿、费城，西班牙的马德里和巴塞罗那，英国的伦敦和伯明翰，芬兰的赫尔辛基，俄罗斯的莫斯科，法国的巴黎，奥地利的维也纳，爱沙尼亚的塔林以及新加坡。①

2022年，我国国家住房和城乡建设部印发《关于全面加快建设城市运行管理服务平台的通知》，提出在“十四五”时期，以城市运行管理“一网统管”为目标，以物联网、大数据、人工智能、5G移动通信等前沿技术为支撑，整合城市运行管理服务相关信息系统，汇聚共享数据资源，加快现有信息化系统的迭代升级，构建城市运管服平台“一张网”。“一网统管”实际上和ESI智库提出的智慧城市4.0建设异曲同工，在全球开启智慧城市4.0时代之际，我国也致力于在“十四五”时期加快全国城市管理的智能化技术升级，提高城市运行管理的效率，将城市的科学化、精细化、智能化治理提升到更高的水平。

成都在2022年6月出台了《成都市“十四五”新型智慧城市建设规划》，对未来五年成都的智慧城市建设路径进行了系统规划，值此智慧城市建设的起步之年，对伦敦的智慧城市建设经验进行参考具有积极意义。

二、伦敦智慧城市建设与发展经验

伦敦作为世界顶级大城市，历史悠久，发展迅速，其领导者在21世纪初就敏锐察觉到伦敦快速增加的人口带来城市交通、能源、医疗资源等方面的压力如果不加以重视和缓解会导致伦敦未来的发展受限。鉴于移动网络技术、互联网技术、数字技术等的快速发展与革新，伦敦的领导者认为数据就是新

① ESI Thouthlab, “Smart City Solutions for a Riskier World”, https://econsultsolutions.com/wp-content/uploads/2021/03/ESITL-Smart-City-Solutions-eBook-Final.pdf.

的基础设施，且伦敦可以引领这一领域的发展。所以伦敦在2013年就开始系统地进行智慧城市的规划与建设，在这一过程中形成了一系列值得借鉴的经验。

第一，伦敦对智慧城市建设进行了系统规划并能够与时俱进不断进行更新。2013年的《智慧伦敦规划》是伦敦智慧城市建设进程中具有奠基意义的文件，列出了伦敦智慧城市的7个关键主题：（1）将伦敦人置于创新的核心；（2）提供公开数据的使用渠道；（3）平衡伦敦的研发技术和创新能力；（4）促进智慧城市建设各方之间的联动；（5）赋能“更智慧”（smarter）基础设施的发展和管理；（6）提供更加高效和一体化的市政服务；（7）为所有人提供更智慧的伦敦体验。[①]基于伦敦在创意产业、城市规划、能源与运输等行业具有的世界领先水平，以及数字技术的日新月异且对人们生活、工作和交流方式的深刻影响，伦敦市市长萨迪克·汗（Sadiq Khan）在2017年提出要将伦敦打造为世界最智慧城市的目标，次年伦敦市发布《共建更智慧伦敦》（*Smarter London Together*），提出伦敦智慧城市建设五方面的任务：提供更多基于用户设计的服务，完善城市数据的应用和服务体系，建成世界一流的数字基础设施，增强数字领导力和技术，促进跨区域跨部门之间的协同合作。[②]上述两个规划保持了连贯性与一致性，共同强调用户导向和需求导向，重视城市数据的采集汇总和开放共享，[③]并且2018年的规划对2013年规划的7个主题进行了整合，让伦敦的智慧城市建设更加聚焦关键领域。2021年，伦敦发布了2021—2024年的智慧城市建设优先项：拓宽面向所有人的数字连接渠道；打造全新的城市数据平台；推出新的《伦敦新兴科技章程》（*Emerging Technology Charter for London*）；扩大绿色技术应用；促进跨部门创新合作；

① Mayor of London, “Smart London Plan”, https://www.london.gov.uk/sites/default/files/smart_london_plan.pdf.

② Mayor of London, “Smart London Together: The Mayor’s Roadmap to transform London into the Smartest City in the World”, https://www.london.gov.uk/sites/default/files/smarter_london_together_v1.66_-_published.pdf.

③ 楚天骄：《上海与伦敦智慧城市建设路径比较研究》，《世界地理研究》，2021年第6期，第1169页。

优化通用数字平台。[①]这一全新的规划既与前两版规划有一脉相承之处，也有基于伦敦智慧城市建设成果和未来发展需求进行更新之处，为伦敦的智慧城市发展指明了明确方向。

第二，伦敦智慧城市建设的专业化和机制化程度高。在2013年伦敦成立了“智慧伦敦委员会”（Smart London Board），这一汇集学界、商界专业人士的委员会专门为伦敦提供智慧城市建设的咨询服务，《智慧伦敦规划》正是由该委员会编写。2017年9月，伦敦市长任命了伦敦市的第一位“首席数据官”（Chief Digital Officer），专门负责统筹领导伦敦公共服务的数字化转型，代表市长协调伦敦各政府部门，为数据导向的各类技术创新提供支持，以便为民众带来更好的服务；促进公私部门、社会团体之间的合作，协同推进以技术和创新为导向的公共服务升级。[②]

第三，伦敦的智慧城市建设始终坚持以人为本。在伦敦的各版本智慧城市建设规划中，都突出用户导向，将智慧城市建设的落脚点放在使伦敦更宜居和更具吸引力方面。以人为本的理念贯穿伦敦智慧城市建设的方方面面，例如，提供各类融合数字科技的市政服务，让伦敦市民的生活更加便捷和安全；完善城市的数字基础设施建设，近年来已经将网络电缆的覆盖拓展到伦敦的各类地下公共设施内，使伦敦市民在地下隧道也可以享受不中断的4G网络。伦敦还注重提高市民的数字技能，让智慧城市建设的各类成果能够真正被全体市民充分利用，比如伦敦市有为成年人提供免费数字化培训的计划，帮助有需求的市民提高数字技能。[③]同时伦敦针对数字技术快速发展带来的公民隐私泄露等问题，专门打造了英国首个关于公共领域使用智慧城市技术的评估体系——“隐私数据保护影响评估”（Privacy Register of Data Protection

① Mayor of London, “Priorities and Programmes for 2021 and Beyond”, https://www.london.gov.uk/programmes-strategies/business-and-economy/supporting-londons-sectors/smart-london/priorities-and-programmes-2021-and-beyond.

② Medium, “Next Steps in Digital Leadership and City-wide Collaboration in London”, Theo Blackwell, October 12, 2017, https://medium.com/@camdentheo/next-steps-in-digital-leadership-and-city-wide-collaboration-in-london-3655876e6cb1.

③ 楚天骄：《上海与伦敦智慧城市建设路径比较研究》，《世界地理研究》，2021年第6期，第1170页。

Impact Assessments)，确保智慧城市数据使用中的公共透明度保持在合适程度。①

第四，伦敦的智慧城市建设突出可持续性。伦敦近年来的智慧城市建设强调绿色发展是打造现代化大都市的最有效工具。一方面，伦敦目前已经是欧洲智慧出行的领军城市，致力于在2041年实现城市80%的出行由绿色出行（步行、自行车、公共交通）方式构成。所以伦敦近年来在人行道、自行车道和轨道交通建设升级等领域投入大量资金，进一步完善城市的绿色交通体系，让这些绿色出行方式成为伦敦市民的主要选择。而这些绿色交通体系的规划和完善正是基于智慧城市中被广泛应用的大数据平台，伦敦在人行道和自行车道上安装了传感器，用于监控自行车与行人数量，根据人流量和自行车流量确定城市更新或开发的优先区域，规划城市更合理的出行路线。伦敦交通局推出的“牡蛎卡”（Oyster Card）每天可以收集2000万条市民出行数据，根据这些数据可以分析伦敦市民的出行偏好，从而为伦敦交通网络的优化升级提供重要的数据支持。另一方面，伦敦自2018年以来对城市的夜间公共照明系统进行了全面升级，替换掉已使用超过30年的老旧公共照明设备，安装能耗低、寿命长的LED灯，并安装全新的智能化照明控制系统——“城市控制”（Urban Control），实现全市照明设施的数字化联结。该系统可以对全市街灯进行实时控制，当街道周边建筑已提供充足照明时，可以调暗或者关闭街灯，在节能环保的同时避免光污染。“城市控制”系统作为街灯照明的中控系统，还可以通过在每盏街灯上安装传感器，使它们成为实时数据传输的节点，从而实现对街道车流量、空气质量等数据的监测和传输，是伦敦智慧城市建设的重要组成部分。②

三、伦敦智慧城市建设发展经验对成都的启示

2022年6月，《成都市“十四五”城市建设规划》和《成都市“十四五”新型智慧城市建设规划》发布，是成都未来5年积极探索超大城市现代化治

① Theo Blackwell, “London’s Future as a Smart City”, March 24, 2022, *Center for London*, https://www.centreforlondon.org/blog/londons-future-as-a-smart-city/.

② City Control, https://www.urban-control.com.

理、智慧治理新路径的系统规划，致力于到2025年基本实现成都的数字基础设施集约共享、智慧蓉城运行中枢高效运转，公共管理、公共服务、公共安全领域智慧化水平大幅提升，数字经济与智慧蓉城建设深度融合发展，安全支撑牢固可靠，超大城市敏捷治理、科学治理水平大幅提升，人民群众的获得感、幸福感、安全感显著增强。[①]在智慧城市建设和发展过程中，可以对标伦敦的智慧城市建设实践，在以下方面进行借鉴。

首先，自伦敦开启系统建设智慧城市的进程，其智慧城市的建设规划会结合已有智慧城市建设实践、前沿科技发展及伦敦城市未来发展等进行更新，在与上一个版本规划保持内核一脉相承的基础上进行升级，为接下来一段时间内伦敦的智慧城市建设谋划推进和实施路径，保证了伦敦的智慧城市建设始终处于有序推进的过程中，确保伦敦智慧城市建设的质量。成都市近年来在智慧城市的顶层规划、制度规范完善等方面也进行了逐步推进，并且出台了专门的智慧城市建设规划，在之后的智慧城市建设中可以借鉴伦敦的经验，以2022年的智慧城市建设规划为基底，结合近年成都智慧城市建设的具体实践，融合智慧城市相关科技的发展趋势，做好智慧城市规划的接续优化工作，让智慧城市建设可以有条不紊地推进，由此保障成都的智慧城市建设工作高效开展。

其次，在伦敦计划进行智慧城市建设之初，就组建了专业化水平极高的“智慧伦敦委员会”，在智慧城市建设起步之时就有专业化人员率先进行高质量谋划，且在2017年专门设置了“首席数据官”一职，由专人负责伦敦智慧城市的统筹和协调工作，保证了伦敦智慧城市建设的行政效率，符合智慧城市建设经常涉及跨部门协调与合作的实际，是伦敦智慧城市快速、高质量推进的重要举措。成都也已经成立了市智慧城市建设领导小组，统领智慧城市建设工作，但是成都各地各部门智慧城市发展水平参差，市、区（市）县、部门间的“上下联动、左右协同”机制不够健全；专司智慧城市发展的机构和技术团队建设目前存在缺口，智慧城市建设工作的统筹和协调力度不足。

① 成都市政府，“成都市‘十四五’新型智慧城市建设规划”，2022年6月，http://www.chengdu.gov.cn/chengdu/c147315/2022-06/16/d52e2370ee2d4415b379c82c68f1911a/files/16bd228c1ff8453c940a6c342e990f99.pdf。

对此，成都可以借鉴伦敦的经验，优先搭建智慧城市建设的专家团队，形成智慧城市建设的智囊团；进一步加强市智慧城市建设领导小组的统领作用，围绕领导小组逐步形成智慧城市建设的领导机制，在跨部门、跨领域协调统筹过程中发挥更有效的作用。

再次，伦敦智慧城市始终坚持以人为本，将伦敦市民更好的全方位生活体验置于智慧城市建设的核心，同时重视数字技术使用过程中的弱势群体，致力于提高他们的数字技术，使智慧城市建设成果能够最大限度被无差别享受；且伦敦注意到数据大范围使用伴生的用户隐私安全问题，采取了相应措施保护用户隐私，增强市民对数据安全的信心，提高市民对智慧城市建设的支持度和参与度。所以，伦敦智慧城市建设中的以人为本是多维度的，从表层的生活出行等便利化，到数字技能提升再到用户安全保障，真正做到让智慧城市建设成果惠及民众、服务民众并争取民众支持，形成智慧城市发展的良性循环。成都同样在智慧城市建设中将“以人为本、全员共建”作为基本原则之一，致力于形成全员共建共治共享的格局。在这一过程中可以关注新技术传播固有的非均衡性，给弱势群体提供数字技能培训，让智慧城市建设成果能够真正惠及全社会。在智慧城市建设高歌猛进过程中，要同时关注数字技术大范围应用带来的安全问题，特别是应该注重用户隐私保护，切实提高数据安全防护水平，这是人民群众幸福感、安全感的重要来源。

最后，伦敦将可持续性融入智慧城市建设之中，以智慧城市技术促进城市可持续发展。促进城市可持续发展、绿色发展是智慧城市建设的应有之义，伦敦将城市可持续发展与智慧城市建设相结合，利用智慧城市的各类前沿科技应用赋能城市规划和基础设施升级，深度塑造市民的绿色出行偏好，助力伦敦的2030净零排放和2050碳中和城市目标实现。成都的智慧城市建设亦提出以“碳达峰、碳中和”为引领，以数据为驱动力，为城市空间结构、产业结构、交通结构、能源结构调整优化提供智慧支撑。[①]在这一进程中，可以不

① 成都市政府，“成都市‘十四五’新型智慧城市建设规划”，2022年6月，http://www.chengdu.gov.cn/chengdu/c147315/2022-06/16/d52e2370ee2d4415b379c82c68f1911a/files/16bd228c1ff8453c940a6c342e990f99.pdf，第13页。

断探索和扩大智慧科技的应用场景，利用大数据平台丰富的数据资源为城市发展和规划提供依据，将可持续发展、绿色发展真正嵌入城市建设和发展之中，让智慧城市建设与城市可持续发展协同并进。

参考文献

［1］楚天骄：《伦敦智慧城市建设经验及其对上海的启示》，《世界地理研究》，2019年第4期。

［2］类延辉，孙照青：《智慧城市研究——以英国伦敦为例》，《城市住宅》，2021年第5期。

［3］戴海雁：《智慧伦敦路线图》，《国际城市规划》，2021年第3期。

东京吸引国际组织落户的经验及对成都的启示

李　琪*

2022年5月，《成都市“十四五”国际对外交往中心建设规划》（以下简称《规划》）出炉，该《规划》系统谋划了成都如何加快推动国际对外交往中心建设。提出要以经济、文化、科技为核心功能，构建国际对外交往新格局。城市海外影响力的提升，既是城市在服务国家总体外交大局的基础上，自我格局重塑后的必然结果，也是不断完善交往中心功能，加快建设改革开放新高地的重要体现。①

《规划》提出，深度融入国家外交大局。主动争取国家和省级相关部门支持，持续跟进拟在蓉开设领事机构的重点国家，吸引更多国家在蓉设立领事机构和国际组织办事机构。

吸引国际组织的入驻，不仅体现了一座城市的对外吸引力，而且也彰显了一国在世界范围内享有的广泛影响力。同时，它还能够进一步提升一国的外交水平和国际影响力，塑造更强大的国际形象。现如今越来越多的国际大都市纷纷将吸引国际组织总部入驻，作为新一轮推进国际化建设的战略目标和衡量国际化水平、对外开放度和综合竞争力的重要指标。

成都作为“一带一路”建设的重要节点、内陆地区向西向南开放的重要门户、对外交往和文明交融的中心，更担负着吸引国际组织落户的重任。本文主

---

* 李琪，中国国土勘测规划院正高级工程师，研究方向：公共管理、国土调查等。

① 成都市发展和改革委员会.《全力做好2023年经济工作 重点聚焦“九个有力有效、三个特别注重”》. http://cddrc.chengdu.gov.cn/cdfgw/fzggdt/2022-12/30/content_64505abd8b344c7dbb2fccf29dac4142.shtml.

要以东京为例分析国际组织的发展趋势及其在未来国际事务中的作用，客观比较东京在涉外服务软环境建设等方面的成功经验，准确定位未来开展工作的重点方向，切实提出政策建议和机制保障，对成都有针对性地吸引某些领域的新兴国际组织落户，服务国际对外交往中心建设的总体目标有重大的现实意义。

一、东京吸引国际组织落户的经验与举措

以日本首都东京为例，作为亚洲最具代表性的国际大都市之一，东京以其与西方城市并驾齐驱的综合实力与独具特色的东方魅力，吸引了众多国际组织纷纷落户于此。东京都政府一直非常重视国际组织的发展，认为国际组织在促进国家利益方面发挥着重要作用。

（一）制定引进国际组织的具体政策与战略规划

为了吸引国际组织的落户，东京都政府制定了长期战略规划，将吸引国际组织落户作为长期的系统工程来抓。在20世纪90年代东京提出了“21世纪千禧十年计划”并颁布了《东京都国际化政策推进大纲》[①]，制定了“吸引并引进各类国际组织”的相关规划，展示了积极吸引国际组织的强烈意愿，目前落户东京的国际组织（地区部）按照内容划分主要可划分为经济生产领域、劳动与移民（难民）领域、农业以及儿童领域等。根据日本外务省2020年最新的相关统计数据，入驻日本的政府间国际组织有49个，而选址于东京都的就有36个，非政府组织更高达约400家，名列亚洲前列。[②]

21世纪后，东京相继出台了多版城市发展战略规划、战略行动计划以及城市总体规划，并于2016年12月发布名为“建设‘市民为中心’的新东京——面向2020年”的行动计划[③]，主要着眼于城市整体发展规划，以此为

① 东京都政策企划局.《东京都国际化政策推进大纲》. http://www.seisakukikaku.metro.tokyo.lg.jp/diplomacy/strategy/.

② 日本外务省.《駐日国際機関》. https://www.mofa.go.jp/mofaj/link/kokusai/index.html.

③ 东京都政策企划局.《东京都城市外交基本战略》. http://www.seisakukikaku.metro.tokyo.lg.jp/diplomacy/strategy/pdf/basicstrategy.pdf.

基础，重点围绕申办奥运会、吸引相关国际组织入驻的城市规划开展切实的准备工作。

（二）打造国际化宜居、宜业环境，提升城市软实力

2022年12月15日，日本森纪念财团的城市战略研究所发布了2022年全球城市实力指数，东京连续7年排名第三。[①]并且在往年由美国《环球金融》杂志或英国《经济学家》杂志制作的全球最宜居城市这种二级指标排行榜中，东京也经常名列前茅。

为了吸引国际组织落户，东京都政府构建了丰富的城市商业业态，形成了独具特色的商业活力，为众多非政府国际组织的入驻提供了国际化环境。作为全球消费资源的聚集地与新型消费的策源地，首先，东京政府规划形成银座、池袋、新宿、涩谷、六本木五大特色鲜明的国际商圈体系；其次，东京具有较高的商业活跃度，注重供给商品的丰富性与品质性，吸引了较多国际消费品牌的总部或区域总部落户，大幅提升城市在全球中高端消费领域的影响力和话语权。此外，东京创造了能满足复合型消费需求的商业业态，即可针对不同需求的消费者，提供国际一流的消费服务。最后，东京是全球新消费、新业态的孵化地，夜经济、后街经济等个性化、国际化、IP化的消费内容不断涌现。[②]

东京都政府在推进经济发展的同时，还非常重视塑造城市软实力，把动漫产业放在战略高度。致力于通过发展漫画和动漫产业，来推销日本文化和树立国家形象，打造东京城市品牌，成为名副其实的“动漫之都”，不但推动了地方经济的繁荣，更重要的是提升了东京的国际认可度。

东京立足于国际资源聚集地的基础上，充分发挥其区位优势，积极发起或举办各种国际交流活动。据国际大会及会议协会公布数据，2019年东京举办131场国际协会会议，是全球举办国际协会会议数量最多的城市之一。[③]

---

① 森纪念财团城市战略研究所.《世界の都市総合力ランキング2022年版》. https://www.mori-m-foundation.or.jp/ius/gpci/.

② 春燕. 全球创新网络节点城市建设——东京案例［J］. 科学管理研究. 2019，37（06）。

③ 王恬. 上海吸引国际组织入驻的策略研究［D］. 东华大学. 2015年第7期。

（三）通过外籍人才引进，吸引国际组织入驻

东京在吸引国际组织落户时，倡导以“人”为中心，将政策推进的核心落在了“外籍人才引进”上。东京本就是日本高素质人才最为集中的地方，也是亚太地区人员流动最频繁的区域。为了吸引更多的外籍人才，政府出台的政策呈现从关注硬件到关注软件，从关注产业到关注生活的演变过程。

政策方面，日本政府始终秉持着“多元文化共生”的原则，外籍人才引进的相关政策具有自下而上的推进过程。20世纪70年代“老移民群体”维权社会团体建立。80年代神奈川县、川崎市等地方政府建立调查和改善外国人生活就业环境的政府机构。90年代地方政府进行了“外国人市民代表会议”等一系列探索。21世纪初，总务省“推进多元文化共生研究会”制定了《全国范围内推进多元文化社会计划》，要求各地政府从体制机制、语言交流、公共服务、社会意识等方面为外籍居民提供支持。①

2023年2月17日，日本政府召开有关接纳外籍人才的相关阁僚会议，为进一步吸引知识或技术方面优秀的海外人才，敲定了接纳制度的扩充措施，加大力度简化外籍人才落户手续。针对目前“高度专门职”的落户门槛太过严苛的问题，日本未来将新设“特别高度人才制度”，简化落户手续的批准条件，并设定相应的优待措施，力争成为“被人才选择的国家”。

在城市功能方面，日本政府发布《东京2040》规划，进一步放宽《城市规划法》，在外企附近开发适合外国人的住房，为外籍居民的住房提供多语种礼宾服务，并提供容积率奖励。同时放宽《城市公园法》，允许在城市公园内建立外国人托幼设施，并每年适当增加学位。放宽《道路法》，包括在新宿副中心等地区放宽道路管理标准，允许在街道上举行具有外国特色的活动。②

此外，政府通过开展日语教学、多语种防灾信息、多语种咨询导航等服务，纠正因“语言”“制度”“心理”不同所出现的困难和社会不平等，全方

① 林圣爱．日本多元文化社会的形成及其政策意义与局限性［J］．云南民族大学学报（哲学社会科学版）．2015，32（05）。

② 王雪妍，伍毅敏，徐勤政．东京、新加坡吸引外籍人才政策经验和空间规划实践［J］．北京规划建设．2023（01）。

位营造外籍人才可以安心生活并能发挥自我潜力的社会氛围。

（四）为吸引国际组织落户提供资金支持

东京通过提供国际组织入驻所需的公共服务，为其量身定制各类优惠政策，吸引国际组织入驻或设立秘书处等分支机构。在管理非政府组织领域，日本政府于1989年开始实行非政府组织事业补助金制度，小额无偿资金合作机制也得以建立；外务省于1994年设立了隶属于经济协力局的民间援助支援室，外务省定期召开协商会，同非政府组织的对话和交流得到了加强，政府与民间组织的合作效率得到了提高，2002年度政府建立“日本非政府组织支援无偿资金合作机制”，进一步加深市民社会与政府的联系。

1990年以来，日本是对国际货币基金组织技术援助活动的最大资金提供国，提供了约2.4亿美元（约合17亿元人民币）的资金，其中的大部分用来技术援助和亚太事务所的工作，其他用来实施亚洲地区的奖学金项目。1997年，国际货币基金组织亚太地区事务所在东京成立，目的是通过国际货币基金组织与日本的合作，加强对亚太地区经济的预测，支援关于地区政策的各种论坛。东京事务所负责召开关于宏观经济政策和金融改革的会议，对该地区内的成员国提供技术援助。

在技术援助活动中，每年日本都批准100个项目，迄今为止已经批准了1188个项目。现在，123个国际货币基金组织成员国、13个地区组织和研修机构在接受日本提供的技术援助。利用这些资金，加强这些国家的人才培养、提高组织以及制度方面的能力、增加政策制定的合理性以及宏观经济运营效率等。①

东京还将国际组织开展的相关公益服务项目纳入政府购买的社会建设公共服务清单，弥补国际组织因承担国际或国内公益性服务而造成的支出缺口。东京还为国际组织提供场地租金优惠与运营补贴。东京为吸引联合国大学入驻，无偿提供用地及设施，并承担70%的运营费用。

---

① 于宏源，练姗姗．共商共享全球治理：吸引国际组织入驻成为城市发展新路径［J］．上海城市管理．2017，26（01）。

二、吸引国际组织落户对成都的启示

2019年12月27日，亚洲体育舞蹈联合会总部成功落户成都，这是成都体育跨越式发展的重大突破，也是成都持续加大对外开放和国际化营商环境建设的典型成果。[①]但目前同落户在伦敦、巴黎、东京等世界城市的国际组织相比，成都的国际组织在数量、质量和国际影响力方面均差距较大。国际组织的落户有利于提高成都的国际影响力，有利于成都树立良好的国际形象，而且有利于加快成都转变经济发展方式，控制全球产业链的高端环节和高端要素市场，为成都的经济发展提供新的增长点和新的市场。

（一）进一步完善相关制度，制定战略规划

东京的经验显示，强有力的制度保障是吸引国际组织落户的基础。成都市政府要建立国际组织落户发展的法律和组织框架，加强法律法规的透明度，以促进国际组织及非政府组织的发展壮大。

当前，吸引国际组织落户成都，最紧迫的是加快城市社会团体管理方面的立法工作，为下一步吸引国际组织落户构建长效机制。要从法律上保证政府对包括国际组织在内的各类社会团体的支持，确保近期吸引国际组织发展的优先地位。要依据法规研究确定城市社会团体的职责，扩大并稳定各类社会团体的资金来源渠道。[②]

（二）创造适合国际组织发展的城市环境，塑造独特的城市品牌

东京的经验告诉我们，创造良好的生态宜居环境，吸引国际组织来蓉落户，是加快推进成都国际大都市建设的重要环节。在打造国际化宜居、宜业环境方面，成都有其先天优势。川西平原物产丰富、质优价廉，成都生活成本较低、生活压力较小，优越的自然条件和安逸的生活条件孕育了成都随性、

① 中国网.《成都迎来首个国际组织总部 亚洲体育舞蹈联合会总部落户蓉城》. http://sc.china.com.cn/2019/chengdu_difang_1227/349053.html.

② 李培广，李中洲，贾文杰．国际组织落户纽约对北京城市发展的启发［J］．中国市场．2012（33）。

闲适和包容的城市文化。“雪山下的公园城市”“烟火里的幸福蓉城”已经成为成都的新城市品牌，成都连续14年蝉联《瞭望东方周刊》和瞭望智库共同发布的“中国最具幸福感城市”榜单榜首。①

成都要学习东京重视对城市软实力的塑造，通过发展漫画和动漫产业，打造独具特色的城市IP吸引国际组织落户的经验。应成立专门的城市品牌管理机构，在城市品牌战略的执行过程中要聘请专业力量负责操作层面的工作，引入民间资本，变政府单一主体塑造城市品牌，为政府、企业、市民等多主体塑造城市品牌，从而提升成都的国际认可度，吸引国际组织落户。

目前，成都国际友城和友好合作关系城市增至106个，获批在蓉设立领事机构23家、居中西部城市第1位；中意、中法、新川等6个国别合作园区加快建设，成都高新综合保税区进出口总额连续5年居全国第1位。成都在积极探索创建公园城市的过程中，同联合国人居署与中国城市和小城镇改革发展中心展开合作，连续多年承办国际城市可持续发展高层论坛，分享城市高质量可持续发展的“成都模式”，并成功将世界智慧可持续城市组织引入成都，致力于促进东亚城市在电子政务领域的交流，共商共建智慧城市。

成都要继续加强基础设施建设和环境治理，提高城市的组织、运转、监督和管理水平，各项服务标准向国际城市看齐，吸引更多的国际会议来蓉举办。要充分利用国际组织落户所带来的“溢出效应”，使国际组织落户同相关城市基础设施、产业发展、文明提升以及城市的国际化程度提高相联系，形成良性互动的格局。②

（三）加大高端外籍人才的引进力度

对比东京的经验，吸引国际组织落户的又一大要素是加强国际组织多层次专业人才队伍建设，引进培养具有国际视野、深谙国际规则、具有多元文化理解包容能力的外籍高层次人才。探索建立与国际接轨的全球人才招聘制

① 杨珺. 成都：打造全球人才向往的宜居宜业之城［J］. 国际人才交流. 2023（04）。

② 成都市宣传处.《2023年成都市政府工作报告正式发布》. https://www.cdsgsl.gov.cn/news/00000011/00004957.

度与引才政策，公开招聘世界一流的国际组织管理人才，在出入境管理、国籍审查、国际互联网访问等方面推进相关试点，探索相关支持激励机制。[①]

近年来，成都在进一步提升国际化营商环境水平的同时，不断加大高端外籍人才的引进力度，每年举办成都外籍人才招聘会，硕士以上学位的求职者占比超过50%，方便更多外籍人士来蓉发展创业。成都按照国家级、省级、市级三个层级累计创建引才引智示范基地140个，支持和鼓励各级各类用人单位引进“高精尖缺”外籍人才。以创建引才引智示范基地为引领，带动本地区本领域引才引智工作向纵深发展。[②]

生活上，成都大力推行外籍人士“家在成都”工程，从国际教育、优质医疗、金融服务等方面，积极打造“类海外”环境。建成国际化社区45个，成立外国专家书屋5家，在蓉常住外籍人士超过1.7万人；在成都12345热线开设英语座席，不断提升涉外公共服务效能；及时制定《成都市公共场所外语标识管理规定》，出台《成都市公共场所双语标识英文译写规范》，多措并举推进公共场所外语标识规范化建设。另外，适时筹办各类活动，不定期组织在蓉高端外国专家拜访慰问和外国人才聘用单位走访调研活动，在加强联络沟通中不断提升服务工作质量水平。[③]

三、结语

本文回顾总结了东京吸引国际组织落户的一些举措与经验，并结合成都市的具体现状，针对成都未来如何吸引国际组织落户的问题上，从制定引进国际组织的战略规划，打造国际化城市环境，引进外籍人才，为入驻的国际

---

① 扈爽，朱启贵．城市人才吸引力提升路径研究——基于舒适物视角［J］．管理现代化．2021，41（03）。

② 潘娜，宋雪儿，黄婉怡．新一线城市海外人才政策变现的比较研究［J］．中国科技论坛．2023（05）。

③ 成都市发展和改革委员会．《开放成势 拥抱世界 一座国际之城的十年：讲好中国故事成都篇章》，https://cddrc.chengdu.gov.cn/cdfgw/gycs005/2022-10/20/content_9c3fa8bb56374f599ab6722afb6f95a3.shtml.

组织提供资金支持等方面进行了具体论述。总而言之，吸引国际组织落户的工作具有特殊性、复杂性和敏感性，建议有专门机构统筹协调、专业部门进行规划并推动实施，为国际组织提供人财物等服务保障、支持国际组织召开大型国际会议、开展该国际城市形象的城市品牌推介等相关活动。随着成都国际交往平台赋能的进一步强化，加快拓展对外开放新优势，将在更高层次、更大范围、更宽领域参与国际合作与竞争，吸引更多的国际组织落户，促进国际交往环境体系提质升位。

德国柏林城市更新与历史街区保护的经验及对成都的启示

刘　波　闫　越*

作为欧洲城市街区保护更新最早的成功案例之一，德国柏林夏洛腾堡街区118街坊试点项目通过改造思路、建筑技术和实施流程等多方面创新举措，在保护历史建筑和历史环境的同时，保留了原有社区结构并有效改善了居住条件，达到住房改善、遗产保护、成本控制、公众参与乃至本地小微企业权益的统筹兼顾。该项目的成功经验可以为成都城市更新与历史文化名城保护工作提供启示。

一、118街坊试点项目的成功经验

德国柏林夏洛腾堡街区118街坊试点项目作为世界城市更新史上的重要案例，开始于1973年，完成于1980年。60年代开始，为提升战后住房质量，德国先是效仿美国大拆大建的“城市重建”改造模式，但在实际推进中遇到了资金短缺、大量居民外迁、居住条件下滑等问题，迫于社会压力，当时的西柏林政府选择夏洛腾堡街区118街坊作为试点，试图探寻新的城市更新改造模式。夏洛腾堡街区118街坊试点项目最终获得了1975年欧洲建筑遗产年金奖，其成功标志着城市更新从大拆大建模式向渐进式更新模式转型，后来欧洲大

* 刘波，北京市社会科学院国际问题研究所所长、研究员、博士；闫越，中央财经大学学生。

量城市更新项目都在各种程度上效仿其政策做法。

（一）实现遗产保护与居住改善的平衡

为保护历史街区风貌，项目团队放弃了整体拆除重建的改造模式，转而采取了以原有建筑修缮和改善为主的保护式更新模式，即基本保留大部分原有住宅的主体结构、平面布局和外观，并对其进行修缮和现代化改造。项目团队将受损严重的内院作为环境改善的重点，变建筑的“背面”为“正面”，在内院做了大量公共空间设计，包括老人儿童活动空间的设计、大量绿化空间的设计等，以此提升整个小区的外部居住环境。

（二）优先保障居民权益

118街坊大部分租户是低收入的劳工阶层，为避免居民承担不起改造后房租而被迫搬离，政府将私人出租房屋征收，转化为公有出租住宅，优先提供给原有租户以保障其基本居住权益。另外，租户还广泛地参与到改造后房租的制定过程中，与政府、住房协会共同商定新房租，在大部分居民接受了30%的房租上涨幅度后，改造才得以开始。通过住房公有化和有效控制改造后房租涨幅，在优先保证原有租户居住权益的基础上，项目团队着手对居住空间进行现代化改造。

（三）创新发展适应性的改造技术和程序

项目成本由政府提供的改造成本和后续长期租金收入共同承担，为了达到控制租金涨幅的目的，项目团队需要尽可能降低改造成本，以减少政府资金投入的压力。118街坊试点项目通过改造技术和改造程序两方面的革命性创新，大幅降低改造成本，将改造成本控制在拆除重建成本的60%左右，堪称近现代历史街区和历史建筑保护的成功范例。一是技术创新。为了尽可能地保留和利用原有的建筑结构和构件，并在建设过程中尽量减少对它们的损害，项目团队借用医疗领域的内窥胃镜技术检查建筑结构状况，避免了对楼面结构的大面积拆除；采用低压电渗透防水防潮技术，在不损伤墙体的前提下解决建筑首层的墙体返潮问题；安置可折叠的消防爬梯，避免了因预留消防通道而过多拆除原有建筑。[①]这些技术创新有效降低了建设和维护成本。二是实施流程创新。试点项目采取了“逐栋改善、循环安置”的策略，改造全程中，居民只需在房屋内部结构修缮阶段短期搬离。精巧的流程设计保证了房屋能够在更新项目实施过程中继续居住使用，减少了住房周转费用，避免了原有居民大量外迁，有效降低了改造成本。

（四）保留现有商户以维持街区活力

在118街坊试点项目之前，本地小微企业对于传统城市街区的意义常常被城市设计者忽略，而118街坊试点项目认识到了街区的商业、服务业等领域小微企业对于提供生活服务便利、保持街区活力和带动本地就业的重要作用，将街区中的底层商业纳入保护更新范围内，同样进行了建筑修缮。

二、118街坊试点项目对成都的经验启示

118街坊试点项目所体现的“柔性城市更新”思想不仅推动了柏林、德国乃至整个欧洲城市更新的转变，且时至今日依然可以为我国当下城市更新转型提供启示。2021年11月，住房和城乡建设部办公厅发布《关于开展第一批城市更新试点工作的通知》决定在全国21个城市（区）开展第一批城市更新试点工作，成都入选名单。成都以“留改建”模式推进城市有机更新先行先试，在“五个一”框架内重点实施试点项目，形成了一批能够保留市井生活、传承历史文脉、盘活片区经济、重现街区活力、满足群众需求、推进城市有机更新可持续发展的典型案例。成都城市更新全过程一体化推进模式、设立城市更新专项资金两项经验已纳入住建部《实施城市更新行动可复制经验做法清单（第一批）》，向全国推广。

（一）统筹遗产保护、居住改善与经济效益

118街坊试点项目的经验表明，在合理的公共政策干预下，历史文化遗产

① 惠晓曦，廖正昕．住房保障支撑下的城市更新与历史街区保护——柏林夏洛腾堡118街坊试点项目的经验和启示［J］．国际城市规划，2022，37（06）：67-75+96.

保护与居住条件改善能够得以兼顾。同样作为居住型历史街区，位于成都市中心的百年祠堂街有机更新项目则做到了兼顾遗产保护、居住改善与经济效益三方面。项目定位“百年文艺祠堂街”，以“艺术社区”的形式呈现，分为两期打造：第一期为祠堂街的6栋古建修缮和街区道路一体化改造；第二期主要为美术馆、酒店、文物总店楼栋、科器公司楼栋、四川电影院楼栋及街心新建楼栋。2022年7月，经过近3年的规划和建设，祠堂街城市更新项目一期初现雏形。项目设计团队通过理（平面空间）、拆（违章建筑）、造（立体空间）、通（既有巷道）等手法，划分出全新的道路空间，将机动车单向4车道调整为单向2车道，增加了独立慢行车道，街对面则增加了慢行空间，未来不仅可以供行人步行，也可以成为商家的外摆区。街道上38棵法国梧桐也得到完整保留。另一大设计特色在于向上要空间，设计团队在后街广场的两栋现代楼宇中构建二楼连廊，将人气和商气向上导引，同时增加了游客的动线丰富性。二期项目中的美术馆将采用灰色陶砖作为外立面的主要材质，与古建筑在气质上保持一致性。

祠堂街项目在保护好现有传统风貌建筑和街巷尺度的同时，修复城市空间环境和景观风貌，协调传统保护与现代化发展间的冲突，实现街区文化与经济双赢的局面。不仅是祠堂街项目，成都城市更新的多个案例都基于当地历史文化底蕴，做出创新性规划。例如猛追湾城市更新一期项目改造，以建筑外立面翻修、道路绿化改造、灯光改造等局部工程为主，最大限度减少拆除与新建工程，在保留了街区原有特色、尊重居民生活方式的基础上，最大化提升居民对环境品质提高的感受。历史文化名城的保护不应一味对文化遗产进行“博物馆式”的保护和利用，历史文化街区的更新也不应大拆大建或大撤大并，搬用其他城市的商业街开发模式，统一建造仿古建筑只会对街区原真性、完整性和生活延续性造成破坏。城市规划者更应关注历史街区作为居民生活场所的实际意义，并由此发展出兼顾社会、经济、文化效益的制度设计、公共政策和更新策略。

（二）扩大居民参与度

118街坊试点项目中，原有租户得到居住利益的优先保障，并参与到房租涨幅的商定中，这对后续改造的顺利推进至关重要，在成都的城市更新中也能找到类似成功案例。成都大川巷街区于2019年初正式启动改造更新工程，创新了政府主导、市场运营、居民共治、商业运营的治理体制，采取低成本、小规模、微更新的方式，在尽可能不动迁原住居民的同时，逐步置换功能业态，从快递一条街转变成网红艺术街区，实现风貌的焕然一新。为了兼顾原住居民的利益和开发的经济效益，大川巷街区组建了由社区党委领导、街区规划师、商户代表、居民代表、辖区民警等共同构成的街区治理商协会，并制定了《风貌设计管控导则》《街区业态指导目录》《风貌业态提升支持政策》等条例，有效提升居民参与感，激发居民主人翁意识，促使居民参与到街区治理中。

目前我国的历史文化名城保护工作普遍停留在通过公示、意见征集等方式实现公众参与的阶段，不仅流程烦琐，信息传达范围也有限。在开展历史文化名城保护工作时，规划者更要秉持以人为本的原则，重视公众参与，向周边居民收集历史建筑现状和实际保护措施等信息，为城市居民普及城市文化重要性，重视周边市民利益，与市民建立良好沟通，带动民众参与到历史文化名城保护工作中。规划者可以利用信息化技术支撑，搭建更多通畅的公众利益与诉求反映渠道，建设文化地图、游览地图等为市民服务的宣传平台，扩大公众参与度，满足居民和游客的多样化需求，促进历史文化名城保护与城市经济发展齐头并进。

（三）创新建筑修缮技术

118街坊试点项目发展出了一系列科学、经济、适用、可推广的住宅历史建筑保护修缮策略和技术手段，古建筑的保护与修缮应因地制宜、大胆创新。《成都市公园城市有机更新导则》明确规定在做“传承历史记忆的城市更新”时，应“以保护传承、优化改造为主，拆除新建为辅，推动保护保留建筑与文商旅体等融合发展，实现历史传承”。在成都祠堂街更新工程中，设计方借鉴了一种古代的瓷器修补工艺——锔瓷金缮，创新用于古建筑修复。施工人员通过清理、嵌入、重构等工序，对部分建筑进行了结构加固，更换了楼板、栏杆等，就连老建筑缺损的灰色墙砖也按旧款定制补上，最终完成了对古建筑的修复“手术”，六栋民国古建筑得以严格依照历史风貌修缮保护，既充分保留原有韵味，又重焕光彩。设计团队在成都首次启用社区色彩体系，采用最先进的国际NCS体系，最终确认了17种祠堂街专属的基因色，邀请国际知名设计团队设计了VI视觉识别系统，既体现了成都文化的特色，又不失国际流行文化的潮感。通过新老建筑既对比又融合的匠心手法，不同年代的建筑风格得以融合，整个社区的新老空间成为一个和谐的整体。

我国目前针对建筑遗产保护、修缮、改善、复建的判定标准和习惯做法大多基于传统建筑的经验，不完全适用于现代住宅历史建筑，尤其是在其中大多数继续用作居住使用的前提下；另外，国内较为常用的老旧小区综合整治技术方案（如增加建筑外保温、改变屋顶形式、危旧楼翻建等）和资金标准显然不适用于现代历史街区和历史建筑的保护修缮。未来的城市更新工作需要基于实际，研究改进施工工艺和技术，进一步发展适用于各种历史建筑的保护修缮方法。

（四）植入复合业态　支撑城市更新

118街坊试点项目保留了当地现有商户以维持街区活力，在如今的城市更新中，产业同样是强力支撑，只有植入产业，才能避免中心城区空心化。以猛追湾城市更新项目为例，主要依托于主干道路东侧首层建筑底商的界面进行业态创造，呈现出包括文脉地标、滨河轻餐饮、香香美食街和综合社区服务等业态板块。猛追湾新业态在原有“建筑+底商”的基础上，融合了工业精神内核与现代消费配方，在文化体验和创新零售方面有独特体验，呈现出集文、旅、产、居、游、购于一体的复合形态。从具体策略上看，整个区域的业态更新分两步走：一是保留老牌底商并对其硬软件进行针对性提升；二是招募年轻化品牌入驻，以特色小店、网红首店来孵化片区网红属性，突出新派成都精品小商业魅力，既改善本地年轻人消费环境，也满足游客探奇的心理。更新完成后，从天祥段头到望平段尾，串联起一幅移步异景、新老同框的社区商业长卷，且一公里长的距离内，调性不从众，内容不重复，达成了限量版的街区商业配备。再以成都面街为例，更新前是一条少有人问津的背街小巷，更新后全长800余米的小巷集聚了60余家特色面馆及各类小吃，以中国南北方特色面食体系为主，沿街墙面上喷绘了各式面食主题墙绘，营造出“浸入体验、社区美学、面食文化”相融合的氛围。成都面街的打造，是成都推动城市更新、打造公园城市的缩影。

成都的主轴线、重点片区的城市有机更新，更需要补足城市产业，以产业提升片区经济活力，因此设计过程中最需要注意的是现代化产业空间的植入。通过高度复合的业态规划，融合城市商务休闲功能、消费功能、文化功能，满足城市高质量发展阶段需要，将城市更新与产业植入相结合，使更新片区从等待“输血”向完善自身“造血”功能转变，实现可持续发展。

菲尼克斯打造城市特色的经验及对成都的启示

周玲妮*

从不为人知的沙漠小城发展为知名的新兴工业中心，菲尼克斯市的发展轨迹受到外界关注。菲尼克斯市位于美国西部，是亚利桑那州的首府，被称为“凤凰城”。在城市发展过程中，其经历了广泛、深刻的社会和经济变革。随着城市空间和规模的扩展，菲尼克斯盘活存量资源，扩大增量资源，同时，不断根据实际情况调整和完善城市发展思路，显著提升了经济和社会发展水平，提高了民众对城市的满意度。菲尼克斯就城市建设形成的相对成熟的经验和做法，对于其友好城市成都利用各方面资源，打造城市特色，提升城市竞争力具有重要的借鉴意义。

一、菲尼克斯打造城市特色的经验分析

菲尼克斯早期并非宜居城市，所能开展的生产和生活活动也十分有限。菲尼克斯积极变通，不断调整和完善城市建设和规划思路，注重用活、用好存量资源和增量资源塑造城市特色，逐步打造出具有辨识度的特有城市符号，成功实现城市建设的完美转型。从发展经验上看，其在如下四方面的做法值得高度重视和认真研究。

* 周玲妮，外交学院国际关系专业2021级博士生。

（一）因时制宜调整城市建设和发展思路

菲尼克斯的城市建设过程并非一帆风顺，这其中经历了发展停滞、规模型增长、大衰退以及复苏等阶段。自菲尼克斯陷入衰退之后，当局不断完善城市规划思路，开始走“精明增长”路线，最终重新焕发生机。

20世纪30—40年代，由于缺乏资金、劳动力和原材料，菲尼克斯的发展一直未能取得明显进展。在此期间，菲尼克斯的主要产业是农业，围绕农业的大部分商业活动都集中在菲尼克斯市中心。“二战”之后，菲尼克斯进入迅速发展阶段。在这一时期，大量人口涌入菲尼克斯，建筑拔地而起，城市边界出现大幅扩张。其经济结构从以农业为主转向以制造业、服务业和零售业为主。60—70年代，菲尼克斯的无序扩张带来一系列后果。“逆城市化”问题出现，人口和产业外流，经济和社会环境恶化，商业区出现了明显的分化。

针对城市衰退的改造尝试出现在20世纪70年代。如授权建立多个核心区、允许以私人汽车为主的交通方式占据主导地位、把建筑业作为经济增长的主导产业。但这些措施效果不彰，人口外流、尤其是人才外流的局面并未从根本上得到改善。

直至20世纪80年代，菲尼克斯开始采用“精明增长”模式，逐步走出衰退的阴霾。“精明增长”的主要措施包括周密规划和合理调整城市发展计划以及产业布局，科学设计城市发展愿景，强调对核心区的高密度和混合用途开发，如将市中心核心区打造成多功能和适宜步行的空间；持续完善公共交通基础设施如投资轻轨系统，不再将汽车作为主要的交通工具，同时注重交通网络的连接功能；提升对历史、文化、艺术和教育的重视，注重提升公众对城市建设的参与力度。通过上述措施，菲尼克斯最终实现了“紧凑型”增长与复苏，整个城市的生机重现。①

① A Relatively Brief History of Development in Phoenix, https://localfirstaz.com/news-blog/a-brief-history-of-development-in-phoenix-and-a-briefer-look-ahead，访问时间：2023年7月20日。

（二）明确科技定位，打造科技中心

在发展早期，菲尼克斯经济以农业为主要支柱，缺乏深厚的制造业和工业历史基础。相比于美国其他大城市，菲尼克斯的工业基础薄弱，因此，其经济优势并不明显。但菲尼克斯敏锐捕捉到历史机遇，大力吸引科技企业落户，逐渐通过产业聚集扭转劣势，奠定了后期良好的工业和制造业基础。

菲尼克斯在“二战”期间曾是国防工业基地，具备一定的军工产业基础。随后，这一有利条件得到延续，霍尼韦尔国际（Honeywell International）等公司在菲尼克斯设有工厂生产军工材料。除此之外，菲尼克斯为自身设置了明确的定位，即发展高科技，并开始引入一系列科创企业。菲尼克斯拥有独特的气候环境，其常年干燥缺水，非常适合电子、精密仪器等需要保持干燥环境的产业生存和发展；这些产品能耗低，对水资源的要求相对较少，且体积小、附加值高，能创造大量财富。[①]菲尼克斯就瞄准该类型企业，加大政策扶持和吸引力度，摩托罗拉、英特尔、美国通用电气公司、古德伊尔飞机制造公司、国民半导体公司等知名高科技企业都在此设有分公司或将总部迁移至此。[②]同时，亚利桑那州政府还注重鼓励创立中小企业，并组织企业代表到其他州知名的实验室，如劳伦斯伯克利国家实验室、桑迪亚国家实验室等进行交流访问，以使企业从中获益。[③]

（三）充分利用自然和人文条件，开发特色景观

菲尼克斯拥有得天独厚的自然资源。从气候条件上看，菲尼克斯属于亚热带沙漠气候，降雨偏少，年平均气温较高。这一环境造就了菲尼克斯特殊的自然地貌，城市周围有大片沙漠、峡谷，生长着仙人掌等沙漠气候植物。这一自然条件原本对城市发展较为不利，菲尼克斯对其进行了创新性利用，开发

---

① 徐欣：《现当代美国西部城市的崛起及菲尼克斯城市的个案研究》，苏州大学2005年硕士学位论文，第35页。

② 徐欣：《现当代美国西部城市的崛起及菲尼克斯城市的个案研究》，苏州大学2005年硕士学位论文，第36页。

③ 宋仁梁，杜芳芳：《美国亚利桑那州的科技经济》，《全球科技经济瞭望》2001年第5期，第45页。

出基于独有自然景观和人文特色的旅游产业。首先，菲尼克斯拥有丰富的自然景观资源，包括驼背山（Camelback Mountain）、南山公园（South Mountain Park）、凤凰城巴巴哥公园（Papago Park）等，既可以徒步、骑行、骑马，又可以观赏沙漠植物。同时，菲尼克斯注重建设与之配套的基础设施，实现自然与人造的完美结合。菲尼克斯在沙漠中开发多个度假酒店和高尔夫球场、在山谷中开放水疗浴场和户外探险项目，搭配当地充足的阳光，打造度假康养胜地，吸引世界各地的游客。如今，“日光浴”已成为菲尼克斯的符号之一。

其次，菲尼克斯以气候适合老年人居住为契机，打造深受老年人青睐的旅行目的地。菲尼克斯常年气候温暖，适宜老年人居住。当地建起众多养老社区，软硬件设施完备，住房设计符合老年人身体机能，并充分考虑安全性和无障碍性；社区内建有多个不同规格的医院和诊所，能够应对老年人日常医疗、护理需求。养老社区还带动了针对老年人的服务业、保险业等相关产业的兴起。由此吸引美国其他地区的老年人源源不断地前往菲尼克斯度假或定居，这也成为菲尼克斯旅游业以及城市建设的一大特色。

最后，菲尼克斯还注重发掘城市多元文化资源，推动文化型旅游发展。最早在菲尼克斯居住的印第安人开凿灌溉渠，将这一地区变为耕地，留下了大量文化遗产。如哈德博物馆（Heard Museum）、皮哀布罗博物馆（Pueblo Grande Museum）和文化公园（Cultural Park）内收藏着大量原住民的物品，并保留了印第安人生产生活的遗迹。菲尼克斯曾是西班牙的殖民地，城市中有大量西班牙裔人口和殖民地时期的建筑。土著文明、殖民时期遗留与现代元素在此交融，菲尼克斯盘活现有历史文化资源，向外界展示了菲尼克斯独特的一面，成功塑造了具有特色的文化景观品牌。①

（四）积极发展体育、艺术项目，打造城市名片

菲尼克斯之所以闻名全球，还在于其注重开发丰富多彩的体育运动和艺

① Brenna Goth: Phoenix is the nation’s 5th largest—but is it a ‘real’ city? https://www.azcentral.com/story/news/local/phoenix/2017/06/11/phoenix-nation-5th-largest-but-real-city/369917001/，访问时间：2023年7月18日。

术活动。尤其是体育元素，已成为这座城市的名片。菲尼克斯有较多专业的体育俱乐部。其是美国职业篮球联赛（NBA）中太阳队的驻地，球迷对篮球的喜爱提升了菲尼克斯的知名度。除此之外，菲尼克斯还拥有美国职业橄榄球联盟（NFL）的参赛队——亚利桑那红雀队、美国职业棒球大联盟（MLB）中的亚利桑那响尾蛇队等以及200多个高标准的高尔夫球场。市内众多大型体育设施为各俱乐部开展活动提供了充足的硬件支持。菲尼克斯市政府曾出资7亿美元修建体育场馆，使得该市成为拥有美国最为现代化的体育设施的城市。①土狼队可容纳超过17000名观众的体育馆、属于菲尼克斯太阳队主场的美国西部体育馆等都是当地知名的体育建筑。②

菲尼克斯还拥有大量文化艺术设施，包括亚利桑那歌剧院、凤凰城交响乐团剧场、凤凰城艺术博物馆、凤凰城历史博物馆等，美国第三大艺术类书籍收藏馆也位于该市。③体育运动的蓬勃发展使菲尼克斯吸引了全球各类球迷，大众艺术的普及使该市更具特色和浪漫气息，体育因素和艺术因素的叠加，极大提升了菲尼克斯的知名度和影响力。

二、成都已有特色和优势分析

成渝地区双城经济圈位于“一带一路”和长江经济带交汇处，是西部陆海新通道的起点，具有连接西南西北，沟通东亚与东南亚、南亚的独特优势。区域内生态禀赋优良、能源矿产丰富、城镇密布、生物多样，是我国西部人口最密集、产业基础最雄厚、创新能力最强、市场空间最广阔、开放程度最高的区域，在国家发展大局中具有独特的战略地位。④作为中西部地区重要的国家中心城市、成渝地区双城经济圈核心城市，成都具有得天独厚的发展条件。

①② 《路过凤凰城菲尼克斯》,《当代体育》2004年第48期，第94页。

③ 徐欣:《现当代美国西部城市的崛起及菲尼克斯城市的个案研究》，苏州大学2005年硕士学位论文，第36页。

④ 新华社:《成渝地区双城经济圈建设规划纲要》，2021年20月21日，http://www.gov.cn/zhengce/2021-10/21/content_5643875.htm，访问时间：2023年7月18日。

（一）地理区位优势

成都地处四川盆地内，地势相对平坦，气候既有利于农业发展，又适宜居住。作为西南地区的枢纽城市，成都连接着西藏、云南、贵州、陕西等省区，交通便利。原有的双流机场与新修建的天府机场，形成“一体两翼”的航空优势，承担了西南地区大量航班以及向西、向南国际航班的衔接。2022年，成都两个机场旅客吞吐量共3109.3万人次，是中国内陆唯一一个航空旅客吞吐量超3000万人次的城市。[①]成都铁路和高速公路网发达，作为中心点，将西部地区交通路线与全国干线串联起来。成都是长江经济带中的重要城市，加之其连接南北、通达东西，是我国对外开放和推动“一带一路”倡议发展的重要支点。

（二）良好的发展基础

成都市在经济实力、城市发展格局、城市生态品质、城市枢纽能级方面具有良好的发展基础。从竞争优势上看，“成都经济总量超1.77万亿元，地区生产总值千亿级区（市）县增至8个；逐步完善以产业生态圈创新生态链为核心的经济组织方式，城市创新活力持续激发，创新指数排名全球第47位，成为‘最适宜新经济发展的城市’之一。”[②]

从城市格局上看，成都高质量规划建设东部新区，“加快构建‘大都市区—区域城市—功能区—新型社区’四级空间体系，中心城区建成区面积超过1000平方公里，常住人口数量居全国第四，服务人口超过2000万，是名副其实的超大城市。”[③]

从城市生态品质上看，“成都全面塑造“青山绿道蓝网”城市空间形态，

---

① 成都日报：《全国唯一 成都去年航空旅客吞吐量超3000万》，http://scnews.newssc.org/system/20230319/001349703.html，上网时间：2023年3月30日。

② 成都市发展改革委员会：《成都市“十四五”规划〈纲要〉立足新发展阶段的基础性现状条件和优势特征是什么？》

③ 成都市发展改革委员会：《成都市“十四五”规划〈纲要〉立足新发展阶段的基础性现状条件和优势特征是什么？》

累计建成天府绿道4408公里，森林覆盖率达40.2%，空气优良率较2015年提高9.6个百分点，生活垃圾无害化处理率达到100%。”锦江水生态治理取得突破性进展。[①]

从城市枢纽能级上看，成都航空枢纽格局加快构建，“双流国际机场跻身全球最繁忙机场25位，中欧班列（成渝）累计开行数量占全国总量40%，落户世界500强企业增至305家，蝉联‘中国国际化营商环境建设标杆城市’。”[②]

（三）历史文化特色

成都历史文化遗产丰富，具有深厚的历史文化底蕴。位于岷江上的都江堰，既是世界文化遗产，也是世界自然遗产，古人以超凡的智慧，修建庞大的工程系统开发利用岷江，在成都平原发展农业，这一伟大的工程至今仍承担着成都地区的农田灌溉、生活用水、防洪发电等。同样位于都江堰市的青城山，景色秀丽，是中国的道教名山之一，代表着中国传统而古老的道教文化。川剧和蜀绣同样是成都的标志，二者历史悠久，是中国戏剧和刺绣发展进程中的瑰宝。川剧变脸在国内外都有极高的知名度，是人们认识成都的一个窗口；蜀绣是我国四大名绣之一，可追溯到三星堆文明时期，发展至今，承载着中国传统技艺。此外，主要生活于四川境内的熊猫，也是成都乃至中国的重要文化符号之一。憨态可掬的大熊猫作为外交友好使者，赠予多国动物园，还登上荧幕成为电影主角，引起了世界人民的好感与追捧。

三、菲尼克斯经验对成都利用城市特色与优势、提升城市竞争力的启示

2021年10月，中共中央、国务院印发的《成渝地区双城经济圈建设规划纲要》明确要求，成都要提升城市能级，构建支撑高质量发展的现代产业体

① 成都市发展改革委员会:《成都市“十四五”规划〈纲要〉立足新发展阶段的基础性现状条件和优势特征是什么？》

② 成都市发展改革委员会:《成都市“十四五”规划〈纲要〉立足新发展阶段的基础性现状条件和优势特征是什么？》

系，创新体系，要以共建成渝地区双城经济圈为牵引，以构建现代化产业基础为重点，强化区域经济中心功能和科技中心功能，不断提升国家中心城市的战略位势，发展能级和极核功能。[①]提高城市综合竞争力、打造国家战略中心城市，已成为成都下一步发展的主要目标。

菲尼克斯通过挖掘和打造城市特色，走出了一条有自己风格的城市建设之路。成都着力提高城市竞争力、建设国际大都市，也需要充分利用自身优势与特色，拿出绝招，贴上有辨识度的“标签”，扩大自身在海内外的知名度，夯实竞争力基础。菲尼克斯打造城市特色的经验对成都未来发展有如下几方面的启示。

（一）加强顶层设计，筑牢政策基础

在城市建设进程中，菲尼克斯政府扮演了重要角色。在确定建设大方向的同时，提供了足够的政策扶持，并鼓励各个社会组织参与城市建设的具体过程，最终帮助菲尼克斯转劣势为优势，成为体育之城、艺术之城。[②]

在规划城市未来的过程中，成都政府应发挥领航作用，加强顶层设计。首先，充分学习借鉴其他国际型城市的先进经验。通过对北京、上海、伦敦、纽约等大都市以及菲尼克斯等友好城市进行考察，了解目前世界城市发展状况和居民对城市的需求所在，探究这些城市挖掘并运用好自身优势和特色的途径，形成经验总结。其次，准确把握自身优势，科学合理规划、引导城市建设方向。菲尼克斯政府正是抓住当地的优势，确定了以高科技为主的发展思路，才逐渐形成此类产业聚集。成都需结合自身实际，以多种方式统筹各方意见，进一步明确成都的地理、区位、自然资源等优势，注意盘活存量资源，用好增量资源，确定入手的新方向和新领域，打造城市特色产业和特色文化；并形成系统、高标准的发展规划，向全社会公布，引导相关部门、企业和各团体组织积极参与其中。最后，给予政策便利、资金支持。这一方面，

① 新华社：《成渝地区双城经济圈建设规划纲要》，2021年20月21日，http://www.gov.cn/zhengce/2021-10/21/content_5643875.htm，访问时间：2023年7月18日。

② 刘伟红：《从菲尼克斯市的崛起看城市管理的生态支持》，《城市》2008年第2期，第70页。

成都应充分发挥政府职能，真正了解各行为体的需求，有针对性地给予政策和资金扶持，协力挖掘、利用好成都特色。在此过程中，政府要加强对企业等的监督，定期核实政策执行度、资金流向，保证发展规划顺利进行。

（二）以科技创新为底，加快高新区发展

无论是北京、纽约等传统型大城市，还是菲尼克斯等快速崛起的新兴城市，在其发展过程中，科技实力和创新能力始终是两个关键性因素，对提升城市整体实力发挥了重要作用。

成都应抓住国家发展机遇与中央政府的政策支持，将科创作为发展的底色之一，加大力度打造我国西南部的科技中心，加快推进成都高新区建设，使其成为地区产学研重镇。成都高新区建于1988年，经过30多年发展，已是成都高新经济发展的基石。该区对产业发展有明确规划，以电子信息、生物医药和新经济为主导产业；在此基础上，吸引了华为、英特尔、戴尔等大型企业进入，形成集成电路、新型显示、智能终端以及网络通信四大产业链。① 同时，还建有全国首个重大新药创制国家科技重大专项成果转移转化试点示范基地，在此聚集了3000多家企业。②

未来，成都高新区应继续在电子信息、生物医药和新经济这三大领域深耕，凭借更多成果成为西南地区乃至全国的产业中心，在这三个领域的国际合作中崭露头角。同时，要瞄准更多新兴技术，在此建设全产业链条。例如，2023年，成都政府提出建设工业无人机第一城。成都高新区随后发布了《成都高新区发展工业无人机产业三年行动计划（2023—2025）》（征求意见稿），计划到2025年，“基本建成核心技术自主可控、安全高效、循环畅通的工业无人机产业链体系”③。工业无人机的蓬勃发展，将带动与其相关的零部件等其他

① 成都市高新区管理委员会：主导产业简介，http://www.cdht.gov.cn/cdht/zdcy/tydp.shtml，上网时间：2023年3月27日。

② 成都市高新区管理委员会：主导产业简介，http://www.cdht.gov.cn/cdht/zdcy/tydp.shtml，上网时间：2023年3月27日。

③ 《四川新闻网：成都高新区发布工业无人机产业三年行动计划》，http://www.cdht.gov.cn/cdht/c150883/2023-03/27/content_14a9bdec9a79432990f49728e0f12262.shtml，上网时间：2023年3月27日。

行业进入高新区。高新区还应继续加快落地机器人、智能设备等产业，接轨高端产业链，并吸引关联产业和附属产业，形成产业上中下游集群；成都政府应赋予高新区更多自主权，并大力扶持区内企业，在政策、金融方面持续提供支持，鼓励其创新，提升企业扎根于此的信心，以更多实际成果增加成都的科技名片。此外，高新区应深化与海内外高校、科研院所的合作，寻求更多技术和规则支持。例如，电子科技大学、西南交通大学、中国科学院成都科学研究中心等，能够为成都高新区的发展方向、技术创新、引进产业等进行一定指导，提供专业问题解答，并就科创企业的入驻、管理规则等事宜提供理论支撑。

（三）用好区位优势，建设国际合作前沿

成都应用好区位优势，积极融入国家各项发展战略和倡议，成为我国对西、对南开放的重要窗口，以此加强对外联系，在国际合作中提升成都的城市地位与国际声誉。

第一，完善国际航线。天府机场投入运营后，开通30余条国际、港澳台地区航线，连接世界多地。未来，成都应继续以双机场为基础，加密现有国际航班，开辟更多国际航线，使成都能直通更多国家。如此，能方便全球货物在成都聚集，之后分散往全国各地，或是集中国内物资，从成都运送出国；同时，也能方便其他国家人员无须经过中转直达成都，为成都的城市国际化奠定坚实基础，既用好成都的区位优势，又进一步加强其枢纽地位。

第二，吸引更多海外企业和国际组织落地成都，建成新的国际交往中心。配合区位优势，成都政府应出台更多优惠措施，加快宏观政策、营商环境、签证办理等方面的规范化、便利化进程，并重点面向“一带一路”国家进行宣传。同时，在成都境内加快建设中外合作工业园区，提高园区专业化水平，吸引各类海外企业在工业园区设立环保型工厂或研发中心；在成都建立企业分部，辐射我国西南地区业务；或直接将总部迁移至此。

国际组织方面，老牌国际组织已有固定区域，进行迁移的难度较大。因此，成都应瞄准新成立的以及新兴领域的国际组织，在场地、资金等方面给予扶持，在手续办理方面进行简化，确保政策的连续性，并出台相应的规章

制度，保护国际组织在成都的合理、合法活动。通过国际组织的衔接，使成都有机会承办重要国际会议、国际赛事、国际展览等。以此加快成都国际人口流动，真正、深度融入全球化进程，提升国际化水平，成为中国参与国际合作的前沿城市之一。

（四）积极挖掘自然与人文特色，充分开发利用

用心挖掘并合理利用成都既有的特色，塑造出带有成都印记的产业，带来经济效益的同时，又助力成都提升城市竞争力。

首先，发展特色旅游业和文创业。近年来，多只熊猫在网络上成名，不少人前来现场观看。成都可抓住这一机会，推出专门的熊猫观光旅游。有关部门规划出行程和路线，做好公共交通服务，方便人们前往景区；通过合理设计，在不干扰熊猫正常生活的情况下，使人与熊猫有近距离的接触。文旅部门应用好成都市内名胜古迹，大力挖掘文化遗产的价值，打造世界文化名城，开展深度文化游。例如，游人有机会观看文物的修复、学习川剧变脸、亲身参与蜀绣的制作、接触非物质文化遗产传承人等，使人们不仅感受到新奇、震撼、趣味性，还真正了解这些遗产背后的故事、历史的厚重与古人的智慧。在特色旅游业的基础上，进一步拓展与之相关的文创产业，加强知识产权建设。例如，打造包含熊猫、三星堆等元素的各类创意产品，并积极注册版权，供游客购买，使游客在离开成都后，依然能通过文创产品记住成都特色；并在国内外电商平台推广文创产品，使更多的人慕名而来。2023年，成都举办了第31届世界大学生夏季运动会。成都应抓住这一绝佳机遇，在未来充分利用大运会的体育文化和体育设施基础，发展面向青年、充满活力的体育项目体验旅游，使成都成为运动之城。

其次，打造悠闲的“慢生活”模式，建设宜居之城。茶馆遍布成都各地，茶馆文化在成都有较深的历史渊源，在茶馆喝茶聊天、悠闲生活是外界对成都市民文化的认知之一。成都可以这一传统为基础，大力发展绿色经济、文化经济和休闲经济，建设宜居城市。第一，加大植树造林和整治污染力度，提高成都森林覆盖率，以大量绿色装扮作为城市景观，进一步改善人居环境。第二，丰富居民精神生活，通过政府购买等方式，以戏曲、音乐、舞蹈融入

基层的途径，加强针对居民的文体、教育、科普等服务，真正提升居民综合素养和生活幸福感。第三，以悠闲“慢生活”为主线，建成一批特色小镇，例如，以茶馆文化、熊猫文化等为主题的小镇，集游玩、住宿、科普于一体，吸引儿童、年轻人等前往体验。除已有的宽窄巷子等，再建设一批特色街区，把成都不同的特色充分融入其中，并与太古里等时尚建筑连接，实现现代与传统结合。引入一批高端企业，发展各类康养项目，建设规模型康养专区，并带动周边医疗保健等产业兴起，吸引老年群体或是北方寒冷地区的游客前来体验，逐渐凸显出成都独特的慢生活文化。

最后，加大宣传力度。充分利用微博、抖音、快手等新媒体平台以及成都本土媒体，大力宣传、推广成都特色项目；政府相关部门定期推出针对特定群体、特定地区的优惠活动，扩大影响力。此外，要注重对外宣传。制作城市形象宣传片，展示城市历史、城市发展，重点突出成都特色项目，在外国当地媒体进行投放，或利用推特、脸书等国外社交媒体向各国人民宣传，提升成都的世界知名度。

参考文献

［1］刘伟红：《从菲尼克斯市的崛起看城市管理的生态支持》，《城市》2008年第2期。

［2］李霞：《考察美国菲尼克斯城市基础设施建设引发的思考》，《财经科学》2003年S1期。

［3］徐欣：《现当代美国西部城市的崛起及菲尼克斯城市的个案研究》，苏州大学2005年硕士学位论文。

［4］张妍：《关于城市特色与特色城市建设的探索——以太原市区为例》，《四川建筑科学研究》2014年第4期。

［5］Bradford Luckingham, *Phoenix: The History of a Southwestern Metropolis*, University of Arizona Press, 1989.

［6］沙默泉，田光进：《美国菲尼克斯大都市区多中心空间结构及其启示》，《北京师范大学学报》（自然科学版）2011年第6期。

［7］马强，徐循初：《“精明增长”策略与我国的城市空间扩展》，《城市规划汇刊》2004年第3期。

蒙特利尔吸引国际组织落户的实践及对成都的启示

张 锐 陶 语*

2022年，《成都市“十四五”国际对外交往中心建设规划》提出，积极引入国际高端资源，加强国际交流合作，以经济、文化、科技为核心功能，全面提升国别合作园区的合作层级，构建“3+6+N”国际对外交往新格局。其中一项重要任务是深度融入国家外交大局，主动争取国家和省级相关部门支持，持续跟进拟在蓉开设领事机构的重点国家，吸引更多国家在蓉设立领事机构和国际组织办事机构。

近年来，国内一线城市的国际发展战略都将“吸引国际组织落户”“推动更多全球治理活动和项目落地”作为优先目标，但整体实践仍处于规划和摸索阶段，相关进展比较缓慢，亟须加强对国际成熟经验的学习与引进。本文选择加拿大蒙特利尔作为案例，首先介绍该城在吸引国际组织方面取得的进展，然后从城市综合优势、政府战略支持和专门机构实践三方面介绍其经验，最后结合成都实际，提出政策建议。

一、蒙特利尔吸引国际组织的成效

蒙特利尔是加拿大第二大城市和重要经济中心、魁北克省的最大城市，人口约410万，面积4259平方千米，曾于1976年举办第21届夏季奥运会。该市虽然并非加拿大乃至北美、全球的政治事务中心，在地理区位上也不及某些欧洲

* 张锐，全球能源互联网发展合作组织经济技术研究院研究员；陶语，西交利物浦大学。

城市那样具有高度便利性，但长期以来都致力于打造一座“国际组织之城”。

截至2022年底，根据官方统计，蒙特利尔拥有70个国际组织，[①]是北美洲继纽约、华盛顿之后拥有国际组织第三多的城市。其中，该市有6个联合国分支机构，分别是国际民用航空组织、生物多样性公约秘书处、联合国难民署加拿大办公室、联合国教科文组织统计研究所、《关于消耗臭氧层物质的蒙特利尔议定书》多边基金秘书处、联合国人居署蒙特利尔办事处。其他多数组织均为非政府、非营利性质的国际治理机构和行业协作机构。现有组织涉及的领域主要集中在航空航天、文化交流、环境与可持续发展、数据和人工智能、体育、设计等领域。国际组织的存在为蒙特利尔直接创造了至少2400个工作岗位，创造了4.5亿加元以上的经济价值。[②]同时，国际组织各类运行和治理活动还为该市创造了巨大的间接收益，如对旅游业和酒店业的带动、对当地产业国际化的支持、对城市国际知名度的提升、对当地大学国际学生的招生等，充分显示了全球化时代城市与国际组织相互促进、并驾齐驱的积极影响。例如，2022年12月召开的联合国《生物多样性公约》第15次缔约方大会（COP15）第二阶段会议期间，根据会议秘书处的统计，来自全球的注册参会人员高达2.1万名，会务承办、人员接待这方面可以创造大量经济机会。

国际组织落户蒙特利尔存在明显的“领头羊”效应。国际民航组织于1944年在芝加哥召开的国际会议上成立，1946年的成员国大会决定将总部设在蒙特利尔，该组织从1949年开始在蒙特利尔运行，现拥有193个会员国，主要职责包括发展国际航空导航的规则和技术、制定各种航空标准以及运行程序、预测和规划国际航空运输的发展、制定航空事故调查规范等。因为这一具有“全球治理枢纽地位”的机构，蒙特利尔吸引了10余个航空航天的国际组织，包括国际商务航空理事会、国际航空运输协会、国际机场理事会、国际航空航天训练理事会、民航导航服务组织、世界航空俱乐部协会、国际航空公司飞行员协会理事会、航空航天工业协会国际协调理事会、国际卫星辅助搜救组织等。这

① 根据该市的描述，其所指的“国际组织”（international organization）是一个宽泛的概念，包含了政府间组织和跨国非政府组织。本文也采用这一概念内涵。

② 本文关于蒙特利尔国际组织运营情况的数据，均引自“蒙特利尔国际”机构的网站，https://www.montrealinternational.com/en/international-organizations/.

些组织看重的是与国际民航组织的紧密互动，而且多数是近二三十年才在蒙特利尔创设或运营。再如，生物多样性公约秘书处设置在蒙特利尔，有力吸引了至少14个生态环保类的国际组织落户该市，比较大型的机构包括国际水资源秘书处、国际可持续发展中心、全球农业和营养开放数据中心等。

二、蒙特利尔的综合优势

一座城市吸引国际组织落户，首先基于其各方面的综合优势，蒙特利尔在宣传自身的时候比较突出以下几点适合国际组织发展的长处。

（一）领先的经济优势

以GDP为指标，蒙特利尔常年占据加拿大经济总量排名第二的城市，仅次于多伦多。2019年，蒙特利尔的GDP达到2340亿加元。其代表性产业包括飞机制造、生物医药、信息技术、电影和电视制作、设计、金融等方面。例如，世界第三大飞机制造商和轨道车辆制造商庞巴迪、世界最大的飞行模拟器制造商CAE公司、贝尔直升机加拿大公司等均在此设有总部或重要研发制造机构，若以航空产值计算，蒙特利尔是全球仅次于西雅图的第二大城市；蒙特利尔也是北美洲规模最大的生物制药产业集聚区域，汇集了加拿大50%左右的生物工程和制药公司，从业人员达1.5万名；在新型的人工智能（AI）领域，微软、谷歌、英特尔等行业巨头均在蒙特利尔设立研发中心，该市相关从业人口已达9.1万人。这些支柱行业为构建、运营跨国行业组织提供了优越的环境，目前该市涉及生命科学和健康领域的国际组织有10个，数据和AI领域的组织有7个。

（二）突出的教育优势

蒙特利尔是加拿大的高等教育重镇，拥有15所大学、超过100所职业学院或技术学校，现有35万名在读大学生，其中有6.5万名国际学生。[①]蒙特利

① Montreal International, “A Hotspot for Highly Skilled Talent,” 2023, https://www.montrealinternational.com/en/invest/why-choose-montreal/#ancre-1.

尔拥有在QS世界大学排行榜中加拿大排名第一的高校——麦吉尔大学，2022年的排名为全球第27名；蒙特利尔大学在QS世界大学排行榜中位居加拿大第五、全球第111名。该市高等教育机构获得的科研经费常年位居加拿大各城市第一位，数额在每年20亿美元左右。这样的教育优势为吸引国际组织创造了以下有利条件。

一是国际组织能够为其运行找到必要且强大的技术支撑，可以与大学、科研机构建立紧密的合作关系。例如，2022年底，联合国人居署在蒙特利尔设立了一个专职研究可持续城市全球方案的办事处，该机构的职责包括“利用人工智能处理城市发展所面临的最紧迫问题，同时开发一个多学科平台，以更好地解决最易受气候变化影响的城市和社区的具体需求”。联合国人居署选择蒙特利尔的主要原因在于该市拥有人工智能和城市生态系统领域的强大科研力量，办事处已确定将与麦吉尔大学、康考迪亚大学、魁北克省人工智能研究中心等机构开展合作。①再如，地球观测组织下设的全球生物多样性监测网络（GEO BON）于2020年将其全球总部从德国的莱比锡迁至蒙特利尔，这次转移的动因之一是在加拿大和魁北克省政府的支持下，魁北克自然与技术研究基金会、麦吉尔大学、蒙特利尔大学和舍布鲁克大学将共同为该机构提供技术协助。

二是某些国际组织或办事处可以依托大学、科研机构运行。例如，全球农业和营养开放数据（GODAN）的设立源于2012年八国集团领导人峰会达成的一项共识，后来得到联合国粮农组织、英国、印度、中国、墨西哥、德国、荷兰、加拿大等国政府和联合国粮农组织的支持、注资。2018年，蒙特利尔从全球12个城市的竞争中脱颖而出，成为该倡议实体落地的承办城市，并委托麦吉尔大学组建机构。麦吉尔大学农业和环境科学学院成为GODAN的实际运营方，并整合该校在人工智能、工业供应链等方面的研究力量，为GODAN在短时间内启动运作提供了有力支持。

---

① Montreal International, “United Nations Program: Montréal to Host UN–Habitat Project Office,” December 12, 2022, https:// www.montrealinternational.com/en/news/united–nations–program–montreal–to–host–un–habitat–project–office/.

三是国际组织可以在当地招聘到来自全球各地的、高素质的人才。国际组织需要多元化的人才队伍，而蒙特利尔数量庞大、源源不断的留学生为它们提供了广阔的选择空间。例如，国际机场理事会于2011年从瑞士日内瓦搬至蒙特利尔，在该机构负责人看来，蒙特利尔的一个重要优势是“该市拥有充足的国际人才，这里的大学因为拥有大量国际学生而闻名于世，我们能够迅速找到那些胜任工作的员工”①。

（三）友好的运营优势

蒙特利尔在招揽国际组织时努力突出一个友好的、成本可控低廉的商业环境。根据该市于2021年开展的调查研究，将蒙特利尔与全球12个拥有较多国际组织的城市进行对比，国际组织在该市的运行成本（含房租、劳动力成本、设施成本等）比在其他城市的平均成本低29%，比邻近的纽约、华盛顿少80%左右，比欧洲的阿姆斯特丹、布鲁塞尔、维也纳等城市少20%以上。在办公场所的房租方面，以一年一平方米的租赁费用为指标，蒙特利尔的平均水平在48美元，略高于首尔（44美元）、维也纳（43美元）等城市，但比12个城市的平均水平低40%，远低于伦敦（149美元）、纽约（134美元）、新加坡（110美元）、日内瓦（104美元）等。在商务旅行成本方面，以两人两日的酒店住宿和出行费用为指标，在蒙特利尔的开销为564美元，在所有调查城市中最低，而在纽约、日内瓦、迪拜、巴黎的开销分别高达1076美元、966美元、891美元、888美元。②这些运营成本优势对于广大非政府组织而言尤其重要，是它们选择入驻城市、决定团队规模、提高运营效率上的关键因素。

---

① The Future Economy, “Montreal: An International City for Global Organizations,” May 27, 2021, https://thefuturee conomy.ca/spotlights/spotlight-on-montreals-international-organizations/montreal-an-international-city-for-global-organizations/.

② 研究涉及的12个城市分别是首尔、迪拜、哥本哈根、维也纳、阿姆斯特丹、布鲁塞尔、新加坡、巴黎、日内瓦、华盛顿、纽约、伦敦。本段数据均引自Montreal International, *Montreal: Canada's International Organization City*, December, 2021, https://www.montrealinternational.com/app/uploads/2021/12/montreal_canadas-international-organization-city-2021.pdf.

（四）先天的语言优势

蒙特利尔及其所在的魁北克省是加拿大的法语区，这样的文化基础奠定了该市多语种并存的先天优势。根据统计，目前该市56%的人口为法英双语使用者，这一比例在多伦多和渥太华仅为7%左右；该市24%的人口为三语（或以上数量语言）的使用者；在蒙特利尔日常使用的全球语言多达140种以上。①多元的语言环境为国际组织及其开展的全球治理活动提供了较大便利。

除了以上四大优势外，蒙特利尔在招揽国际组织时还热衷强调联系全球的交通优势、良好的生态环境、高质量的民生保障体系、友善的移民政策等，希望能够获得相关机构决策者和外国从业者的青睐。

三、政府层面的战略支持

长期以来，魁北克省政府、蒙特利尔市政府都将“打造国际组织城市”作为重要的国际合作目标，将其作为提升区域和城市国际知名度的关键手段，具体支持措施主要包括以下方面。

第一，高度关注重要国际组织的创设和业务拓展，调集资源和力量进行招揽工作。长期以来，省、市两级政府的国际合作战略文件都将吸收国际组织作为优先任务。魁北克省是北美区域唯一面向国际非政府组织给予优待政策的地方政府，在该省注册成立的国际非政府组织可以享受财产税的豁免，机构聘请的非加拿大籍职员可以获得省一级的收入税收豁免。

争取重要国际组织及其新设机构总是面临激烈的国际竞争，所以常需要一国各级政府的倾力合作与参与。例如，世界反兴奋剂机构（WADA）于1999年在瑞士洛桑成立，是国际奥林匹克委员会下设的一个独立部门。该机构成立后，面向全球进行总部所在地的招募工作，经过多轮竞标，最后的候选城市落在了洛桑和蒙特利尔。洛桑作为国际奥委会的总部所在地，本身具有先天

① Montreal International, “Why foreign companies are choosing Montréal?,” 2022, https://www.montrealinternational. com/en/invest/why-choose-montreal/#ancre-6.

优势，但从加拿大、魁北克到蒙特利尔的三级政府向国际奥委会、各国代表展开了积极的游说工作，同时向WADA承诺提供办公场所和持续性的财政支持，最终以丰厚的条件争取到该机构的入驻。在过去二十余年，魁北克省和蒙特利尔的政府当局还不断扶持本地反兴奋剂的科研力量，为WADA的治理工作开展提供硬软件的配套支持。WADA在蒙特利尔的存在不仅使该市后续拥有了多个体育类国际组织，也增强了加拿大在国际体育事务上的话语权与软实力。

重要国际组织落户一地之后，一国的各级政府往往面临艰巨的维系任务，尤其在百年未有之大变局、全球秩序持续“东升西降”的新背景下，争取国际组织迁至新址的竞争将日益增多。例如，2013年，国际民航组织需要审议该机构与加拿大政府之间关于2016—2036年期间总部设置在蒙特利尔的协议，这本来是一个常规手续，但卡塔尔代表团大张旗鼓地提出了“将组织总部迁往多哈”的提议，而且开展了活跃的外交活动。卡塔尔首先指出蒙特利尔的不足，包括距离亚非国家太远、冬天气候太冷、加拿大政府在给予某些国家代表签证方面比较严苛等；然后提出了十分慷慨的招揽条件，包括在多哈为国际民航组织建设独立的、先进的总部建筑，承担该组织及所有工作人员搬迁的全部费用，未来为在多哈工作的人员提供专门的福利津贴和子女教育费用等。面对卡塔尔的“攻势”，加拿大、魁北克和蒙特利尔三级政府只能全力应对，专门为之成立了工作小组，向国际社会开展密集的游说沟通工作，动员加拿大乃至美国的民航企业、行业协会参与到这场“总部保卫战”之中，并向国际民航组织做出提供额外支持、改善成员国代表服务等的承诺。最终，国际民航组织做出了未来20年继续留在蒙特利尔的决定。

第二，结合地方发展战略的需求，创设国际组织，争取特定领域的国际话语权和治理先发优势。近年来，魁北克省、蒙特利尔都将发展AI行业作为新的经济支柱，同时意识到相关领域的全球治理仍处于起步阶段，各国亟须在标准、规范、争端解决等方面开展协调。2018年，魁北克政府宣布拨款500万美元，在蒙特利尔建立或吸引一个AI领域的国际组织，加拿大政府随后也拨款近1000万美元支持该计划。最终经过多方接触和协调，由“蒙特利尔国际”机构牵头，在经合组织搭建的“人工智能全球伙伴关系”（GPAI）框架下于2020年成立了“蒙特利尔促进人工智能国际专家中心”（ICEMAI），该中心重点关注“负责任使用人工智能和数据治理”两大议题，目前已拥有15个来自企业、科研机构的成员单位。①

第三，设立专门机构从事国际组织的招揽工作。为了争取国际组织的入驻、持续提高城市接纳国际组织的水平，1996年，蒙特利尔市政府专门成立了一个非营利机构——“蒙特利尔国际”（Montreal International）机构。该机构的职能后来扩展为三个重点，分别是吸引国际组织、吸引外国直接投资、吸引国际高端人才和留学生，现有80名左右的专职工作人员。从成立到2021年，“蒙特利尔国际”共吸引价值180亿美元的外国直接投资项目，创造7.1万个工作岗位，吸引和留住了1.1万多名国际人才。同期，在吸引国际组织方面，该机构共实施了208项倡议或行动，为47个机构的创设或转移提供了直接支持。②下文将对“蒙特利尔”的具体工作进行详细论述。

四、“蒙特利尔国际”的实践经验

“蒙特利尔国际”在吸收国际组织方面承担了具体的一线工作，根据其多年实践，大致可以总结以下几方面的成熟经验。

（一）提供常态化支持

根据“蒙特利尔国际”的网站介绍，其对于所有感兴趣入驻蒙特利尔的机构提供以下四方面基本服务。第一，为符合条件的组织提供灵活的多年期融资支持，尤其帮助一些规模较小或处于初创期的机构。第二，提供战略和业务咨询，帮助新入驻的机构找到合适场所、招聘员工，帮助各机构参与蒙特利尔举办的各类活动，根据需求提供法律和财务合规性等方面的专业建议等。第三，协助各机构为其非加拿大籍员工获得签证和工作许可。第四，帮助国际组织与

① Montreal International, “Official launch of the International Centre of Expertise in Montréal for the Advancement of AI,” July 9, 2022, https://www.montrealinternational.com/en/news/official-launch-of-the-international-centre-of-expertise-in-montreal-for-the-advancement-of-ai/.

② Montreal International, *2021 Activity Report*, July 9, 2022, https://www.montrealinternational.com/en/publications/2021-activity-report/.

蒙特利尔乃至魁北克省的各种机构、科研院所、企业建立合作网络。这些服务为不少组织解决了诸多迫切需求或问题，并加速国际化机构融入本地环境之中。

例如，“数字时代可持续性”机构（SDA）是康考迪亚大学和“未来地球”加拿大中心于2015年成立的跨国智库机构，其使命是利用数字技术推动全球可持续发展，其项目包括研究与创新、推广最佳实践和提供培训等。SDA负责人表示，在机构成立之初和2021年，“蒙特利尔国际”先后两次为其提供资金，为机构的业务启动、核心项目提供了必要支持；该机构得到了持续的劳动法律、公共关系等方面的培训；SDA获邀参与蒙特利尔旅游局举办的国际性活动，并从麦吉尔大学、加拿大的青年实习资助计划中找到了一些项目实习生。

（二）招揽和协助创设组织机构

在过去几年，“蒙特利尔国际”参与创设的组织为上文提到的蒙特利尔促进人工智能国际专家中心，“蒙特利尔国际”主动联络了当地人工智能领域的领军企业，也高效利用了国家和省两级政府的拨款，承担该机构的场地租赁、人员招募、初期业务运转等具体工作。在很大程度上，“蒙特利尔国际”成为新组织的孵化机构，帮助一个组织完成从无到有、功能定位逐渐清晰、合作网络逐渐扩大的阶段性任务。

同时，“蒙特利尔国际”花费大量精力，帮助一些机构迁到蒙特利尔或在蒙特利尔设立办事处，促进国际组织数量的稳步增长。根据该机构2017—2021年发布的年度总结报告，在这五年中，共协助11个机构搬迁或设点。2017年，“蒙特利尔国际”帮助国际经济学商学学生会（AIESEC International）、国际健康促进与教育联盟（IUHPE）移址，两家机构分别从荷兰鹿特丹、法国巴黎迁出。[①]在招揽IUHPE时，“蒙特利尔国际”为其联系了蒙特利尔大学的公共卫生学院，由该学院承担机构的日常运行和行政职能，为该组织的可持续

---

① 国际经济学商学学生会是一家非政府、非营利的国际组织，也是全球最大的学生运营的跨国组织，成立于1948年，目前在全球126个国家拥有4万名以上的个人会员，拥有联合国经社理事会的咨商地位。该机构的工作主要包括组织大学生的跨国交流、实习、志愿活动。国际健康促进与教育联盟成立于20世纪60年代，是一个致力于促进全球卫生领域交流合作的非营利组织，拥有来自90个国家的2000多个机构或个人会员，在全球六个区域设有办公点。

发展提供了可靠平台、解决了后顾之忧。2019年，“蒙特利尔国际”促使上文提到的全球农业和营养开放数据中心从最初所在的英国剑桥迁到蒙特利尔，帮助一家名为“ZMQ全球”、关注移民问题的非政府组织从印度迁址。鼓励一些组织开设区域国别或特定事项的办事处也是一个事半功倍的方法，例如，2021年，国际可持续发展准则委员会（ISSB）在蒙特利尔开设了一个分担英国总部职能的办公室，承担《国际财务报告准则》可持续性披露准则的制定和推广工作；[①]同年，全球人道主义航空组织亦在蒙特利尔设立了一个办事处，增进与国际航空界的交流互动。这些进展都是“蒙特利尔国际”与各机构总部持续沟通、把握其业务拓展契机的结果。

（三）维系国际组织运作

上文提到的国际民航组织案例凸显了维系组织运作的重要性，“蒙特利尔国际”对各国际组织的服务不限于招揽阶段，也始终延伸到各机构入驻之后的运行中，密切关注各机构面临的机遇与挑战，尽其所能帮助它们不断发展壮大。例如，2018年，“蒙特利尔国际”促进三个机构扩大业务、扎根当地，一是世界反兴奋剂机构，蒙特利尔市与其达成新的合作联系，该机构确认在2031年前会将总部维持在蒙特利尔；二是国际水资源秘书处，“蒙特利尔国际”将协助其扩大业务范畴、增加工作岗位；三是生物多样性公约秘书处，“蒙特利尔国际”积极接触该机构、了解各方面的发展诉求，并与其确认将会在蒙特利尔持续运行的目标。根据“蒙特利尔国际”发布的年度报告，该机构每年至少与30多个已入驻的国际组织保持互动，为它们的运作提供服务。

五、对成都的启示

蒙特利尔尽管拥有吸引、服务国际组织的较长历史，但其“国际组织城

① 国际可持续发展准则委员会是国际财务报告准则基金会（IFRS）下设的一个主要机构，其宗旨是在制定高质量、易懂、可执行和全球公认的会计和可持续性披露准则，并促进和推动准则的采用。目前，IFRS准则已经在全球140余个国家得到推广。

市”的打造主要是近二十余年的经历；而且相比欧美不少城市，该市并没有突出的政治优势、地理优势，其吸引国际组织的过程是一个“艰苦创业”的过程，需要争取新生的重要组织的青睐，持续维护重点入驻组织的运作，为国际组织的数量增长、业务壮大持续提供既有力度又有专业性的服务。其经验对成都吸引国际组织有着很大的参考意义，下文将结合成都的国际对外交往战略，提出以下政策建议。

第一，制定成都吸引国际组织的系统性战略，确定近中期的发展目标和重点的争取对象，编制契合成都发展定位的国际组织重点引进名录，构建具有针对性、匹配国际组织开展业务、满足外籍人士工作生活需求的政策体系。在充分论证、条件具备的基础上设立专责机构，面向全球开展联络和沟通工作，向更多国家和地区开展形象推广，提升全球城市能见度和显示度。面对国内一线城市在这一领域的竞争，成都应该更加主动鲜明地亮出独特优势、提供创新手段，擦亮吸引国际组织入驻的“成都招牌”。

第二，循序渐进，先将争取重点放在非政府组织和国际组织办事处上。蒙特利尔的经验显示了该市并没有一味追求政府间组织的落地，而是稳打稳扎，面向广大公益性组织、行业性组织敞开大门，重点争取一些已经具有较高治理基础和国际影响力的机构“搬家”。密切跟踪一些政府间国际组织的治理进展和业务拓展需求，主动提出为其在华设置办事处或研究中心的倡议，实现城市与机构的合作双赢。

第三，将招揽国际组织工作与成都招商引资、对外经贸、产业提升工作紧密结合。成都“十四五”规划明确提出加快建设具有全球显示度的产业生态圈和产业功能区，重点围绕“芯屏端软智网”六大电子信息产业领域和航空装备、汽车、智能制造、轨道交通、能源环保五大装备制造产业领域，全力打造电子信息、装备制造等世界级产业集群。蒙特利尔的经验显示了世界级产业集群和国际组织集群的打造可以实现相互促进、彼此借力，连接、激活、集聚和配置城市乃至国家发展所需的战略性资源。应鼓励成都重点行业、龙头企业在“走出去”过程中探索建立跨国产业合作联盟或协作机制，可围绕国际标准制定、关键技术攻关、投资便利化、跨国供应链韧性塑造等诸多议题开展务实合作，借国际组织的平台、运作实现多数企业无暇顾及或无力推动的国际合作目标，增强“成都制造”在全球价值链、产业链中的话语权和影响力，支撑“成都创造”参与国际合作和竞争新优势。

第四，将招揽国际组织工作与成都提升文化感召力、开展国际性文旅活动紧密结合。成都“十四五”规划明确提出高水平建设“三城三都”——世界文创名城、世界旅游名城、世界赛事名城、国际美食之都、国际音乐之都、国际会展之都。围绕“三城三都”建设，强化议题设置能力，积极与全球上述领域的政府间组织、非政府组织开展更加密切的交流，引导国际组织踊跃参与成都举办的各类展会、艺术节、体育赛事，创新海外传播渠道、内容与组织方式，增强国际传播能效，同时借国际机构的影响力汇聚更多全球高端要素资源、人才资源，鼓励在华有业务拓展需求的机构在蓉设点，并为其可持续发展提供常态化支持。

第五，动员成都高校、智库、科研机构创设机制化的国际平台，参与相关国际组织在蓉设点的工作。蒙特利尔经验凸显了大学、科研机构在招揽机构、承载跨国治理上的显著作用，可梳理目前在蓉高校、智库、科研机构中有广泛国际联系、较多务实合作、较大发展潜力的国际合作平台，出台相关政策，精准扶持重点平台向国际性的非营利组织转变，激活成都本土的科研力量、创新力量走向更广阔的国际空间。同时，支持本地高校院所开展涉外人才培养及向国际组织推送，搭建国际组织专业人才储备招引库。

第六，以吸引国际组织为目标，持续改进成都国际对外交往工作，不断优化国际化营商环境，为国际人士丰富城市外语信息服务平台，完善国际教育、国际医疗、国际化社区等设施和配套政策，促进国际交往环境体系提质升位。针对国际组织落地面临的难点、堵点，及时谋划实施解决方案，与相关机构建立沟通交流常态化和信息跟踪反馈机制。

青岛打造东北亚国际交往中心的战略经验

王新和*

2022年，中共青岛十三次党代会报告中明确提出，未来五年要加快迈向“活力海洋之都、精彩宜人之城”，奋力谱写青岛建设新时代社会主义现代化国际大都市的宏伟篇章。其“六个城市”①战略子目标之一就是打造“国际门户枢纽城市”——进一步放大青岛在我国构建陆海内外联动、东西双向互济开放格局中的优势，全方位提升青岛深度连接国内外资源和市场的能力，在全球通达能力、连接能力、配置能力、服务能力等多维度全面突破。②由此研判，青岛旨在全面升级城市能级，实现高质量发展，凸显东北亚区域乃至全球影响力。对青岛而言，“国际门户枢纽城市”既是城市重大战略子目标，也是中国式现代化进程中城市治理的创新发展。逻辑上，“国际门户枢纽城市”必然包含“国际交通枢纽”与“国际交往中心”两大支柱。国内外相关指数研究显示，青岛“国际交通枢纽”已攀至“东北亚上流”水平，而“国际交往中心”处于由“国内中流”到“东北亚上流”过渡初期。“十四五”时期，打造“东北亚国际交往中心”已成青岛战略必需，既呼应“东北亚国际交通枢纽”，也夯实“东北亚国际门户枢纽”。

---

* 王新和，青岛市社会科学院副研究员、博士，主要从事国际城市研究。

① 中共青岛市委（府）：《关于聚力打造“六个城市”加快建设新时代社会主义现代化国际大都市的意见（2022年9月28日）》[R]. 青发〔2022〕20号。

② 青岛政务网：“六个城市”标注城市发展新高度，2022年9月26日，http://www.qingdao.gov.cn/ywdt/zwyw/202209/t20220926_6409199.shtml#:~:text=%E6%89%93%E9%80%A0%E5%9B%BD%E9%99%85%E9%97%A8%E6%88%B7%E6%9E%A2%E7%BA%BD,%E4%B8%AA%E7%BB%B4%E5%BA%A6%E5%85%A8%E9%9D%A2%E7%AA%81%E7%A0%B4%E3%80%82.

一、研究结论

本研究对2022年度青岛国际化水平得出以下重要结论。

第一，通过概念梳理，“国际门户枢纽城市”可以分解为“国际交通枢纽城市”与“国际交往中心城市”两大子项与支柱。

第二，通过对支柱水平间接评估，青岛“国际交通枢纽”水平已攀至东北亚航运中心之巅，但“国际交往中心”水平还在“国内中流”到“东北亚上流”的过渡初期。

第三，“东北亚国际交往中心城市”是青岛打造“国际门户枢纽城市”的战略必需，也是现实短板，更是中国式现代化城市创新治理。换言之，“东北亚交通枢纽城市”是青岛的建设重点而非难点，“东北亚国际交往中心城市”既是建设重点也是难点。

第四，“东北亚国际交往中心”在逻辑上和实践中都成为青岛建设“国际枢纽城市”必须跨过的最低门槛。

第五，青岛“十四五”时期建设“国际门户枢纽城市”面临两大任务：一是夯实东北亚交通枢纽地位，二是着力推进东北亚国际交往中心建设，后一任务的完成情况将根本决定打造“国际门户枢纽城市”的最终高度。

二、对青岛的建议

由于“东北亚国际交往中心”兼有战略必需与现实短板的双重特征，所以青岛“十四五”时期宜将快速提升城市对外交往水平置于有别于以往的战略高度。建议如下。

第一，构建“东北亚国际交往中心城市指标体系”。构建“东北亚国际交往中心城市指标体系”并以此指导城市发展是青岛“怎样建东北亚国际交往中心城市”的建议核心。目前，中外研究已将国际交往中心城市功能“板块化”或“领域化”。其中，“国际交往中心城市指数”抓住“吸引力、影响力、联通力”三大板块，“中国城市对外交往活力指数”抓住“社会、经贸、文化、政治”四大领域。相比之下，后者注重对外交往基本面，前者不仅注重基本面，还注重科学技术尤其是数字应用对城市对外交往的重大影响。从实用角度出发，“国际交往中心城市指数”相较于“中国城市对外交往活力指数”对在城市数字技术应用方面更具前瞻性与借鉴性，两者可以共同为青岛构建“东北亚国际交往中心城市指标体系”提供基本思路与框架，并由此初步构建“东北亚国际交往中心城市指标体系”（见表1）。该指标体系包括3项一级指标，11项二级指标与40项三级指标。在实际操作上，可进一步借鉴青岛历史经验，编制循环式“青岛市推进东北亚国际交往中心功能建设行动计划”，以此厘清任务清单，落实责任到具体单位或负责人，尽可能让城市相关组织都参与其中。在策略选择上，“吸引力”与“影响力”两大板块是基础，“联通力”是重要抓手。

表1 东北亚国际交往中心城市指标体系

序号	一级指标	序号	二级指标	序号	三级指标
1	吸引力	1	宜居	1	教育服务
				2	医疗服务
				3	$PM_{2.5}$空气质量等级
				4	谋杀犯罪率
				5	外籍人员居民数
		2	宜商	6	营商便利度指数
				7	持有护照居民数
				8	国际航班
		3	宜业	9	全球创业生态系统指数
		4	宜游	10	入境游客数量
				11	入境游客人均消费
2	影响力	5	国际事务	12	驻地外国使领馆数量
				13	政府间国际组织总部数量
				14	非政府间国际组织总部数量
				15	外国政要来访人次
				16	使领馆数量
				17	国际组织数量
				18	国际友城数量

续表

序号	一级指标	序号	二级指标	序号	三级指标
2	影响力	6	科技创新	19	近五年高被引科技论文数量
				20	PCT国际专利申请总数
		7	经济发展	21	人均GDP（2017年PPP不变价）
				22	《财富》500强企业总部数量
				23	全球金融中心指数
				24	GaWC世界城市分级排名
				25	国际会议（展）次数
				26	进出口贸易额
				27	外企数量
				28	合资企业数量
				29	对外直接投资
		8	文化教育	30	世界遗产数量
				31	全球顶尖高校数量
				32	国际艺术演出数量
				33	市民外文水平
				34	外国口味餐馆数量
3	联通力	9	交通	35	国际航班联通密度
				36	国际直航城市数量
		10	数字网络	37	固定宽带连接速度
				38	移动宽带连接速度
		11	商务交往	39	UFI认可展览数量
				40	ICCA认可会议数量

资料来源：根据公开资料编制

第二，优化“母项”指标体系。逻辑上，“国际门户枢纽城市”是“国际交往中心城市”的母项，因此“母子”指标变化应同步协调。2022年9月，青岛出台《十四五时期青岛打造国际门户枢纽城市的指标管理办法》。该部分共有7项指标（见表2），涉“航运”有1项（港口集装箱海铁联运量），涉“航空”有1项（机场旅客吞吐量），涉“陆运”有2项（高速公路里程与高速铁路里程），涉“城市外向型经济活力”有3项（实际使用外资、货物进出口总额与社会消费品零售总额）。不难发现，“国际交往中心”相关指标在该指标体系中明显缺位。因此建议，适时纳入“国际交往中心”部分指标，并重点强化“东北亚航运枢纽”与提升“空运枢纽”水平相关的31项指标。其中，1~11项指标表示从“社会、文化与政治”三领域共同推进国际交往中心建设；12~16项表示针对釜山的强力竞争而夯实东北亚航运枢纽地位；17~31项表示宜从“机场辐射作用、机场运行效率、联运体系与交通通达情况”等方面提高青岛航空枢纽水平（见表3）。或许有些指标因为各种原因不会在短期内改善，但只要持续关注与跟进，或有改进与突破的时机出现。

表2　青岛国际门户枢纽城市指标体系

序号	指标名称	单位	2021年指标值	2026年指标值
24	港口集装箱海铁联运量	万标准箱	181.9	225
25	实际使用外资	亿美元	61.7	751
26	货物进出口总额	亿元	8498.4	13000
27	高速公路里程	公里	869.18	910
28	高速铁路里程	公里	228	260
29	机场旅客吞吐量	万人次	1603.2	4400
30	社会消费品零售总额	亿元	5975.4	7600

资料来源：中共青岛市委 青岛市人民政府关于聚力打造“六个城市”加快建设新时代社会主义现代化国际大都市的意见（2022年9月28日），青发〔2022〕20号

表3　建议增加指标

序号	一级指标	序号	二级指标	序号	三级指标
1	国际交往中心	1	社会领域	1	外籍人员居民数
				2	国际航班数
				3	国际会议（展）次数
				4	持有护照居民数
		2	文化领域	5	国际艺术演出数
				6	市民外文水平
				7	外国口味餐馆数量

续表

序号	一级指标	序号	二级指标	序号	三级指标
1	国际交往中心	3	政治领域	8	外国政要来访人次
				9	使领馆数
				10	国际组织数
				11	国际友城数
2	国际交通枢纽	4	航运枢纽	12	基础规模
				13	运营水平
				14	网络联通能力
				15	口岸营商环境
				16	智慧绿色港口发展
		5	航空枢纽	17	货邮吞吐量
				18	起降数
				19	航线数
				20	基地航空公司数
				21	通航点日班频次
				22	最短中转时间
				23	机场年收入
				24	路网里程数
				25	轨道交通里程数
				26	衔接合理性
				27	通勤时间
				28	货邮吞吐量
				29	国际业务份额
				30	基础设施满意度
				31	管理服务满意度

资料来源：根据公开数据编制

第三，夯实国际交往基础。“东北亚国际交往中心城市指标体系”表明，“吸引力”与“影响力”是青岛建设“东北亚国际交往中心城市”的基础。2022年，青岛“吸引力”与“影响力”的表现大体相当。其中，“吸引力”总体处于国内中上游——“宜游”国内排第12名，“宜商”排第15名，“宜居（业）”排第16名；“影响力”亦处于国内中上游——“国际事务”国内排第12名，“科技创新”排第13名，“经济发展”排第14名，“文化教育”排第19名。国内名次至少透露三层重要含义：一是所谓国内中上游水平大体集中在第12~16名；二是“宜居宜业”与“科技创新”等关键指标不突出；三是“文化教育”是最大短板。由此研判，“十四五”时期，构成“东北亚国际交往中心城市”发展基础的8项指标中至少有3项（占比40%）或可进入国内前十，且所有指标应进入国内排名前十五。其中，进入国内前十的3项指标倾向于：“国际事务、宜游与科技创新”，进入前十五的指标是“文化教育”。

具体措施建议：一是主动争取国家和省级相关部门支持，增设驻青领事机构和国际组织办事处；二是推动青岛都市圈涉外平台相互开放与信息共享，协同举办高端国际重大活动，共同承担更多与东北亚或上合组织有关的国家层面外交功能；三是牵头整合青岛都市圈友城资源，缔结更多国际友好城市和友好合作关系城市，推进全球友城“高数量与高质量”并行发展；四是注意依托城市规划馆或核心商业区等空间，搭建国际友城交流和合作窗口；五是积极参与“国际友城市长创新论坛”等城市合作平台，共建国际友城数据库与共享友城信息等。

第四，紧扣国际交往抓手。“联通力”是重要抓手的根本原因在于数字化与网络化代表新时代生产力的发展方向。2022年，青岛攀至东北亚国际航运中心之巅为紧扣国际交往抓手开辟了良好局面。相形之下，应强化国内排第20名左右的“航空”（及“陆运”）水平对航运水平的辅助与补充功能。由此建议：

在航运方面，青岛宜紧盯韩国釜山的强力竞争。由于釜山港具有自贸港特殊地位，青岛短期内难以超越。鉴于此，青岛保持东北亚航运枢纽地位至少可选择：一是持续做大做强有望进入国内前十的三大优势指标，二是积极向国家争取自贸港地位。

在航空方面，青岛宜站在“东北亚国际交往中心城市”的高度提前规划运营两座机场——胶东机场与流亭机场。全球多数航空枢纽中心一般都建有两座以上的机场，北京、上海、广州、南京与成都都有两座机场。若城市只有一座大型机场，其后果常面临着地面交通拥堵、机场保障压力以及空域紧张等方面的问题。西方国家对大型航空枢纽的规划建设比较合理，伦敦、纽约、洛杉矶等城市都有多座机场，有满足国际枢纽需要与功能划分完善的国际性机场，有满足国内航线需求的机场，有为低成本航空提供服务的机场，有为商务人士提供服务的机场，还有专门的货运机场，等等。目前，青岛的航空策略是以胶东机场替代流亭机场。从短期看，胶东机场的吞吐量与辐射力或可完全满足青岛经济社会发展需求。从中长期看，多座明确分工的机场更符合国际化大都市与全球城市一般发展规律。在角色分配上，胶东机场宜更多被定义为“区域性航空枢纽”的国际角色，流亭机场宜继续扮演国内航空或货运角色。青岛选择双机场区别角色短中期内或面临运营成本压力，但长期既能有效利用与优化闲置资源，也能深挖城市航空枢纽发展潜力，尤能匹配东北亚航运枢纽地位并形成更好空海枢纽联动。

三、对成都的启示

青岛与成都分处中国沿海与内陆——青岛是中国东部重要海洋城市，承载海洋强省与海洋强国的重要使命；成都是中国西部重要内陆国际枢纽城市，是“一带一路”对外交往中心，承载引领西部大开发的国家使命。两城共同之处是致力于建设社会主义现代化国际大都市。从全球城市2022年发展截面看，成都国际化综合水平排在青岛之前，国际交往水平亦排在青岛之前。尽管如此，青岛作为东北亚首要航运枢纽城市，山东经济龙头，青岛都市圈中心城市，其创新发展或对成都带来重要启示。

第一，战略定位相似，功能布局可鉴。从国际化水平看，青岛目前排在全球城市百名之外、国内城市十名之外，城市发展战略定位明确指向东北亚航运枢纽。2022年，青岛提出建设“新时代社会主义现代化国际大都市”战略目标，并将着力点落在“六个城市”上。所谓“六个城市”即建设青岛的六个维度或侧面，包括“现代产业先行城市、引领型现代海洋城市、国际门户枢纽城市、国际化创新型城市、宜居宜业宜游高品质湾区城市、现代化治理样板城市”。鉴于海洋城市的自然禀赋与国际海洋城市的综合实力，“六个城市”凸显青岛建设“新时代社会主义国际大都市”的内在逻辑关系与创新发展思路——以“现代产业先行城市”为发展基础，以“引领型海洋城市”与“国际门户枢纽城市”为发展旗帜，以“国际化创新型城市”为发展动力，以“宜居宜业宜游湾区城市”为发展绩效，以“现代化治理样板城市”为制度保障。相比之下，成都国际化水平目前排在全球百名之内，国内城市十名之内，城市发展得益于西部大开发中心城市国家定位与“一带一路”中心城市战略定位，其潜力主要由中国西部向西辐射整个欧亚大陆，乃至全球。近十年来，成都深耕国际门户枢纽城市，积极融入“一带一路”、引领西部新发展格局，尤其在以国际航空枢纽、国际铁路枢纽与立体口岸体系为代表的对外开放领域践行超强“广度、深度与速度”。年初，成都明确提出打造中国西部具有全球影响力和美誉度的社会主义现代化国际大都市的奋斗目标，该提法是对过去十几年国际门户枢纽城市建设的延续与升华，其用意与青岛大同小异。鉴于两城发展目标与国际化趋向相似性突出，青岛“六个城市”整体创新发展思路对成都全球战略布局或部分可鉴。

第二，发展旗帜相同，用力方向可鉴。青岛与成都两市在很大程度上都将建设国际门户枢纽城市作为城市发展首要旗帜。2021年，《国家综合立体交通网规划纲要》明确加快建设20个左右“国际性综合交通枢纽城市”，成都与青岛都位列其中。尽管旗帜相同，两城市在用力方向上却迥然不同。对海洋城市而言，成为世界航运枢纽是其国际化水平的重要指标与国际竞争力的集中体现，更是城市可持续发展的重要依赖。2022年，由挪威船级社（DNV）和梅农经济学咨询机构（Menon Economics）联合编制的《世界领先海洋城市》（*The Leading Maritime Cities of the world 2022*）将青岛排全球第30名。作为东北亚首要航运枢纽城市，青岛的突出特征是以“航运为主、空运为辅、陆运为补”。对内陆城市而言，空运与陆运就是作为国际门户枢纽城市的两条腿，缺一不可。如今，成都空运是全国机场运输排名位居前列的主要旅游客源地和目的地城市，是西部重要的航空货物集散地、国际快件分拨中心和国际邮件处理中心；成都国际班列初步建立起以成都为主枢纽，西至欧洲、北至蒙俄、东联日韩、南拓东盟的线路网络和陆海货运配送全球架构。鉴于成都致力于建设全球影响力与美誉度的社会主义现代化国际大都市，因此如何优化自身空运与陆运，尤其是优化与国内沿海城市的海空陆联运将是夯实国际门户枢纽城市、扩大全球影响力与美誉度的重要努力方向。众所周知，全球国际大都市多分布在沿海的主因在于海运是国际贸易主要运输方式，而在可预见的将来依然没有改变的因素出现。鉴于此，成都打造全球性国际门户枢纽城市既要发挥自身空运与陆运的区位优势，也要敢于将触角延伸到中国乃至他国沿海关键地区，甚至是谋求建立自己的“航运飞地”，这是青岛作为沿海城市给予成都的有益借鉴。

第三，谋圈布局制胜，辐射拉动共鉴。都市圈是从城镇化到城市群的中间阶段。与之相应，国际竞争也将逐渐由城际竞争向由中心城市引领的都市圈竞争转移，同时城市国际化进程也有向都市圈外溢的潜力。随着城镇化迅速发展，中国未来预计将出现34个都市圈，根本目的是打破历史沿革和行政壁垒，促进圈经济一体化发展。圈经济一体化主要包括六方面内容：基础设施一体化、产业分工协作、统一开放市场、公共服务共建共享、生态环境共保共治与城乡融合发展。青岛与成都两市都属“发展型都市圈”，都在建设以自身为中心城市的都市圈，希冀通过引领圈经济一体化的同时实现自身高质量发展。不同的是，成都都市圈已成为国家级都市圈，而青岛都市圈正在全力申请。据清华大学城镇化研究院的报告，9个获批的国家级都市圈都为发展型都市圈，换言之，6个“成熟型都市圈”并不在国家备选方案。由此研判，国家级都市圈的重要目标是为建设具有国际影响力的城市群提供“成熟型都市圈”之外的第二梯队支撑。

青岛都市圈范围包括青岛与潍坊两市，再加莱阳与海阳两个由烟台代管的县级市。成都都市圈范围包括成都、德阳、眉山与资阳四市。2022年，青岛都市圈GDP为2.33万亿元，中心城市首位度约64%；成都都市圈GDP为2.62万亿元，中心城市首位度约79%。从规模经济视角看，中心城市发展一般经历两个阶段：前一阶段主要表现为吸收圈内资源做大做强的集聚过程，后一阶段主要表现为对非中心城市经济增长的辐射拉动过程。据此逻辑，资源集聚与辐射拉动是都市圈经济一体化的两个轮子，缺一不可。经四十多年改革开放，中国都市圈中心城市相对于非中心城市的资源集聚过程已达相当高度；相比之下，辐射拉动过程因为体制机制原因而远不及前者，这正是非中心城市积极加入都市圈的最大初衷。毋庸置疑，中国发展都市圈还有很多空白要填补，还有很多未知领域要探索，着实称得上国家创新发展的重要实践领域。鉴于此，青岛与成都两都市圈未来面临共同借鉴与挑战：一是做大做强圈经济；二是扩大中心城市辐射拉动作用，提高非中心城市首位度，防止出现“人参旁边不长草”现象。换言之，中心城市不是一味追求高首位度，而是将其保持在适合圈经济状况的一定范围内。

四、重要维度分析

（一）研究方法

本文主要采用指标体系研究法，间或运用比较与逻辑分析法。指标体系研究的突出价值在于兼顾科学性与实用性，尤其便于决策者将看似抽象的任务目标逻辑化。实践中，指标体系研究法虽不完美，但很大程度上能相对容易勾勒出研究客体发展目标与方向，以及评估迭代的标准。本文具体采用间接法，即借鉴国内外权威研究最新成果为己所用，而有别于通过构建指标体系进行目标评估的直接法。两相比较，间接法对本研究优势明显，既能最大程度保证数据可信度，也能将青岛放到国内外不同范畴进行横向比较，尤能借鉴不同研究的经验教训。具体而言，“国际交通枢纽”部分主要借鉴“新华·波罗的海国际航运中心发展指数”与“国际航运枢纽竞争力指数”，“国际交往中心”部分主要借鉴“国际交往中心城市指数”与“中国对外交往活力指数”。

（二）重要概念

本文主要涉及三个概念，分别是“国际门户枢纽城市”“国际交通枢纽城市”与“国际交往中心城市”，前一概念与后两个概念是“母子”关系。笔者认为，青岛当下建设国际交往中心的能力并不突出，必须将其放在城市战略子项（“国际门户枢纽城市”）与城市国际竞争力强项（“东北亚航运中心”）的依赖关系中进行整体认知方能体会“东北亚国际交往中心”是城市战略必需。

“国际门户枢纽城市”是中国“一带一路”建设与高质量发展背景下的新概念。2020年，国家发布《关于新时代推进西部大开发形成新格局的指导意见》首提内陆城市建设“国际门户枢纽城市”。理论上，学界尚未对“国际门户枢纽城市”建立完整概念，因此有必要从“门户”“枢纽”与“门户城市”等关键词来推敲把握。一般而言，所谓“门户”（Portal）指正门、房屋出入口；所谓“枢纽”（Pivot）（《辞海》）指“比喻重要地点，事物关键之处”；所谓“门户城市”（Portal City）指某地区内外交往的中心城市。地理区位上，门户城市须是某一较大区域内的综合交通枢纽所在地。综合发展上，门户城市对外拥有突出吸引力和辐射力，尤其能有效控制腹地对外贸易。据此，门户城市应有“交往中心”与“交通枢纽”两大支柱，前者侧重城际联系互动广泛密切，后者侧重大规模人员与货物集疏流转。同理，“国际门户枢纽城市”亦应兼有“国际交往中心”与“国际交通枢纽”特质。于是，“国际门户枢纽城市”（International Portal and Pivot City）或可理解为：大量经贸文旅元素长期通过不同输送方式往来于国内外的区域中心城市或全球中心城市。从国内研究看，考察领域包括“基础设施、经济发展、社会治理、生态环境、文化内涵、创新发展”等方面。从国外研究看，“世界城市”（GaWC[①]）、“全球城市”（Kearney[②]）与“创新城市”（2thinknow[③]）等权威研究与国内多有指标交叉。总之，“国际门户枢纽城市”逻辑上涵盖四类城市：一是区域性国际交往中心与区域性国际交通枢纽；二是全球性国际交往中心与全球性国际交通枢纽；三是区域性国际交往中心与全球性国际交通枢纽；四是全球性国际交往中心与区域性国际交通枢纽。

“国际交通枢纽城市”是国内概念，具体称为“国际性综合交通枢纽城

① Globalization and World Cities Research Network, *The World According to GaWC 2020* [EB], https://www.lboro.ac.uk/microsites/geography/gawc/world2020t.html.

② Kearney, *Readiness for the Storm: the 2022 Global Cities Report* [EB] https://www.kearney.com/documents/291362523/293469161/Readiness+for+the+storm%E2%80%93the+2022+Global+Cities+Report.pdf/4d8684c4-3c33-d90e-3a76-40eb03f31a67?t=1666554433000.

③ 2thinknow, *Innovation Cities™ Index 2022-2023: Global 500 World's Most Innovative Cities* [EB], https://innovation-cities.com/worlds-most-innovative-cities-2022-2023-city-rankings/26453/.

市”。此类城市全国共20个左右，分别是北京、天津、上海、杭州、南京、广州、深圳、成都、重庆、沈阳、大连、哈尔滨、青岛、厦门、郑州、武汉、海口、昆明、西安与乌鲁木齐等，并与面向世界的四大“国际性交通枢纽集群”（包括京津冀、长三角、粤港澳大湾区、成渝地区双城经济圈）以及80个左右“全国性综合交通枢纽城市”共同组成“三位一体”的国家综合交通枢纽系统。①

“国际交往中心城市”是新概念，目前权威定义并不多。《国际交往中心城市指数2022》②将其定义为：具备联通和服务世界功能、能够集聚国际高端要素、在全球事务中发挥重要影响的全球性或区域性中心城市，是国际动态网络中的关键性节点和枢纽性平台。

（三）青岛国际门户枢纽城市定位

有别于北京、上海、广州、深圳等国内传统一线城市，亦有别于天津、武汉、南京、杭州、成都、西安等新一线城市，作为计划单列市，青岛打造国际门户枢纽城市宜量力而行，应避免贪大求全。在可预见的将来，青岛建设“国际门户枢纽城市”的战略定位只能是最低水平——“区域性国际交通枢纽”与“区域性国际交往中心”，具体而言，即“东北亚国际交通枢纽”与“东北亚国际交往中心”。

该定位契合了青岛、山东与国家的三级战略交汇。首先，作为中国东部沿海开放城市与山东经济龙头，青岛在竞争日益激烈的国内外环境中，无论是打造青岛都市圈，强化山东经济龙头，还是推进海洋强国战略，打造国际门户枢纽城市，诸多重点领域无不剑指东北亚。其次，青岛作为“国际性综合交通枢纽城市”面向东北亚与国家强调的“全球联通水平和辐射能级、拓

① 中国政府网：中共中央国务院印发国家综合立体交通网规划纲要，2021年2月24日，http://www.gov.cn/zhengce/2021-02/24/content_5588654.htm.

② 清华大学中国发展规划研究院，德勤中国国际交往中心研究院：《国际交往中心城市指数 2022》，https://www2.deloitte.com/content/dam/Deloitte/cn/Documents/public-sector/deloitte-cn-ps-international-communication-center-city-index-2022-zh-230315.pdf.

展海陆空多元化交通网络、增强国际门户功能”[①]完全一致。最后，青岛建设国际城市的历史脉络一贯是立足东北亚、经营东亚、放眼全球，与打造区域性国际门户枢纽城市阶段性目标相互印证。

（四）青岛国际门户枢纽水平

目前，青岛建设“国际门户枢纽城市”的两大支柱并不协调与均衡。国内外相关指数研究显示，青岛“东北亚国际交通枢纽”地位凸显，但“国际交往中心”处于“国内中流”到“东北亚上流”过渡初期。

1.“东北亚国际交通枢纽”是现在式

青岛建设“国际门户枢纽城市”的底气较大程度上源自其“称雄”东北亚的航运实力，及其引领的“航运为核、航空为辅、陆运为补”的发展模式。

（1）航运为核：全球排第15名，东亚排第6名，东北亚排第1名

青岛国际航运枢纽水平可通过“新华·波罗的海国际航运中心发展指数”反映出来。该指数连续发布9年，已成为评价全球航运中心发展状况的“风向标”。它包含3个一级指标，16个二级指标，从港口条件、航运服务和综合环境三个维度对全球43个样本城市的阶段性综合实力予以评估（见表4）。《新华·波罗的海国际航运中心发展指数（2022）》（见表5）显示：青岛在全球排第15名（64.08分），在东亚排第6名，在东北亚排第1名。此外，与青岛在东北亚形成明显竞争态势的是韩国釜山（63.61分）。在“新华·波罗的海国际航运中心发展指数”基础上，合作方又针对东北亚推出“新华·波罗的海国际航运（东北亚）枢纽竞争力指数”（见表6）。后者选择中、日、韩、俄四国17个港口作为样本港口，从枢纽基础规模、枢纽运营水平、网络联通能力、口岸营商环境、智慧绿色港口发展、枢纽所在城市经济活力等6项一级指标和15项二级指标来评价港口综合竞争力。《国际航运枢纽竞争力指数—东北亚报告（2021）》排名显示，综合排名前三分别是青岛港、釜山港与天津港。

① 中国政府网：中共中央国务院印发国家综合立体交通网规划纲要，2021年2月24日，http://www.gov.cn/zhengce/2021-02/24/content_5588654.htm.

表4 新华·波罗的海国际航运中心发展指数指标体系

一级指标			二级指标	
数目	名称	权重	数目	名称
1	港口条件	0.2	1	集装箱吞吐量
			2	干散货吞吐量
			3	液散货吞吐量
			4	桥吊数量
			5	集装箱泊位总长度
			6	港口吃水深度
2	航运服务	0.5	7	航运经纪服务
			8	船舶工程服务
			9	航运经营服务
			10	海事法律服务
			11	航运金融服务
3	综合环境	0.3	12	政府透明度
			13	政府数字化管理程度
			14	关税税率
			15	营商便利指数
			16	物流绩效指数

资料来源：《新华·波罗的海国际航运中心发展指数报告（2021）》，https://ed.cnfic.com.cn/uploads/1/file/public/202107/20210711191845_cus1ysrodv.pdf

表5 国际航运中心发展指数2022之东亚城市排名

全球排名	城市	得分	排名走势	东亚排名
1	新加坡	94.88	平	
2	伦敦	83.04	平	
3	上海	82.79	平	1
4	香港	79.15	平	2
5	迪拜	75.74	平	
6	鹿特丹	73.85	平	
7	汉堡	73.07	平	
8	纽约-新泽西	72.58	升	

续表

全球排名	城市	得分	排名走势	东亚排名
9	雅典–比雷埃夫斯	68.67	降	
10	宁波–舟山	66.12	平	3
11	东京	65.96	平	4
12	休斯敦	65.90	平	
13	广州	64.41	平	5
14	安特卫普	64.26	平	
*15	青岛	64.08	平	6
*16	釜山	63.61	平	7
17	深圳	59.14	平	8
18	哥本哈根	58.33	升	
19	洛杉矶	57.81	降	
20	墨尔本	57.60	平	

资料来源：新华·波罗的海国际航运中心发展指数（2022），依据公开资料编辑

表6　国际航运枢纽竞争力指数2021东北亚城市排名（青岛与釜山）

<table>
<tr><th colspan="2">一级指标</th><th colspan="2">青岛</th><th colspan="2">釜山</th></tr>
<tr><th>数目</th><th>名称</th><th>单项排名</th><th>总排名</th><th>单项排名</th><th>总排名</th></tr>
<tr><td>1</td><td>枢纽基础规模</td><td>1</td><td rowspan="6">1</td><td></td><td rowspan="6">2</td></tr>
<tr><td>2</td><td>枢纽运营水平</td><td>1</td><td></td></tr>
<tr><td>3</td><td>网络联通能力</td><td></td><td>1</td></tr>
<tr><td>4</td><td>口岸营商环境</td><td></td><td>1</td></tr>
<tr><td>5</td><td>智慧绿色港口发展</td><td>1</td><td></td></tr>
<tr><td>6</td><td>枢纽所在城市经济活力</td><td></td><td></td></tr>
</table>

资料来源：依据公开数据编制

青岛虽已攀至东北亚国际航运中心之巅，但与釜山仅在伯仲之间。青岛优势主要在于“枢纽基础设施”“运营水平”与“智慧绿色港口”三方面，釜山优势主要在于“网络联通能力”与“口岸营商环境”两方面。需注意的是，釜山是自贸港，跨境便利化程度高，拥有与世界100多国、500多港口连接的

密集航线网络，集装箱码头航线连通度、散货箱码头航线连通度、港口集疏运能力、集装箱国际中转服务、中转吞吐量等方面都比青岛保持领先态势。

（2）航空为辅：国内排第15名

国际上尚未有涵盖青岛在内的航空枢纽城市的指数研究。退而求其次，选择国内“中国空港经济区（空港城市）竞争力指数”[①]（见表7）替代。该指数包括4项一级指标、11项二级指标与31项三级指标，对客流吞吐量超过千万人次的36城（未含港、澳、台）、37处民航机场的空港城市综合竞争力进行排名。结果显示，青岛空港城市竞争力国内排第15名（赋分44.86）。一级指标得分显示，青岛“空港经济”（赋分21.65）表现最好，“交通体系”（赋分8.90）与“腹地经济”（赋分8.59）居中，“枢纽机场”（5.72）居末（见表8）。

表7　空港城市经济竞争力指数

<table>
<tr><th>数目</th><th>一级指标</th><th>数目</th><th>二级指标</th><th>数目</th><th>三级指标</th></tr>
<tr><td rowspan="8">1</td><td rowspan="8">枢纽机场</td><td rowspan="6">1</td><td rowspan="6">机场辐射作用</td><td>1</td><td>旅客吞吐量/万人次</td></tr>
<tr><td>2</td><td>货邮吞吐量/万吨</td></tr>
<tr><td>3</td><td>起降数/万架次</td></tr>
<tr><td>4</td><td>航线数/条</td></tr>
<tr><td>5</td><td>基地航空公司数/家</td></tr>
<tr><td>6</td><td>通航点日班频次</td></tr>
<tr><td rowspan="2">2</td><td rowspan="2">机场运行效率</td><td>7</td><td>最短中转时间MCT/分钟</td></tr>
<tr><td>8</td><td>机场年收入/亿元</td></tr>
<tr><td rowspan="6">2</td><td rowspan="6">交通体系</td><td rowspan="2">3</td><td rowspan="2">联运体系</td><td>9</td><td>路网里程数/千米</td></tr>
<tr><td>10</td><td>轨道交通里程数/千米</td></tr>
<tr><td rowspan="4">4</td><td rowspan="4">交通通达情况</td><td>11</td><td>衔接合理性/分钟</td></tr>
<tr><td>12</td><td>通勤时间/分钟</td></tr>
<tr><td>13</td><td>货邮吞吐量/万吨</td></tr>
<tr><td>14</td><td>国际业务份额（%）</td></tr>
</table>

① 王学东等，《国际空港城市——全球化生存和发展的平台》，经济管理出版社，2020年10月第1版，第46页。

续表

数目	一级指标	数目	二级指标	数目	三级指标
3	空港经济	5	区位条件	15	所属经济区行政等级
		6	产业发展	16	大型物流公司数/家
				17	航空指向性产业产值占工业总产值比重（%）
				18	跨国企业数/家
		7	科技实力	19	高新技术产值占工业总产值比重
				20	专利数/项
				21	研发机构数/家
		8	临空功能	22	基础设施满意度
				23	管理服务满意度
4	经济腹地	9	经济发展水平	24	全市GDP/亿元
				25	财政收入/亿元
				26	社会消费品零售总额/亿元
				27	城市常住人口总数/万人
				28	城乡居民人均年收入/元
		10	外向型经济发展水平	29	进出口总额/亿美元
				30	旅游年收入/亿元
		11	环保水平	31	空气质量指数（AQI）

资料来源：《国际空港城市——全球化生存和发展的平台》，王学东等，经济管理出版社，2020年10月第1版

表8 空港城市经济竞争力国内部分城市排名

数目	空港经济区	一级指标				赋分	排名
		枢纽机场	腹地经济	空港经济	交通体系		
1	北京	24.69	22.55	27.41	16.68	91.33	1
2	深圳	13.42	16.40	19.81	15.24	64.87	7
3	南京	7.06	7.59	20.15	11.42	46.22	13
4	青岛	5.72	8.59	21.65	8.90	44.86	15

资料来源：《国际空港城市——全球化生存和发展的平台》，王学东等，经济出版社，2020年10月第1版

（3）陆运为补：国内排第16名

国际上暂时没有涵盖青岛在内的陆运枢纽城市的指数研究，因此只能对铁路、公路、轨道、物流等进行国内多维综合评估。首先，全国陆路枢纽战略布局主要集中在“京津冀、长三角、港珠澳大湾区与成渝都市圈”四区域，山东半岛并不在其内，一定程度上表明青岛陆运地位在国内缺乏战略性。其次，青岛陆运相关指标显示国内中流水平，大体排第16名（见表9）。其中，轨道交通里程数排第10名，轨道客运量排第16名；公路货运排第26名；物流竞争力指数排15名；城市物流吸引力指数排第15名；城市物流辐射力指数排第12名；铁路客运能力排第17名。

表9 青岛路运枢纽水平全国排名

数目	一级指标	数目	二级指标	青岛		国内综合排名
				取值（分）	国内排名	
1	铁路	1	铁路客运能力	赋分：106	17	16
2	公路	2	公路货运能力	货运量：2.5亿吨	26	
3	轨道	3	轨道客运能力	里程：296.1公里	10	
				客运量：3001万人	16	
4	物流	4	物流竞争力	指数分：35.06	15	
		5	物流吸引力	指数分：36.28	15	
		6	物流辐射力	指数分：33.79	12	

资料来源：根据公开网络数据编制

2.“东北亚国际交往中心”是未来式

迄今为止，国际交往中心城市仍是国内城市研究新概念。2018年，“太和智库”使用“城市对外交往活力指数”评估全国49城国际交往水平。2019年，北京基于首都服务保障和国际交往能力提出建设“国际交往中心”城市功能。2023年初，清华大学中国发展规划研究院与德勤中国联合全球首发《国际交往中心城市指数2022》。由此研判，“城市对外交往活力”是全球化时代城市基本功能，而“国际交往中心城市”则是指其中水平杰出者。简言之，城市皆可增加对外交往活力，但仅少数能成为国际交往中心。

（1）青岛并非全球性国际交往中心城市

《国际交往中心城市指数2022》评估结果显示，“全球性国际交往中心城市”共37城，中国占5城，位次分别是北京排第3名、广州排第11名、香港排第12名、上海排第29名、深圳排第30名。显而易见，国内入选城市与传统一线城市完全吻合（香港除外）。换言之，包括青岛在内的“新一线城市”在可预见的将来不太可能跻身“全球性国际交往中心城市”。

表10　国际交往中心城市指数

序号	一级指标	序号	二级指标	领域排名	青岛排名
1	吸引力	1	宜居	教育服务	未入选
				医疗服务	
				$PM_{2.5}$空气质量等级	
				谋杀犯罪率	
		2	宜商	营商便利度指数	
		3	宜业	全球创业生态系统指数	
		4	宜游	入境游客数量	
				入境游客人均消费	
2	影响力	5	国际事务	驻地外国使领馆数量	
				政府间国际组织总部数量	
				非政府间国际组织总部数量	
		6	科技创新	近五年高被引科技论文数量	
				PCT国际专利申请总数	
		7	经济发展	人均GDP（2017年PPP不变价）	
				《财富》500强企业总部数量	
				全球金融中心指数	
				GaWC世界城市分级排名	
		8	文化教育	世界遗产数量	
				全球顶尖高校数量	
3	联通力	9	交通	国际航班联通密度	
				国际直航城市数量	

续表

<table>
<tr><th>序号</th><th>一级指标</th><th>序号</th><th>二级指标</th><th>领域排名</th><th>青岛排名</th></tr>
<tr><td rowspan="4">3</td><td rowspan="4">联通力</td><td rowspan="2">10</td><td rowspan="2">数字网络</td><td>固定宽带连接速度</td><td rowspan="4">未入选</td></tr>
<tr><td>移动宽带连接速度</td></tr>
<tr><td rowspan="2">11</td><td rowspan="2">商务交往</td><td>UFI认可展览数量</td></tr>
<tr><td>ICCA认可会议数量</td></tr>
</table>

资料来源：《国际交往中心城市指数2022》，清华大学中国发展规划研究院，德勤中国国际交往中心研究院

（2）青岛亦非区域性国际交往中心城市

《城市对外交往活力指数研究报告》将对外交往活力定义为：连接城市对外交往能量与其在国际社会实际对外交往影响力的中观概念和中间变量，体现在社会、文化、经贸及外事四个领域。[①]中国49个主要城市国际交往水平大体分为五等级：北京与上海属于一级；成都、西安、昆明、广州、杭州、重庆、武汉、天津、深圳等九城属二级；青岛、哈尔滨、厦门、南京、大连、海口、长沙、南宁、宁波等九城属三级。由此研判，青岛以国内“第三梯队之首”（见表11）的水平难言“区域性国际交往中心城市”。

表11　中国城市对外交往活力指数

<table>
<tr><th rowspan="2">序号</th><th rowspan="2">一级指标</th><th rowspan="2">序号</th><th rowspan="2">二级指标</th><th colspan="2">青岛国内排名</th></tr>
<tr><th>领域排名</th><th>综合排名</th></tr>
<tr><td rowspan="4">1</td><td rowspan="4">社会领域</td><td>1</td><td>外籍人员居民数</td><td rowspan="4">13</td><td rowspan="8">12</td></tr>
<tr><td>2</td><td>国际航班</td></tr>
<tr><td>3</td><td>国际会议（展）次数</td></tr>
<tr><td>4</td><td>持有护照居民数</td></tr>
<tr><td rowspan="4">2</td><td rowspan="4">经贸领域</td><td>5</td><td>进出口贸易额</td><td rowspan="4">8</td></tr>
<tr><td>6</td><td>外企数量</td></tr>
<tr><td>7</td><td>合资企业数量</td></tr>
<tr><td>8</td><td>对外直接投资</td></tr>
</table>

① 于宏源：城市对外交往活力指数研究报告，2018年8月21日，转引自太和智库·城市对外交往活力指数研究报告。

续表

<table>
<tr><th rowspan="2">序号</th><th rowspan="2">一级指标</th><th rowspan="2">序号</th><th rowspan="2">二级指标</th><th colspan="2">青岛国内排名</th></tr>
<tr><th>领域排名</th><th>综合排名</th></tr>
<tr><td rowspan="3">3</td><td rowspan="3">文化领域</td><td>9</td><td>国际艺术演出数量</td><td rowspan="3">23</td><td rowspan="7">12</td></tr>
<tr><td>10</td><td>市民外文水平</td></tr>
<tr><td>11</td><td>外国口味餐馆数量</td></tr>
<tr><td rowspan="4">4</td><td rowspan="4">政治领域</td><td>12</td><td>外国政要来访人次</td><td rowspan="4">12</td></tr>
<tr><td>13</td><td>使领馆数量</td></tr>
<tr><td>14</td><td>国际组织数量</td></tr>
<tr><td>15</td><td>国际友城数量</td></tr>
</table>

资料来源：《城市对外交往活力指数研究报告》，太和智库，http://www.taiheinstitute.org/Content/2018/08-21/1009481261.html

（3）东北亚国际交往中心是必选项

既然青岛并非全球性与区域性国际交往中心城市，那么是否应该放弃成为国际交往中心城市的选项？答案是否定的。逻辑上，“国际门户枢纽”的最低水平类型是“区域性交通枢纽”与“区域性国际交往中心”，只要青岛不放弃前者就必须成为后者。据此，青岛打造“区域性国际交往中心”是城市战略必选项，直接表达为“东北亚国际交往中心”。现阶段，青岛对外交往活力尚未在国内凸显，离东北亚国际交往中心还有长路要走。

参考文献

［1］中共青岛市委（府）：《关于聚力打造“六个城市”加快建设新时代社会主义现代化国际大都市的意见（2022年9月28日）》［R］．青发〔2022〕20号。

［2］王学东等：《国际空港城市——全球化生存和发展的平台》［M］．经济管理出版社，2020年10月第1版。

［3］中国科学技术信息研究所：《国家创新型城市创新能力评价报告》［R］．科学技术文献出版社，2021年12月第1版。

［4］中国经济信息社、波罗的海交易所：《2021新华・波罗的海国际航运中心发展指数报告》［EB］，https://ed.cnfic.com.cn/uploads/1/file/public/202107/20210711191845_cus1ysrodv.pdf.

［5］清华大学中国发展规划研究院、德勤中国国际交往中心研究院：《国际交往中心

城市指数2022》[EB]，https://www2.deloitte.com/content/dam/Deloitte/cn/Documents/public-sector/deloitte-cn-ps-international-communication-center-city-index-2022-zh-230315.pdf.

[6] 于宏源:《城市对外交往活力指数研究报告》[EB]，太和智库，http://www.taiheinstitute.org/Content/2018/08-21/1009481261.html.

[7] Menon Economics and DNV: The Leading Maritime Cities of the World 2022 [EB], https://www.dnv.com/maritime/publications/leading-maritime-cities-of-the-world-2022.html.

[8] Kearney: Readiness for the Storm: the 2022 Global Cities Report [EB] https://www.kearney.com/documents/291362523/293469161/Readiness+for+the+storm%E2%80%93the+2022+Global+Cities+Report.pdf/4d8684c4-3c33-d90e-3a76-40eb03f31a67?t=1666554433000.

[9] 2thinknow: Innovation Cities™ Index 2022-2023: Global 500 World's Most Innovative Cities [EB], https://innovation-cities.com/worlds-most-innovative-cities-2022-2023-city-rankings/26453/.